Das Buch:

Riß der Strick tatsächlich, als sich Theo Schell zusammen mit seiner Geliebten erhängen wollte? Oder war es Mord und der angebliche Selbstmord nur vorgetäuscht? Und auf welche rätselhafte Weise erstach Antonia Carlotti ihre dreijährige Tochter, ohne das sich äußere Verletzungen an der Leiche fanden?

Wie sein Vorgänger, »Die Sprache der Toten«, rollt auch »Die Spuren der Toten« neue Berichte über mehr als vierzig Todesfälle auf – Todesfälle, bei denen der erste Augenschein trog. Die ungewöhnliche Skala reicht vom Mord mit Gift und radioaktiven Isotopen bis hin zu ungewöhnlichen Unfällen (die keine waren – oder doch?) und unglaubhaften oder auch unglaublichen Selbstmorden. Eins aber haben diese Fälle alle gemein – erst die Obduktion durch Rechtsmediziner klärte die wirklichen Todesursache auf. Ein labyrinthischer Alptraum, der selbst abgeklärten Krimi-Liebhabern das Blut in den Adern gefrieren lassen wird …

Der Autor:

Hans Pfeiffer, Jahrgang 1925, studierte Germanistik und beschäftigt sich seit Jahrzehnten mit authentischen Gewaltverbrechen. Er hat zahlreiche Kriminalromane und Sachbücher geschrieben und sich auch als Dramendichter einen Namen gemacht. Er lebt in Leipzig.

Im Wilhelm Heyne Verlag erschien bereits sein Buch »Die Sprache der Toten« (01/10482).

HANS PFEIFFER

DIE SPUREN DER TOTEN

Ungeklärte Todesfälle auf dem Seziertisch

WILHELM HEYNE VERLAG
MÜNCHEN

HEYNE ALLGEMEINE REIHE
Nr. 01/10656

Besuchen Sie uns im Internet:
http://www.heyne.de

Umwelthinweis:
Dieses Buch wurde auf
chlor- und säurefreiem Papier gedruckt.

3. Auflage

Copyright © 1994 by Militzke Verlag, Leipzig
Wilhelm Heyne Verlag GmbH & Co. KG, München
Printed in Germany 2000
Umschlagillustration: Transglobe Agency/Attard, Hamburg
Umschlaggestaltung: Atelier Ingrid Schütz, München
Satz: Buch-Werkstatt GmbH, Bad Aibling
Druck und Bindung: Elsnerdruck, Berlin

ISBN 3-453-13743-3

Inhaltsverzeichnis

II. KAPITEL

VERWISCHTE SPUREN

III. KAPITEL

DIE SPUREN DER TOTEN KINDER

VORWORT

Wie schon im Tatsachenbericht ›Die Sprache der Toten‹ schildern auch ›Die Spuren der Toten‹ wiederum die Tätigkeit des Gerichtsmediziners bei der Untersuchung ungeklärter Todesfälle. Der Leser erhält Einblick in einen Bereich, der im Kriminalroman meist zu kurz kommt oder ganz ausgespart wird.

Mit seiner Arbeit unterstützt der Gerichtsmediziner – heute meist Rechtsmediziner genannt – die Rechtspflege. Er tritt in Tätigkeit, wenn bei einem Todesfall natürliche Ursachen bezweifelt werden. Er besichtigt und obduziert die Leiche und stellt dabei Todesart, Todesursache und -zeit fest. Hat fremde Hand den Tod eines Menschen verursacht, hilft der gerichtsmedizinische Befund, die Tat in ihrer Gesamtheit zu ergründen. Oft kann ein Tathergang nur durch rechtsmedizinische Erkenntnisse rekonstruiert werden. Damit trägt der Rechtsmediziner zur Rechtssicherheit in der Gesellschaft bei. Vor Gericht tritt er als Sachverständiger auf. Aber seine Beweise dienen weder der Anklage noch der Verteidigung allein, er nimmt nicht zur Schuldfrage Stellung. »Seine Aufgabe«, sagt G. Hansen, »besteht in der objektiven wissenschaftlichen Darstellung und Erörterung von Tatsachen.« Als naturwissenschaftlicher Sachverständiger hilft er der Justiz, die Rechtsprechung von subjektiver und emotionaler Verzerrung freizuhalten und zur Wahrheit und gerechter Beurteilung zu finden.

Die folgenden Tatsachenberichte, die Kriminalfälle von einer oft unbeachteten aber nicht weniger spannenden Seite aufrollen, konnten nur entstehen, weil ich die tabulose Unterstützung von Rechtsmedizinern erhielt, die mir aus ihrer Praxis erzählten. Verarbeitet habe ich auch Berichte von Rechtsmedizinern und Kriminalisten in der entsprechenden fachwissenschaftlichen Literatur. Damit wird ihre oft schwierige, aber erfolgreiche Arbeit einem breiteren Leserkreis bekannt. Ihnen allen schulde ich Dank.

Eine Reihe von Namen wurde aus verständlichen Gründen geändert.

I

GESICHERTE SPUREN

Ein Mensch ist tot.

Der Arzt, der den Totenschein auszustellen hat, tritt ans Bett des alten Mannes. Er vermutet Herzschlag Aber er weiß: das Sichere ist nicht sicher, das Gewisse oft ungewiß. Der Augenschein trügt, die Sinne täuschen. Zwar korrigiert Erfahrung den Irrtum, Wissen begrenzt ihn. Aber die unendliche Vielfalt des Lebens setzt wiederum auch der Erfahrung und dem Wissen eine Schranke. Was bekannt erscheint, erweist sich plötzlich als unbekannt und muß neu erforscht und in den Erfahrungs- und Wissensschatz eingeordnet werden.*

Der Arzt weiß: das Gewisse ist ungewiß, der Augenschein kann trügen. Mancher Tod sieht wie ein natürlicher Tod aus, bedingt durch innere Ursachen, durch das Erlöschen lebenswichtiger Funktionen. Aber dann entdeckt der Arzt eine Verfärbung am Hals des Toten. Kein natürlicher Tod also, sondern ein unnatürlicher? Wurde dieser Mensch erwürgt oder erdrosselt? Hat er sich selbst erhängt und wurde vom Strick abgeschnitten, um seinen Selbstmord zu vertuschen?

Eine Frau wird verblutet im Wald aufgefunden. Ihr Hals ist bis fast auf die Wirbelsäule durchschnitten. Wurde sie ermordet? Oder hat sie sich – was kaum vorstellbar erscheint – die tödliche Wunde selbst beigebracht?

Neben einem Bahngleis liegt eine zerstückelte Frauenleiche. Hatte sich die Frau selbst auf die Schienen gelegt oder wurde sie zuvor von jemandem getötet und danach auf die Schienen verbracht, um einen Selbstmord vorzutäuschen?

So viele Todesfälle, so viele Fragen oft. Selbstverständlich haben die meisten Todesfälle natürliche Ursachen. Einige Fälle eines scheinbar natürlichen Todes sind unnatürlicher Art, also durch äußere Einwirkung bedingt, sind Unfall, Tötungsverbrechen oder Selbstmord. Und schließlich sind viele unnatürliche Todesfälle bereits auf den ersten Blick als solche erkennbar, hinwiederum aber nicht immer sofort eindeutig als Unfall, Mord oder Selbstmord auszumachen.

Diese mögliche Unsicherheit beim ersten Augenschein veranlaßte den Rechtsmediziner Dr. F. Bartmann zur Forderung, jeden Todesfall zunächst als einen Zweifelsfall zu betrachten.

Dieses Kapitel berichtet über Schwierigkeiten und erstaunliche Erfolge bei der rechtsmedizinischen Feststellung natürlicher und unnatürlicher Todesursachen. Die Toten selber verraten dem das Geheimnis ihres Todes, der seine Spuren an ihnen zu lesen versteht.

Wie der Titel dieses Kapitels besagt, werden Fälle berichtet, deren Spuren gesichert sind und die deshalb zweifelsfrei aufgeklärt werden konnten.

Der Todesschützen-Fall

Zirkusvorstellung im Orpheum in San Francisco. Es war der 24. Januar 1963.

Einer wippenden Pfauenfeder gleich, stelzte das Nummerngirl an der Rampe entlang. Der Blick der Zuschauer wanderte rasch ins Programmheft. ›Todesschütze Jack Ortelli‹ hieß die nächste Nummer. Sie galt als Höhepunkt der Vorstellung. Und wegen dieses Höhepunktes war seit Wochen jede Vorstellung ausverkauft. Ortellis Ruhm ging ihm voran von Stadt zu Stadt. Der Kunstschütze gehörte zu den unumstrittenen Stars der internationalen Artistik. Er erschien wie die Verkörperung des amerikanischen Idols vom coltschwingenden Cowboy, der nie sein Ziel verfehlt.

Die Kapelle spielte eine Zwischenmusik. Gespannt verfolgten die Zuschauer die letzten Vorbereitungen für Ortellis Auftritt. Die Bühnenarbeiter stellten eine mit weißem Papier bespannte Wand im Hintergrund der Bühne auf und vorn an der Rampe ein zierlich lackiertes Tischchen. Die Zuschauer konnten darauf drei Colts liegen sehen.

Dann spielte die Kapelle einen Tusch. Jack Ortelli und seine Assistentin Sinje Vermeeren erschienen auf der Bühne.

Der Begrüßungsbeifall wollte nicht enden.

Das junge Mädchen in seinem Flitterkostüm trat vor den Wandschirm. Lächelnd nickte es seinem Partner zu, der mit einer blitzschnellen Bewegung zwei Revolver ergriff.

Für einen Augenblick war es im Saal totenstill. Dann, im gleichen Augenblick, als Ortelli beide Fäuste hochriß, knatterten auch schon die Schüsse. Nach wenigen Sekunden waren die Trommeln leergeschossen.

Sinje Vermeeren stand reglos. Das Publikum hielt den Atem an. Das Mädchen trat leichtfüßig zur Seite. Auf dem Wandschirm hatten die Geschosse die Umrißlinien von Sinjes Körper nachgezeichnet. Nun trat Sinje wieder vor die Papierwand. Sie verdeckte fast völlig die Einschußlöcher – so dicht waren die Geschosse neben ihr eingeschlagen.

Beifall brauste auf, ebbte ab, denn nun folgte der zweite Teil der Nummer, und gegen ihn, so erzählte man sich, wäre der erste nur ein Kinderspiel.

Jack Ortelli hatte die beiden Colts auf das Tischchen geworfen. Lässig, fast gleichgültig verfolgte er, wie Sinje aus der Hand eines Bühnenarbeiters einen metallenen dreiarmigen Leuchter entgegennahm, in dem drei brennende Kerzen steckten.

Langsam hob das Mädchen den Leuchter empor und stellte ihn sich auf den Kopf. Noch schwankte er, und es vergingen einige Sekunden, bis er sich der Rundung des Kopfes angepaßt hatte und stillstand. Das Publikum blickte erregt auf die brennenden Kerzen. Ortelli wird die Flammen zum Erlöschen bringen, nicht mit einem Trommelfeuer wie vorhin, sondern mit drei gezielten Schüssen. Er wird dabei dem Mädchen den Rücken zukehren und durch einen Spiegel das Ziel anvisieren.

Nun war es soweit. Ortelli nahm den dritten Colt vom Tischchen. Er stellte sich auf, das Gesicht dem Publikum zugewandt. Mit der Linken hielt er den Handspiegel in Augenhöhe, in der Rechten, den langen Lauf auf die Schulter gelegt, den Colt. Jeder wußte, was nun geschehen würde, aber niemand wußte, wie es dieser Teufelskerl fertigbrachte, rückwärts auf die zuckenden Flammen zu schießen.

Der erste Schuß fiel. Die erste Kerze erlosch. Wieder ein Schuß. Nun brannte nur noch eine Kerze.

Da blitzte es zwei-, dreimal. Zischen und Zwischenrufe der Zuschauer. Ein Fotoreporter machte Aufnahmen. Ortelli schien das nicht zu stören, er stand ganz ruhig da und zielte ebenso ruhig für den dritten Schuß.

In diesem Augenblick hörten die Zuschauer, die vorn in den ersten Reihen saßen, einen halblauten Zuruf Ortellis an seine Partnerin: »Steh doch still!« Fast zugleich mit dem Schuß flammten wieder Blitzlichter auf. Und dann hörten alle den schrecklichen Schrei, bis hinten in die letzten Reihen.

Der Schrei kam von der Bühne. Zuerst sah man nur den Leuchter schwanken, sah ihn fallen und die Kerze darin erlöschen. Dann sank Sinje um, langsam, wie in einer sorgsam einstudierten Bewegung.

War es eine neue Variante der Sensationsnummer? Reglos starrten die Zuschauer auf die Bühne. Erst als sie Ortelli zu seiner Assistentin eilen und seine vergeblichen Bemühungen um sie sahen, begriffen sie, daß etwas Unvorhergesehenes geschehen sein mußte.

Der Vorhang fiel. Eigentlich hätte die Kapelle nun mit beruhigenden oder heißen Rhythmen den Zwischenfall überspielen müssen. Aber die Kapelle schwieg. Die Musiker waren ebenso ratlos wie die Zuschauer.

Inzwischen war ein Arzt auf die Bühne gesprungen. Artisten und Bühnenarbeiter umstanden das reglos daliegende Mädchen. Ortelli kniete noch immer neben ihr und stellte sinnlose Fragen. Sinje antwortete nicht. Der Arzt brauchte nur wenige Augenblicke für seine Diagnose. Er sah die unregelmäßige Einschußwunde über dem linken Auge und richtete sich langsam wieder auf.

»Wird sie durchkommen?« fragte Ortelli angstvoll. Der Arzt blickte den totenblassen Artisten an, den er vor wenigen Minuten noch so bewundert hatte. Er konnte später nicht erklären, warum er in diesem Moment Ortelli Sinjes Tod verschwieg, warum er sagte, sie müsse sofort operiert werden, es müsse sofort ein Krankenwagen gerufen werden. Der Arzt ließ sich zum nächsten Telefon bringen. Aber er rief nicht die Unfallstation an, sondern die Polizei

Wenig später traf die Mordkommission unter Leitung von Inspektor Jones ein. Auf der Bühne war alles noch unverändert. Der Arzt hatte dafür gesorgt, daß sich die Polizei ein genaues Bild von dem Geschehenen machen konnte. Während draußen vor dem Vorhang ein Notprogramm weiterlief – der Direktor hatte das Publikum auf die übliche Weise beschwichtigt – gingen die Kriminalisten daran, die Vorgänge kurz vor dem tödlichen Unfall zu rekonstruieren.

Aber – war es denn überhaupt ein Unfall?

Der Arzt und einige andere Leute waren von Anfang an davon überzeugt, das war kein Unfall. Das war Mord, als Unfall getarnt.

Inspektor Jones hatte inzwischen von Kollegen Ortellis erfahren, daß es zwischen ihm und seiner Assistentin Spannungen gegeben und sie sich oft gestritten hätten. Miss Vermeeren, so hörte er, habe Ortelli geliebt, Ortelli sich aber einer anderen Frau zugewandt, der Steptänzerin Evelyn Bernhard aus Chikago. Mit ihr sei er in letzter Zeit immer öfter zusammengetroffen. Die Beziehung mit Sinje schien zu Ende gewesen zu sein.

Jones richtete sich mit seinen Männern in einem Garderobenraum ein. Hier sollten erste Vernehmungen stattfinden. Jones ließ Ortelli vorführen. Der Kunstschütze hatte den Raum kaum betreten, als er erregt rief: »Ich habe Sinje nicht getötet!«

»Wer spricht denn davon?« fragte Jones.

Ortelli blickte ihn unsicher an. »Ich sehe doch, was Ihr alle denkt. Ich verstehe nicht, wie das passieren konnte.«

»Ich mache Sie darauf aufmerksam, daß alles, was Sie aussagen, gegen Sie verwendet werden kann«, sagte Jones. »Wollen Sie einen Anwalt?«

»Ich habe nichts zu verbergen!«

»Um so besser. Ich habe gehört, daß es in letzter Zeit Auseinandersetzungen mit Sinje Vermeeren gab.«

Ortelli bestätigte es. Sinje hätte ihm wegen der Steptänzerin heftige Eifersuchtsszenen gemacht. Ortelli erklärte weiter, daß Sinje kein Recht dazu gehabt habe, er habe ihr niemals eine feste Bindung versprochen. Diese Behauptung entlastete Ortelli in Jones Augen überhaupt nicht. Er war davon überzeugt, daß Ortelli mit seinem unklaren Verhältnis zu den beiden Frauen diese explosive Situation geradezu heraufbeschworen hatte. Ja, gab Ortelli zu, das möge schon sein, aber das sei doch kein Grund gewesen, Sinje etwas anzutun. Im Gegenteil, es sei Sinje gewesen, die ihn mit ihrem Haß verfolgt habe.

Jones fragte, wann Sinjes Liebe zu Ortelli in Haß umgeschlagen sei. Ortelli erklärte, das war, als Sinje erfuhr, daß er im nächsten Monat im gleichen Unternehmen auftreten werde wie die Steptänzerin Bernhard. Sinje habe ihm gedroht und geschrien, das werde er noch bereuen. Das sei vor drei Tagen gewesen.

Jones brach vorerst die Vernehmung ab. Trotz seines gefühlsmäßigen Verdachts gegen ihn konnte er kein Motiv für die Ermordung Sinjes erkennen – es sei denn, er wollte sich der ihm unbequem gewordenen Frau entledigen. Wie eng war das Verhältnis zwischen Ortelli und seiner Assistentin gewesen? fragte er sich. Er fragte einige Kollegen. Aber er erhielt nur vage Auskünfte.

Dann suchte Jones mit seinen Leuten das Zimmer der Toten auf. Er trat ein, blieb aber auf der Schwelle stehen. Das war so seine Gewohnheit. Er suchte sich zuerst immer einen Überblick über den ganzen Raum zu verschaffen, einen allgemeinen Eindruck von ihm und dem Menschen zu gewinnen, der ihn bewohnte.

Jones fielen mehrere Koffer auf, die gleich neben der Tür standen. Wie ein Hotelzimmer, dachte Jones. Der Gast hat es noch nicht betreten, aber seine Koffer stehen schon darin. Und dann blitzartig die Umkehrung dieses Gedankens: Wie ein Hotelzimmer – der Gast hat es bereits verlassen, nur seine Koffer sind noch da. Jones ging zum Kleiderschrank und öffnete ihn. Leer! Die Ablage über dem Wasserbecken – leer. Keine Seife, keine Zahnbürste, keine Schminke. Jones ließ die Koffer aufbrechen. Kleidung, Toilettenartikel alles verpackt, wie zur Abreise.

Aber wohin, zum Teufel, wollte sie reisen? fragte sich Jones. Ihr Vertrag lief doch bis zum Monatsende! Er ließ das Zimmermädchen kommen. »Wollte Miss Vermeeren verreisen?«

»Nicht daß ich wüßte.«

»War ihr Zimmer immer so ordentlich aufgeräumt?«

»Im Gegenteil, Sir. Sie war nicht gerade ordentlich. Ließ alles herumliegen und fand dann nie etwas. Oft mußte ich ihr suchen helfen. Das heißt, so schlimm war es erst in den letzten Tagen. Sie hat oft geweint.«

Das war nichts Neues für Jones. Aber dann sagte das Zimmermädchen etwas, was die Sache noch verworrener machte: »Wissen Sie, ich glaube, sie wollte doch verreisen. Sie hat mir nämlich heute ein ziemlich großes Trinkgeld gegeben. Artisten geben das Trinkgeld immer erst bei der Abreise.«

Abreise – dieses Wort ging Jones nicht mehr aus dem Sinn. Er nahm sich noch einmal Ortelli vor. »Ihre Nummer«, sagte er, »enthält doch ein großes Risiko für Ihre Assistentin. Wie hoch es ist, haben wir heute gesehen. Welche Möglichkeiten haben Sie, dieses Risiko so klein wie möglich zu halten?«

»Praktisch enthält meine Nummer gar kein Risiko.«

»Das müssen Sie mir schon genauer erklären.«

»Es gibt mehrere Artisten, die mit einer ähnlichen Nummer auftreten. Und solche Unfälle wie heute sind auch schon passiert. Deshalb bin ich niemals ein Risiko eingegangen. Ich verwende keine scharfe Munition, sondern präparierte Geschosse. Ich ließ sie von einer Spezialfirma entwickeln. Die Projektile bestehen aus einem bestimmten Wachs. Sie zerspringen beim Aufprall. Sie sind so weich, daß sie nicht einmal die Papierwand durchschlagen könnten, vor der meine Assistentin stand.«

»Aber man sah doch die Durchschüsse.«

»Das sind keine Durchschüsse, sondern schwarze Farbabdrücke der Wachsgeschosse. Der Luftzug, der bei ihrem Flug entsteht, löscht die Kerzen.«

Eine verblüffende Aussage. »Warum?« fragte Jones, »haben Sie mir das nicht schon früher gesagt?«

»Sie ließen mich nicht zu Wort kommen, als ich darüber sprechen wollte.«

Jones überprüfte Ortellis Informationen. Ortelli hatte die Wahrheit gesagt. Jones untersuchte den Revolver, aus dem der tödliche Schuß abgefeuert worden war. Sechs Patronenhülsen fielen heraus. In drei Hülsen steckten noch die Wachsprojektile. Die anderen drei Hülsen waren leer, zwei von ihnen glichen den Hülsen der Wachsgeschosse. Die dritte sah völlig anders aus.

Es war, wie sich weiter herausstellte, die Hülse einer scharfen Remington-Patrone. Ortelli hatte früher mit Remington-Patronen geschossen, bevor er zu Wachsgeschossen überging. Er besaß noch eine Schachtel Remington-Patronen. Diese Schachtel war mit den Kästen der Wachsgeschosse nicht zu verwechseln. Wer hatte die Patronen vertauscht?

Sicher nur jemand, der sich mit dieser Munition auskannte und Zugang zu Ortellis Zimmer hatte. Immer wieder fand Jones nur eine Antwort: Ortelli selber. Jones verhaftete ihn wegen Mordverdachts. Ortelli erhob keinen Einspruch, er war sich seiner hoffnungslosen Lage anscheinend voll bewußt. Aber auf der Fahrt zum Polizeirevier sagte er plötzlich: »Ich hätte allerdings gern gewußt, Inspektor, wie Sie meinen angeblichen Mordplan mit Sinjes Verhalten vor dem dritten Schuß in Einklang bringen wollen.«

»Mit welchem Verhalten denn?«

»Vor dem dritten Schuß stand sie nicht still, sondern bewegte sich plötzlich. Ich forderte sie auf, stillzustehen. Aber ich könnte beschwören, daß sie sich vor dem dritten

Schuß wieder bewegte. Sie richtete sich plötzlich auf. Deshalb traf ich sie am Kopf.«

»Sie richtete sich auf? Stand sie denn zuvor gebeugt?«

»Weiß ich nicht genau. Nicht direkt. Aber vielleicht hat sie sich auf die Zehen gestellt? Ich weiß es nicht.«

Jones blickte Ortelli lange schweigend an. Dann fragte er: »Wie wollen Sie das beweisen?«

Jones ging auch diesem Problem nach. Und er stellte fest, daß einige Leute in den vorderen Reihen tatsächlich Ortellis warnenden Zuruf an Sinje gehört hatten.

Das gab der Untersuchung eine neue Richtung. Jones begann an Ortellis Täterschaft zu zweifeln. Er glaubte nicht mehr an eine Mordanklage, war sich aber zugleich auch ziemlich sicher, daß die Staatsanwaltschaft Ortelli wegen fahrlässiger Tötung anklagen würde: er habe zu früh geschossen, als sich das Mädchen noch bewegte.

Immer wieder auch sah Jones Sinje Vermeerens Zimmer vor sich: der Gast ist schon fort, nur seine Koffer stehen noch da. In Jones Gedanken begann sich eine abenteuerliche Theorie zu formen, und das Bild der Abreise war das Zentrum dieser Theorie. Nur konnte Jones sie nicht beweisen. Die Untersuchung war festgefahren. Sie brauchte einen neuen Anstoß.

Dieser Anstoß kam von naturwissenschaftlicher Seite. Im Gerichtsmedizinischen Institut von San Francisco wurde die Tote obduziert. Die Sektion ergab zweifelsfrei als Todesursache die durch das Projektil bewirkte schwere Gehirnverletzung. Die Einschußwunde war ungewöhnlich groß und unregelmäßig.

Als die Obduzenten das Geschoß aus dem Schädel herauspräparierten, ließ die charakteristische Deformierung des Projektils nur eine einzige Schlußfolgerung zu. Es hatte bereits als Querschläger, mit der ganzen Breitseite, die Stirn durchschlagen.

Ein Querschläger entsteht zum Beispiel, wenn das Geschoß auf seiner Flugbahn durch ein Hindernis aus seiner ursprünglichen Richtung abgelenkt wird. Senkrecht zu seiner Längsachse rotierend oder pendelnd, schlägt es quer auf und erzielt damit seine verheerende Wirkung.

Vergleichsschüsse ergaben, daß das tödliche Geschoß aus Ortellis Colt abgefeuert worden war. Wodurch aber hatte sich die Richtung der Geschoßbahn verändert? Die Gerichtsmediziner vermuteten, das Geschoß könnte an einem harten Gegenstand abgeprallt sein, möglicherweise an dem kronenartigen Kerzenhalter, den Sinje auf dem Kopf getragen hatte. Tatsächlich fand sich an der Krone eine Vertiefung, die das Projektil verursacht haben könnte. Mit Hilfe der Spektralanalyse gelang es, auf dem Querschläger winzige Spuren von Messing und Gold – dem Material, aus dem der Leuchter bestand – nachzuweisen. Und an der Vertiefung des Kerzenhalters entdeckte man Blei.

Damit war der Weg des Geschosses rekonstruierbar. Ortelli hatte Sinje Vermeeren nicht vorsätzlich getötet. Hätte er das gewollt, so hätte er direkt auf ihre Stirn gezielt und sich nicht auf den unkontrollierbaren Weg eines Querschlägers verlassen. Daß er sie töten wollte und dabei versehentlich den Kerzenhalter statt ihrer Stirn getroffen hatte, war bei einem so sicheren Schützen ausgeschlossen.

Nach wie vor war aber der Vorwurf einer fahrlässigen Tötung nicht aus der Welt. Jones fragte sich immer wieder, warum sich Sinje vor dem dritten, dem tödlichen Schuß aufgerichtet und damit ihren Kopf in die tödliche Schußbahn gebracht hatte. Das konnte kein Zufall sein, denn als routinierte Artistin wußte sie, wie gefährlich eine Bewegung in diesem Augenblick war. Außerdem hatte Ortelli sie soeben erst gewarnt. Jones suchte diese Überlegungen mit seiner abenteuerlichen Theorie in Einklang zu bringen. Erneut ging er die Vernehmungsprotokolle durch. Ein Detail half ihm schließlich, das Rätsel um Sinjes Tod zu lösen. Ein Fotoreporter hatte während der Ortelli-Nummer Aufnahmen gemacht. Jones vermutete, Ortelli sei durch das Blitzlicht erschreckt oder abgelenkt worden. Aber Ortelli hielt das für unmöglich.

Jones ließ nach dem Fotografen suchen und sich dann die Bilder der Ortelli-Nummer vorlegen. Er sah Sinjes Gesicht, aufgenommen einen Augenblick vor ihrem Tod. Das war nicht das Gesicht eines Menschen, den der Tod überraschend treffen wird. Auf Sinjes Gesicht lagen Entsetzen und Todesangst. Jones begriff: Sinje wußte, daß sie beim nächsten Schuß sterben würde. Sie war es gewesen, die die Geschosse vertauscht hatte. Sie hatte nicht mehr leben wollen. Doch sie wollte sich zugleich an dem Mann rächen, der ihre Liebe zurückgewiesen hatte. Sie wollte ihn als Mörder hinstellen und mit sich in den Tod nehmen.

Fast ein Jahrzehnt später schien sich in Wien diese absonderliche Situation wiederholen zu wollen.

1972 stand der 50jährige Wiener Arzt Dr. Makay vor Gericht. Er hatte seine 31 Jahre jüngere ungarische Geliebte Elisabeth im Streit erschossen, indem er das gesamte Magazin seines Trommelrevolvers auf sie abfeuerte.

Makay gab die Tat zu, behauptete jedoch, sein Revolver habe stets nur Platzpatronen enthalten. Elisabeth müsse diese mit scharfer Munition vertauscht haben, damit er sie töte. Ihr selbst habe der Mut dazu gefehlt.

Der Angeklagte konnte auf Tagebuchnotizen seines Opfers verweisen. Daraus ließ sich die ganze Misere dieser spannungsgeladenen Liebesbeziehung ablesen. Elisabeth hatte noch einen Geliebten in Ungarn, Makay suchte Abwechslung bei Prostituierten. Die junge Ungarin hatte sich anscheinend eine Ehe mit Dr. Makay versprochen, die sie aus ihrer armseligen Existenz befreien und in gutbürgerlichen Wohlstand versetzen sollte. Makay war vor allem sexuell an das Mädchen gebunden. Die Konflikte zwischen beiden verschärften sich, es kam immer wieder zu dramatischen Szenen. Makay war ein unbeherrschter

jähzorniger Mensch und Elisabeth ein scharfzüngiges un-
berechenbares Wesen. Makay drohte ihr, sie zu töten,
wenn sie ihn verlasse. Elisabeth schrieb, sie wolle durch
Selbstmord diesem Wirrsal entrinnen, könne aber die
schwere Waffe nicht in die Hand nehmen, sie brauche jemanden, der sie ihr an die Stirn halte.

Eines Nachts kam es erneut zu einer Auseinandersetzung zwischen Dr. Makay und seiner Geliebten. Nach seiner Darstellung habe sie ihn zum Geschlechtsverkehr ani-
miert, obwohl er schwer betrunken war. Deshalb versagte
er im Bett und wurde von ihr verhöhnt. Wütend habe er
den Revolver aus dem Schrank genommen. Er habe auf
sie geschossen, um sie zu erschrecken und zur Vernunft
zu bringen. Er habe geglaubt, der Revolver enthalte nur
Platzpatronen.

Makay berief sich auf jene Tagebuchnotiz und behauptete, er sei das Werkzeug eines raffiniert geplanten Selbstmordes geworden. Elisabeth habe zuvor die Patronen
vertauscht und dann einen Streit provoziert, in der Hoffnung, er werde in seinem Jähzorn wie erwartet reagieren
und auf sie schießen.

Das Gericht nahm Makays Argumente zu seiner Verteidigung nicht an. Es berief sich in der Verurteilung Makays
ebenfalls auf Elisabeths Tagebuch, nämlich auf seine Drohungen, sie umzubringen. Makay erhielt eine Freiheitsstrafe von 12 Jahren.

Dieser Kriminalfall zeigt im Gegensatz zum Ortelli-Fall,
wie schwierig oder sogar zweifelhaft die juristische Ur-
teilsfindung ist, wenn auch der Gerichtsmediziner keine
Aufklärung erbringen kann. Denn ob und von wem die
Patronen vertauscht worden sein sollten, konnte natürlich
auch durch die Obduktion des Opfers nicht festgestellt
werden.

Tod auf den Schienen

An einem trüben Novemberabend – es herrschte schon tiefe Dunkelheit – sah der Lokführer eines S-Bahnzuges im Scheinwerferlicht ein Reh auf den Schienen stehen. Noch hoffte er, es würde weglaufen, doch es verharrte wie gebannt auf den Gleisen, so daß der Zug darüber hinwegfuhr. Der Fahrer meldete pflichtgemäß den Vorfall am nächsten Bahnhof einer Kleinstadt nahe München.

Wenig später entdeckte ein Mann neben einem Gleisübergang eine zerstückelte Leiche. Er verständigte die nächste Polizeidienststelle, bei der soeben auch die Meldung vom Überfahren eines Rehes eingegangen war. Standen beide Meldungen im Zusammenhang?

Die Kriminalbeamten fanden am bezeichneten Fußgängerüberweg Leichenteile einer Frau. Weitere Körperteile lagen Hunderte von Metern weit entfernt auf und neben den Schienen. Es war anzunehmen, daß der Triebwagenfahrer des S-Bahnzuges die Frau überfahren hatte.

Die unbekannte Tote wurde in das Institut für Rechtsmedizin der Universität München überführt. Dort sollten die genauen Todesumstände festgestellt werden.

Zunächst, so berichtete Kriminalhauptkommissar M. Maurer, sah alles wie ein ›Allerweltsfall‹ aus. Noch in der gleichen Nacht meldete ein Herr Brunner, seine Ehefrau sei verschwunden. Möglicherweise habe sie Selbstmord begangen. Sie habe schon einige Monate zuvor versucht, sich mit Schlaftabletten das Leben zu nehmen. Sie hätte seit einiger Zeit an schweren Depressionen gelitten.

Bald konnte die Tote tatsächlich als die vermißte Frau Vreni Brunner identifiziert werden. Die Aussage des Ehemanns und des Lokführers, der die Selbstmörderin mit einem Reh verwechselt hatte, ließen also darauf schließen, daß sich Frau Brunner auf die Gleise gestellt und auf diese Weise den Tod gesucht hatte.

Doch die Obduktion der Leiche warf diese Annahme

um. Dr. Eisenmeyer vom Institut für Rechtsmedizin stellte u. a. am Schädel der Toten punktförmige Blutaustritte in den Bindehäuten beider Augenober- und Unterlider fest, ferner umschriebene schwarzrote Blutungen am Hals und den Bruch des linken Kehlkopfhorns.

Ein solcher Befund ist charakteristisch für eine Gewalt-einwirkung am Hals, wie sie bei Würgen oder Drosseln auftreten. Gleichzeitig fand der Obduzent vitale Reaktionen, so daß nicht zu bezweifeln war, daß die Tote noch lebte, als sie überfahren wurde. War also Frau Brunner bewußtlos gemacht und dann auf die Schienen verbracht worden, um einen Unfall oder Selbstmord vorzutäuschen?

Schließlich – und das war der überraschendste Befund – fanden sich in Abstrichen aus dem hinteren Scheidengewölbe ›massenhaft intakte Samenfäden‹.

Bei seiner Vernehmung hatte der Ehemann angegeben, der letzte Geschlechtsverkehr mit seiner Frau habe etwa fünfzig Stunden vor ihrem Tod stattgefunden. Glaubte man dieser Behauptung, so bedeutete der Fund lebender Spermien (der Abstrich war zwanzig Stunden nach Eintritt des Todes erfolgt), daß die Spermien rund siebzig Stunden überlebt hätten. Das wäre jedoch äußerst ungewöhnlich, sogar fragwürdig.

Der Obduktionsbefund erschütterte also die Selbstmord-Hypothese beträchtlich. Erstens ließen sich die eng begrenzten Unterblutungen am Hals nicht durch die flächenhaft einwirkende stumpfe Gewalt des Triebwagens erklären. Zweitens mußte – wenn man die Überlebensdauer menschlicher Samenzellen erfahrungsgemäß auf 12 bis 24 Stunden einbezieht – auch innerhalb dieser Zeit ein Geschlechtsverkehr stattgefunden haben.

Mit diesen Schlußfolgerungen konfrontiert, beharrte der Ehemann auf seiner Aussage. Somit »drängte sich«, berichtete Kriminalhauptkommissar Maurer weiter, »der begründete Verdacht auf, daß Frau B. Opfer eines Sexualverbrechens geworden sein konnte, wobei es zur Gewalteinwirkung gegen den Hals im Sinne von Würgen gekommen sein mußte und die dann Bewußtlose auf die Schienen verbracht und durch den Zug getötet wurde.«

Dieser Verdacht leitete eine großangelegte Ermittlungsaktion aus. Nicht nur das Alibi des Ehemannes wurde genauestens überprüft. Auch die Lebensumstände der Toten mußten bis ins Detail durchleuchtet werden.

Vreni Brunner war eine gesellschaftlich aktive Frau gewesen, hatte sich als ehrenamtliche Stadträtin betätigt und war kürzlich in die Schlagzeilen der Presse geraten, weil sie unter Ausnutzung ihrer politischen Funktion einen Auslandsurlaub finanziert hatte. Am 19. November 1975 sollte darüber eine Gerichtsverhandlung stattfinden. Am 18. November war ihr Tod erfolgt.

Es ergaben sich genügend Beweise für eine anhaltende Depression die sich infolge der Skandalaffäre noch verstärkt hatte. Auch lag ein Abschiedsbrief vor, als sie bereits im Sommer einen Selbstmord-Versuch unternommen hatte.

Auch wurde festgestellt, daß Frau Brunner, bevor sie ihre Wohnung zu ihrem letzten Gang verließ, mit einer Freundin telefoniert und dabei gesagt hatte, daß sie nicht mehr leben wolle.

Weitere Ermittlungen verstärkten weiterhin die ursprüngliche Annahme eines Selbstmordes. Der Triebwagenführer erinnerte sich, daß die Gestalt auf den Schienen gekniet oder in gebückter Haltung gestanden habe, weshalb er die Frau für ein Reh gehalten hatte. Er war sich sicher, die Frau habe nicht auf den Schienen gelegen. Schließlich ließ auch der Zustand von Unterwäsche und Kleidung ein Sexualverbrechen nicht glaubhaft erscheinen.

Die von der Kriminalpolizei ermittelten Fakten gerieten also erneut in Widerspruch zum rechtsmedizinischen Gutachten. Es mußte deshalb gemeinsam geprüft werden, ob sich kriminalpolizeiliche und medizinische Erkenntnisse doch miteinander vereinen ließen.

Kriminalhauptkommissar Maurer berichtete, daß das schließlich auch der Fall war. Aus medizinischer Sicht konnte belegt werden, daß auch bei anderen, völlig eindeutigen Selbstmordfällen auf den Schienen gleichartige Blutungen aufgetreten waren: »Eine mögliche Erklärung fand sich in den Konstruktionsmerkmalen des Triebwagens, zu denen auch ein ausgedehntes Schlauchsystem am Boden des Frontteiles gehört. In diesem kann eine nicht aufrecht stehende Person sich zunächst verfangen, wobei es auch zu umschriebener Gewalteinwirkung gegen den Hals kommen kann.«

Für die ungewöhnlich lange Überlebensdauer der Samenzellen in der Scheide konnten in ausländischer Fachliteratur Nachweise gefunden werden, daß in Ausnahmefällen unter besonderen Umständen Spermien mehrere Tage überleben können.

Maurer schloß seinen Bericht: »Der Sachbearbeiter der Kriminalpolizei kann nicht umhin, seine Arbeit eng an die Ergebnisse der wissenschaftlichen Untersuchungen anzulehnen, auch dann, wenn sie zunächst störend wirken. Andererseits muß aber auch der Sachverständige die vom Kriminalisten zweifelsfrei festgestellten Fakten in seine Überlegungen einbeziehen. Nur die enge und vertrauensvolle Zusammenarbeit kann die Erfolge bringen, die man von zwei wesentlichen Säulen der Ermittlungs- und Aufklärungstätigkeit billigerweise erwarten kann.«

Selbstmörder, die den Tod auf den Schienen suchen, besitzen eine »hohe Entschlußmotivation«, sagte der Göttinger Selbstmord-Experte Rainer Welz. Ihr Selbstmordversuch sei kein Hilferuf, sondern ein fester Entschluß. Während beispielsweise bei einem Sprung ins Wasser oder bei Einnahme von Tabletten noch rechtzeitige Rettung möglich ist, ist der Tod auf den Schienen unabwendbar. Damit hat der Selbstmörder keine Chance mehr, die Umwelt auf seine verzweifelte Lage aufmerksam zu machen, die ihn zum Selbstmordversuch trieb.

Nach einer bahninternen Statistik suchten allein im Jahre 1993 fast 900 Menschen den Tod auf den Schienen.

Oft müssen die Lokführer, vor deren Augen sich ein solcher Selbstmord ereignet, in psychiatrische Behandlung. Sie leiden unter Schuldgefühlen. Aber selbst wenn sie im kritischen Moment blitzschnell reagieren – der lange Bremsweg eines Schienenfahrzeugs kann den plötzlich vor der Lok auftauchenden Selbstmörder nicht vor dem Überfahrenwerden bewahren.

Ein Glaserl zuviel

An diesem Augustnachmittag stieg Martin Lechgruber nach Arbeitsschluß auf seine Honda, um heimzufahren. Er wollte im Garten Aprikosen pflücken, die Früchte waren schon überreif.

Es war ein heißer Tag. Lechgruber verspürte Durst. Er hielt an einem Dorfgasthaus an, setzte sich an einen Gartentisch und bestellte einen Schoppen Wein. Aus dem einen Schoppen wurde ein zweiter, ein dritter. Es war einfach gemütlich, so im Schatten zu sitzen, sich nach dem harten Arbeitstag zu entspannen, die Gedanken treiben zu lassen und sich auf die Aprikosenernte zu freuen. Der Wein war gut gekühlt, Lechgruber bestellte noch einen vierten Schoppen. Noch einen? fragte er sich dann. Du hast noch ein Stück zu fahren, jetzt ist es genug. Er zahlte und machte sich mit seinem Motorrad auf den Heimweg.

Bei Mautern fuhr er über die Donaubrücke und setzte

seine Fahrt auf der Bundesstraße fort, bis er auf eine Nebenstraße abbog, die zu seinem Grundstück führte.

Lechgruber war bester Laune. Sonne und blauer Himmel, bald würde er zu Hause sein. Der Wein hatte ihn beschwingt. Er war ein sicherer Fahrer und kam gut voran, ließ sich aber trotz weinseliger Stimmung nicht zu rasantem Tempo verleiten.

Jetzt näherte er sich einer scharfen Rechtskurve, die seitwärts mit Gebüsch bestanden war. Er hielt sich dicht am rechten Straßenrand und hatte die Kurve schon fast genommen, als plötzlich eine Frau von rechts auf die Straße trat. Ein Zusammenstoß schien unvermeidlich. Aber Lechgruber versuchte ihm zu entgehen, indem er den Lenker blitzschnell nach links riß. Er geriet auf den linken Straßenrand und stürzte mit dem Motorrad eine fast zwei Meter tiefe Böschung hinab, überschlug sich dabei und wurde auf die angrenzende Wiese geschleudert.

Halb betäubt vor Schreck und Schmerzen rappelte er sich auf, erklomm die Böschung und blieb entsetzt stehen. Die Frau lag quer auf der Straße und rührte sich nicht mehr. War sie tot oder nur bewußtlos? Er trat zu ihr, in der Hoffnung, sie sei nicht tödlich verletzt. Er glaubte, einen Frontalzusammenstoß vermieden und die Frau nur gestreift zu haben.

Ein Wagen näherte sich. Er hielt an, Lechgruber bat den Fahrer, Gendarmerie und Unfalldienst zu benachrichtigen, er werde so lange am Unfallort bleiben …

Fast zugleich mit dem Medizinischen Notdienst trafen zwei Gendarmeriebeamte ein. In dumpfer Benommenheit verfolgte Lechgruber, wie die Sanitäter mit ihren Wiederbelebungsversuchen begannen. Er wußte in diesem Augenblick, die Frau war tot. Er sah, daß alle Hilfe vergeblich blieb.

Er sah, wie die Tote mit einem Tuch bedeckt, auf eine Trage gelegt und im Sanitätswagen abtransportiert wurde. Er sah, wie die Polizisten die Vermessung der Spuren beendeten. Er sah einen von ihnen näherkommen.

Jetzt werde ich vernommen, dachte er, und er dachte an die vier Schoppen Wein. Wenn ich antworte, riecht er den Alkohol, dachte er weiter, also werde ich schweigen.

Der Beamte forderte die Fahrerpapiere. Lechgruber entnahm die Papiere der Brieftasche und überreichte sie stumm dem Polizisten.

»Sie sind Martin Lechgruber?«

Lechgruber schwieg.

»Wie ist es zu dem Unfall gekommen?«

Lechgruber schwieg.

»So reden Sie schon!«

Der zweite Beamte trat hinzu.

»Mit welcher Geschwindigkeit sind Sie in die Kurve gefahren?«

Lechgruber schwieg.

»Haben Sie die Frau nicht rechtzeitig gesehen?«

Lechgruber stand stumm. Er hörte, wie der zweite Beamte sagte:

»Vielleicht steht er unter Schock.«

»Steht er wirklich unter Schock?« murmelte der Vernehmende unsicher. »Ist Ihnen überhaupt bewußt, daß Sie einen Menschen getötet haben?«

»Ich habe die Frau nicht überfahren!« rief Lechgruber verzweifelt. Der Polizist, der dicht vor ihm stand, blickte ihn starr an. »Hauchen Sie mich mal an.«

In diesem Augenblick begriff Lechgruber, daß er seine Schuld nicht länger verbergen konnte …

Die Polizisten nahmen ihn zur Gendarmerieinspektion mit. Ein Blutalkohol-Test war notwendig.

Unterwegs sagte Lechgruber: »Ich kann mir den tödlichen Unfall nicht erklären. Ich bin ihr doch im letzten Moment ausgewichen. Ich habe nicht einmal gemerkt, daß ich sie überhaupt berührt habe!«

»Und doch haben Sie sie gestreift. Eine Hand des Opfers wies eine frische Wunde auf. Die Verletzungen lagen in Höhe des Lenkers. Das ist nur die Wunde, die äußerlich sichtbar ist. Die war nicht tödlich. Tödlich waren auf jeden Fall innerliche Verletzungen.«

Auf dem Revier entnahm ein Arzt Lechgruber eine Blutprobe. Dann wurde Lechgruber erneut vernommen. Er betonte, daß das Opfer ganz plötzlich auf die Straße trat. Er verwies darauf, er habe den Lenker herumgerissen, um der Frau noch auszuweichen. Er wiederholte, daß er sich an keinen Zusammenstoß erinnern könne. Er wußte, daß die Tatsachen gegen ihn sprachen. Auf einmal war er sich selbst nicht mehr sicher, ob er sich überhaupt auf seine Erinnerung verlassen könnte. Vielleicht hatte ihn der Schreck so gelähmt, daß er gar nicht mehr bewußt wahrgenommen hatte, die Frau angefahren zu haben? Die Vernehmung erbrachte schließlich nichts Neues mehr. Lechgruber wurde entlassen.

Revierinspektor Permoser, der den Fall zu bearbeiten hatte, sah sich mit dem Widerspruch zwischen den Fakten des Unfalltodes und den Aussagen des Fahrers konfrontiert. Berufsbedingtes Mißtrauen ließ ihn zuerst einmal am Wahrheitsgehalt oder zumindest an der Erinnerungsfähigkeit Lechgrubers zweifeln. Zudem hatte Lechgruber unter Alkoholeinfluß gestanden – ein Grund mehr, seiner Aussage nicht zu trauen.

Permoser nahm aber auch die Pflicht eines Polizisten ernst, nämlich nicht nur ›Schuldige zu belasten, sondern auch etwaige Unschuldige zu entlasten.‹ Noch war nichts weiter über die Tote bekannt, als daß sie 73 Jahre alt war und Franziska Kirchner hieß.

Während Lechgruber in den nächsten Tagen, unfähig, seiner Arbeit nachzugehen, vor seinem inneren Auge Gerichtsprozeß und Gefängnisaufenthalt vorbeiziehen sah, erkundete die Gendarmerie die letzte Stunde Franziska Kirchners vor ihrem Tode. Dabei fand sich ein verläßlicher Zeuge, der darüber etwas zu berichten hatte. Er sagte aus, Franziska Kirchner habe Gras geschnitten und auf einen Schubkarren geladen. Den Schuhkarren hatte sie schließlich am linken Straßenrand abgestellt. Der Zeuge hatte gesehen, daß die Frau kurz zuvor hingefallen war und sich an der Hand verletzt hatte.

Die Zeugenaussage ließ Inspektor Permoser noch nachdenklicher über Lechgrubers Darstellung werden. Die blutige Hand war ja bisher ein wichtiger Beweis für den Zusammenstoß zwischen Motorrad und Opfer gewesen, ganz gleich, ob sich die Frau bereits beim Zusammenprall oder erst beim Sturz auf das Pflaster verletzt hatte. Dieser Beweis schien nun hinfällig zu sein.

Trotzdem hielt Permoser tödliche innere Verletzungen für möglich. Er beantragte deshalb eine gerichtsmedizinische Klärung.

Vom Gerichtsmedizinischen Institut in Wien kam der bekannte Gerichtsmediziner Prof. Dr. Holczabek nach Mautern, um gleich dort die Obduktion vorzunehmen. Die Gendarmerie teilte ihm den Sachverhalt, ihre Fragen und Zweifel mit. Prof. Holczabek obduzierte die Leiche in der Totenkammer des Friedhofs. Dabei stellte er keinerlei unfallbedingte innere Verletzungen fest. Er fand jedoch sichere Anzeichen für eine altersbedingte Herzschwäche. Danach konnte er den tödlichen Vorgang folgendermaßen rekonstruieren: Als Franziska Kirchner auf die Straße trat, um zu ihrem auf der gegenüberliegenden Straßenseite stehenden Schubkarren zu gelangen, tauchte plötzlich aus der Kurve Lechgruber mit seinem Motorrad vor ihr auf. Ein Zusammenstoß mit dem direkt auf sie zufahrenden Krad schien unvermeidlich. Vor Schreck erlag die herzkranke alte Frau einem Herzschlag.

Lechgruber erhielt eine Geldstrafe und zeitweiligen Führerscheinentzug, weil er die zulässige Promillegrenze überschritten hatte. Trotzdem war er glücklich, daß der Gerichtsmediziner ihn von der Last einer schweren Schuld befreit hatte.

Vier blutbesudelte Leichen

»Ein Mord wird gemeldet«, berichtet der Erste Kriminalhauptkommissar K. Scheib. »Im ersten Stock eines Einfamilienhauses liegt in einem leerstehenden Zimmer bäuchlings die Leiche des 35jährigen Hauseigentümers in einer ziemlichen Blutlache; die Wände des Zimmers sind teilweise mit Blut beschmiert und hie und da reichen Blutspritzer bis zur Decke hinauf. Unter dem rechten Unterarm ragt ein 1000 Gramm schwerer Schlosserhammer hervor.«

Alles deutet auf ein Verbrechen hin. Der kriminalistische Untersuchungsapparat setzt sich nun in Bewegung. »Es wird großräumig abgespert, die Familienangehörigen verlassen das Haus, die Türen werden verschlossen, der Erkennungsdienst zur Spurensicherung angefordert, die Gerichtsmediziner zum Tatort gerufen.«

Der Gerichtsmediziner stellt am Hinterkopf des Toten etwa zehn verschieden große Platzwunden fest. Die Kopfschwarte ist teilweise gänzlich durchlöchert, so daß an mehreren Stellen der blanke Schädelknochen freiliegt. Auf der Stirn befinden sich parallel laufende horizontale Verletzungen ...

So etwa stellt sich eine charakteristische Tatortsituation dar, die beim ersten Augenschein fast zwangsläufig den Verdacht auf einen Mord erwecken muß. Eine wilde zerstörerische Gewalt war hier am Werk gewesen. Ihre blutigen Spuren schienen von vornherein einen Unfall auszuschließen oder die Möglichkeit, daß sich der Mann die Verletzungen selbst beigebracht haben konnte.

Aber wie dieser und die drei anderen Fälle blutbesudelt aufgefundener Leichen zeigen, trügt manchmal der erste Augenschein.

Fall Nr. 1

Das Lokal liegt im Vorort einer rheinischen Großstadt. An diesem Januarabend sitzen nur noch wenige Gäste an den Tischen. Es ist gleich dreiundzwanzig Uhr.

Die Tür öffnet sich. Ein junger Mann tritt ein, wendet sich einem Ecktisch zu, an dem bereits seit Stunden ein anderer junger Mann sitzt, und legt seinen Anorak ab. Der Wirt bemerkt, daß Hose und Schuhe des Ankömmlings lehmverkrustet sind. Der Gast bestellt ein Bier. Immer wieder geht der Blick des Wirtes zu den beiden jungen Leuten hinüber, die sich angeregt, ja, wie es dem Wirt erscheint, erregt unterhalten. Die zwei waren bereits früher in das Lokal gekommen, hatten einige Bier getrunken, bis dann der eine gegen zwanzig Uhr gegangen war. Der andere war zurückgeblieben und hatte auf die Rückkehr seines Begleiters gewartet. Der Zurückgekehrte steht plötzlich auf und greift nach seinem Anorak. Sein Freund hält ihn am Arm fest und redet auf ihn ein. Der Mann setzt sich wieder hin.

Hoffentlich gibt es keinen Zoff, denkt der Wirt. In diesem Augenblick ruft der Mann, der den Anorak noch immer in den Händen hält: »Herr Wirt! Noch zwei Bier!«

Als der Wirt die Gläser auf den Tisch stellt, sagt der Gast, der seit Stunden hier gewartet hatte: »Setzen Sie sich doch bitte einen Augenblick zu uns.«

Beunruhigt nimmt der Wirt Platz. Aber noch größer ist die Unruhe im Blick des Mannes mit dem Anorak, als er fragt: »Können Sie eine Funkstreife kommen lassen?«

»Ist etwas nicht in Ordnung?«

»Ich habe eine Leiche gefunden. In einer Strohmiete auf einem Feld.«

Auf einem Feld? möchte der Wirt fragen, was suchen Sie nachts in dieser Kälte und Finsternis auf einem Feld, in einer Strohmiete? Er unterdrückt die Frage und steht auf. »Ich rufe einen Streifenwagen.«

Wenige Minuten später treffen zwei Streifenpolizisten ein. Der Mann mit dem Anorak wiederholt seine Aussage. Er weist sich als der vierundzwanzigjährige Monteur Ralph Stetten aus, der andere junge Mann ist der Straßenbauarbeiter Peter Nostitz.

Die Beamten fahren mit Stetten zum Fundort der Leiche.

Nach einer Fahrt durch die Vororte und über regennasse Landstraßen sagt Stetten: »Hier könnte es sein.«

Der Wagen hält, die drei steigen aus. Im Schein einer Stablampe überspringen sie einen Graben. Dahinter beginnt ein schmaler Feldweg. Wasserlachen und schlammiger Boden erschweren den Gang. Nun beginnt es auch noch zu schneien. Aber Stetten findet sich erstaunlich gut zurecht. Er verläßt jetzt den Weg und biegt auf freies Feld ab. Schließlich bleibt er vor einem riesigen Strohschober stehen, der sich nach oben spitzwinklig verjüngt und einem Haus ähnelt. An der Giebelseite befindet sich eine dunkle Öffnung. Stetten weist auf das Loch: »Da drin.«

Die Polizisten treten dicht heran. Der Strahl der Lampe erhellt eine niedrige schmale Höhle.

In der Höhle liegt die Leiche einer jungen Frau. Ihr Gesicht ist blutverschmiert. Neben der erstarrten linken Hand erkennt man ein blutiges Wäschestück.

Stunden später wird Stetten im Polizeipräsidium vernommen. Er sagt aus, er kenne die Tote nur flüchtig. Sie heiße Ursula. Er habe sie vorgestern am Hauptbahnhof in der Bahnhofsgaststätte kennengelernt. Man habe ihn zwar vor ihr gewarnt, sie sei eine obdachlose Streunerin, aber er habe sich gleich recht gut mit ihr verstanden, weil er auch obdachlos sei. Sie wären dann durch mehrere Gaststätten gezogen, hätten im Bahnhof auf einer Bank übernachtet und am nächsten Morgen eine Unterkunft gesucht, aber nichts gefunden. Sie hätten dann die Stadt verlassen, und als Ursula die Strohmiete auf dem Feld entdeckt habe, habe sie gesagt, das sei für beide ein schönes Haus.

»Gegen Abend bin ich dann wieder in die Stadt zum Bahnhof zurückgekehrt. Dort lernte ich Nostitz kennen. Er arbeitete bei einer Baufirma. Nostitz hat mir dort eine Gelegenheitsarbeit verschafft. Aber eine Unterkunft hatte ich immer noch nicht. Deshalb bin ich abends wieder zur Strohmiete hin. Ich dachte, vielleicht ist Ursula noch dort, und ich kann bei ihr schlafen. Aber als ich hinkam, war sie tot.«

Die merkwürdige Geschichte wird noch unglaubhafter, als Nostitz vernommen wird. Zwar bestätigt er, daß er gestern Stetten kennengelernt und ihm eine Arbeit verschafft habe. Aber was er dann berichtet, steht im Widerspruch zu Stettens Aussage. Nostitz erinnert sich, daß Stetten an diesem Abend eine Freundin besuchen wollte, die im Krankenhaus liegt. Nach Stettens Rückkehr aus dem Krankenhaus wollten sich die beiden in der Gaststätte treffen. Aber Stetten kam Stunden später als verabredet in die Gaststätte. Und dann erzählte er, er hätte eine Leiche gefunden, verschwieg aber, daß die Tote das Mädchen sei, das er angeblich im Krankenhaus hatte besuchen wollen. Er konnte auch nicht vorgehabt haben, bei Ursula im Strohschober zu übernachten, denn er hatte sich ja mit Nostitz in der Gaststätte verabredet. Wollte er nur für kurze Zeit zu Ursula in den Strohschober, um mit ihr zu schlafen und danach zu Nostitz zurückzukehren?

Ungeklärte Widersprüche – hat Stetten Ursula ermordet? Er wird in Haft genommen ...

Fall Nr. 2

Die Almhütten auf den Schweizer Bergwiesen stehen oft weit voneinander entfernt. Das Leben dort oben ist voller Einsamkeit.

Einsam und rätselhaft war auch der Tod des Bergbauern Alois Unterkirchner. Sein Tod wurde zufällig entdeckt, als eines Abends sein Vieh zurückblieb und nicht in den Stall geholt wurde.

Die Bäuerin Theres Wurzer machte sich deshalb auf den Weg zum Haus Unterkirchners.

Das zweistöckige Berghaus, an einen Hang gelehnt, verriet Theres Wurzer zunächst noch nicht, was sein Inneres barg. Die Bäuerin ging durch die offene Vorlaube auf die Haustür zu. Sie drückte die Klinke nieder. Die Tür war nicht verschlossen. Frau Wurzer trat ein und ging über den Estrich nach rechts zum türlosen Kücheneingang.

In diesem Augenblick blieb sie vor Entsetzen stehen. Hinter dem Küchenregal stand jemand. Er stand stumm und reglos. Frau Wurzer sah nur die Füße und die schräg stehenden Beine hervorragen, das Regal verdeckte den übrigen Körper. Die Hosenbeine waren voller Blut, eine große Blutlache bedeckte den Fußboden.

Frau Wurzer empfand schreckliche Angst. War es Unterkirchner, der dort stand? Oder ein Fremder? Das viele Blut ließ Schlimmes ahnen. Im Fernsehen hatte sie schon oft blutige Leichen gesehen. Aber nun selber davorzustehen, ganz allein ... Und der Mörder? War er vielleicht noch im Haus?

Sie horchte in die Stille hinein und wagte sich nicht zu rühren, wandte sich um und rannte aus dem Haus.

Als sie eine halbe Stunde später mit ihrem Mann zurückkehrte, stand die blutige Gestalt noch immer in derselben Haltung da.

Die beiden traten näher.

Es war tatsächlich Unterkirchner. Die Leiche stand neben dem Geschirrschrank. Der Kopf, etwas nach unten geneigt, ruhte auf einem Regalbrett. Auf dem Hinterkopf mußte sich eine Wunde befinden, Haar und Nacken waren von eingetrocknetem Blut bedeckt. Das Gesicht war blutig, die Hände, die Hosenbeine. Am Schrank befanden sich blutige Handabdrücke. Die Blutlache um Unterkirchners Füße war nicht die einzige, auch mitten im Raum gab es Blutflecke. Die ganze Küche glich einem Schlachthaus. Blut an der Wand, auf dem Sofa, auf dem Tisch, am Stiel eines Besens, der neben dem Sofa lag.

Die Wurzers ließen alles unberührt, begaben sich eilig zu ihrem Anwesen und fuhren von dort zum Polizeiposten Altdorf. Der Gendarm benachrichtigte die Stadtpolizei von Zürich, rief einen Arzt und begab sich mit diesem zum Berghaus.

Der Arzt schätzte, daß Unterkirchner seit etwa fünf bis sechs Stunden tot war. Er untersuchte jedoch die Leiche nicht, sondern wollte das den Gerichtsmedizinern aus Zürich überlassen.

Am nächsten Morgen trafen Mitarbeiter des Wissenschaftlichen Dienstes der Züricher Stadtpolizei am Tatort ein. Auch ein Gerichtsmediziner war dabei.

Aber vorerst konnte sich niemand die mysteriösen Vorgänge in der Almhütte erklären. In der verkrampften Hand des Toten fand man ein Zweifrankenstück. Auf dem Tisch lag eine Geldbörse, die einen Hundertfrankenschein und ein Geldstück enthielt. Ein Raubmord erschien unwahrscheinlich. Aber das Geldstück in der Hand des Toten sprach wiederum dafür.

So blieb das, was sich in der Einsamkeit dieses Augustnachmittags hier abgespielt hatte, zunächst ungeklärt. Unterkirchners Leiche wurde nach Zürich zur Obduktion gebracht.

Fall Nr. 3

Noch einmal befinden wir uns im Hochgebirge, auf der Tristenangeralm in der Nähe Salzburgs.

An einem Julitag 1959 hatten Nachbarn den sechsundsechzigjährigen Senner Peter Sattler ermordet im Stall seiner Sennhütte aufgefunden. Eine Gendarmeriepatrouille machte sich mit einem Gerichtsarzt an den schwierigen Aufstieg. Die Alm liegt 1800 Meter hoch.

Beim Eintritt in den Stall bot sich ihnen ein entsetzlicher Anblick. Sattler lag blutüberströmt auf dem Boden. Das ganze Gesicht war durch tiefe Wunden zerklüftet. Der Mund eingerissen, ein Ohr abgefetzt, der kahle Schädel mit langen Schürfwunden bedeckt.

Die Umgebung deutete darauf hin, daß Sattler verzweifelt um sein Leben gekämpft hatte. Auf der Erde lagen abgerissene Knöpfe, Geldstücke, Teile eines Hosenträgers und eine zerbrochene Zahnprothese. In Reichweite des Toten befand sich eine Mistgabel mit abgebrochenem Stiel. Es war noch unklar, ob sich Sattler mit der Mistgabel verteidigt oder ob er damit verletzt worden war. Der Gerichtsmediziner war sich ziemlich sicher, daß Sattler schon seit vier oder fünf Tagen tot war.

Die kriminalistischen Ermittlungen führten bald auf die Spur eines Tatverdächtigen. Eine halbe Stunde Wegstrekke entfernt wohnte ein Senner namens Xaver Kärrner, der mit Sattler verfeindet war. Es ging dabei um eine Frau, deretwegen sich die beiden Männer schon mehrmals geprügelt hatten.

Kärrner wurde wegen Mordverdachts verhaftet.

Die Obduktion der Leiche erbrachte jedoch ein für alle verblüffendes Ergebnis. Die Wunden am Kopf wie am Oberkörper waren teilweise kanalförmig und von beträchtlicher Tiefe. Auf dem Grund der Wunden befanden sich Tierhaare, die eindeutig als Rinderhaare identifiziert werden konnten. Schuppenartige Gebilde in den Wunden stammten von einem tierischen Horn. Es war anzunehmen, daß Sattler von einem wild gewordenen Stier getötet worden war.

Die Erhebungsabteilung des Gendarmeriekommandos untersuchte nun noch einmal in aller Sorgfalt den Tatort und stellte Spuren sicher, die das gerichtsmedizinische Gutachten bestätigten. Unvoreingenommen wurde die

Aussage des tatverdächtigen Senners Kärrner überprüft und seine Unschuld nachgewiesen. Als bei einer umfänglichen Suchaktion auch der ›Täter‹, der wild gewordene Stier, gefunden wurde, war der Fall endgültig geklärt. Der vermeintliche Mord hatte sich als tödlicher Unglücksfall herausgestellt.

Daß sich Kriminalisten und der am Tatort untersuchende Arzt so sehr geirrt hatten, ist verständlich. Die blutbesudelte Leiche, die beträchtlichen Verletzungen, das Chaos am Unglücksort ließen ohne weiteres die Annahme eines Verbrechens zu. Erst die gerichtsmedizinische Obduktion brachte die Wahrheit ans Licht.

So ähnlich war es auch bei den drei zuvor berichteten Fällen.

Auch der Almbauer Unterkirchner, dessen blutige Leiche stehend in der Küche gefunden worden war, war nicht ermordet worden. Bei der Obduktion im Kantonsspital Uri war festgestellt worden, ›daß der Todeseintritt nicht auf Verletzungen und Verletzungsfolgen zurückzuführen ist‹. Außer der etwa zwei Zentimeter langen Wunde am Kopf gab es keine weiteren Wunden. Die einzige Wunde war oberflächlich, hatte jedoch stark geblutet und Nasenbluten den Eindruck starken Blutverlustes bewirkt. Der Urin des Toten enthielt etwa zwei Prozent Zucker. Unterkirchner war zuckerkrank gewesen. Er war anscheinend nicht in ärztlicher Behandlung, so daß es zu schwerer Schädigung des Organismus kam. Die chronische Überzuckerung des Blutes, die Hyperglykämie, kommt einer Vergiftung gleich und führt schließlich bei ansteigenden Zuckerwerten zum tödlichen diabetischen Koma. Der Kranke fällt in tiefe Bewußtlosigkeit, der Blutdruck sinkt, der Puls schwindet, Kreislaufzusammenbruch führt den Tod herbei. In manchen Fällen durchläuft dieser Zustand mehrere Stadien; das Koma tritt nicht plötzlich ein, sondern kündet sich mit Apathie, Übelkeit, Bewußtseinstrübung an.

Ferner wurde bei der Obduktion festgestellt, daß sich Unterkirchner vor seinem Tode in einem beträchtlichen Alkoholrausch befunden hatte. Der Alkoholwert im Gehirn betrug 2,6 Promille.

Daraus schlußfolgerten die Obduzenten: »Bei Alkoholkonzentration im Gehirn von 2,6 Promille liegt auch bei Trinkfesten und Alkoholtoleranten ein schwerer Rauschzustand vor, in welchem neben erregenden und enthemmenden Symptomen der Alkoholwirkung meistens recht ausgeprägte Gleichgewichts- und Muskelkoordinationsstörungen in Erscheinung treten. Daneben besteht eine Verkennung der Situation, eine Herabsetzung der Selbstkontrolle und eine Beeinträchtigung der zeitlichen und örtlichen Orientierung. Die Unfalldisposition ist wesentlich erhöht.«

Als Gewohnheitstrinker hatte sich Unterkirchner eine Leberschädigung zugezogen. Die Leberschädigung, der Alkoholrausch und die Überzuckerung des Blutes führten dazu, ›daß ein völliger Zusammenbruch des Stoffwechsels erfolgte und der Tod am ehesten im hyperglykämischen Koma eintrat.‹

Nun ließ sich in Verbindung mit den Spuren in der Küche der Tod Unterkirchners rekonstruieren. Unterkirchner hatte in stark betrunkenem Zustand mit dem Besen den Fußboden gekehrt, als plötzlich das Vorstadium des Komas einsetzte. Übelkeit und Bewußtseinstrübung ließen ihn zu Boden stürzen. Die Nase begann zu bluten. Schwankend erhob er sich wieder, Stürzte erneut, diesmal mit dem Kopf an eine harte Kante. Es entstand eine stark blutende Kopfwunde. Er mußte dann noch mehrmals aufgestanden und wieder gefallen sein, worauf die mehrfachen Blutflecke auf dem Fußboden deuteten. Beim Versuch sich zu stützen, kam es zu Blutverschmierungen an Wand und Möbeln. Zuletzt hatte er sich an das Küchenregal gelehnt und war stehend gestorben. Die besondere Stellung des Körpers zwischen Wand und Regal verhinderte, daß er umfiel.

So ungewöhnlich auch dieser Todesfall erscheint – seine Ursachen wiederholten sich im Fall der Streunerin Ursula. »Diese höchst mysteriöse Geschichte«, so berichtete Kriminalkommissar Mätzler damals, »erhält jedoch einen ganz neuen Aspekt, als die kriminalpolizeiliche Personenakte der Ursula hinzugezogen wird.« Daraus ging hervor, daß sie wegen Schwachsinns des öfteren in einer Nervenheilanstalt gewesen und immer wieder daraus entwichen war. Das letzte Merkblatt enthielt den Hinweis auf eine schwere dauernd behandlungsbedürftige Diabetes.

Die gerichtsmedizinische Untersuchung der im Strohschober aufgefundenen Toten ergab keine Verletzungen und Anzeichen einer Gewalteinwirkung.

Was die Polizisten für Blutflecke im Gesicht gehalten hatten, erwies sich als erbrochener Mageninhalt. Das Blut auf dem Wäschestück war Menstrualblut. Der Tod war durch ein diabetisches Koma eingetreten. Die Todeszeit konnte genau bestimmt werden. Zu dieser Zeit befand sich der des Mordes verdächtigte Stetten auf Arbeit. Als er nach seiner Rückkehr in den Strohschober die Tote fand, glaubte auch er, sie sei ermordet worden.

Auch der hier zuerst erwähnte Fall erwies sich nach der Obduktion nicht, wie zuerst vermutet, als Mord, sondern als Selbstmord – so unvorstellbar es zunächst auch erschien, daß sich ein Mensch selber mit einem Hammer den Schädel einschlagen könnte.

Der Selbstmörder hatte, wie die weiteren Ermittlungen ergaben, schon seit langem an schweren Depressionen gelitten und beschlossen, sich mit einem Pflanzenschutzmittel zu vergiften. Das Gift hatte letzthin auch durch akutes Herz-Kreislaufversagen zum Tode geführt. Warum sich der Selbstmörder vor seinem Tode noch die schweren Verletzungen mit dem Hammer zugefügt hatte, ließ, wie Scheib am Schluß seines Berichtes sagte, Fragen offen: »War die Selbsttötung in dieser kombinierten Art von vornherein beabsichtigt oder sollte der Tod nur wegen starker Schmerzen, die die Gifteinnahme bewirkte, durch spontanes Selbsterschlagen beschleunigt herbeigeführt werden? Wollte das Opfer wegen einer (tatsächlich vorhandenen) Lebensversicherung oder, um den Makel des Selbstmordes von der Familie abzuwenden, ein Verbrechen vortäuschen?«

Im Tode vereint

Fall Nr. 1

Im Oktober 1967 vermißte die alte Frau Hartmann seit Stunden ihren Sohn, dessen Frau und die zwei Kinder.

Edmund Hartmann besaß eine Gärtnerei in der Nähe von Pforzheim. Die Mutter durchsuchte das ganze Anwesen, die Gartenanlagen, die Treibhäuser, das Haus. Schließlich ging sie auch in den Keller. Dort fand sie zu ihrem Entsetzen alle vier Menschen tot auf dem Boden liegen, umgeben von einer großen Blutlache.

Kriminalpolizei und Gerichtsmediziner besichtigten den Tatort. Im Keller, der auch als Werkstatt diente, hatte die Familie anscheinend noch kurz vor ihrem Tode gearbeitet. Auf den Tischen lagen gebundene Kränze, Kunstblumen, Messer, Drahtrollen und vieles mehr. Auf dem Fußboden fanden sich blutige Schleifspuren, an den Wänden Blutspritzer.

Die Leichen lagen übereinandergeschichtet, zuunterst die zehnjährige Tochter, darüber der dreizehnjährige Sohn, auf den Kindern ihre Mutter. Der Mann lag auf seiner Frau und umschlang ihren Körper mit dem rechten Arm.

Die Leichen von Frau und Kindern zeigten schwere Schädelverletzungen. Die Lippen des Mannes waren bläulich verfärbt. Am linken Handgelenk befanden sich mehrere tiefe Einschnitte. Neben der Leiche lag eine Rasierklinge. Auf dem Boden stand eine fast leere Flasche mit dem giftigen Pflanzenschutzmittel E 605.

Die Kriminaltechniker stellten fest, daß die blutigen Fußspuren vom Mann verursacht worden waren.

Die gerichtsmedizinische Obduktion gestattete eine genaue Rekonstruktion des Tatgeschehens und soll deshalb in einigen charakteristischen Einzelheiten wiedergegeben werden.

»Die Schläge bei den drei Personen sind so angeordnet, daß sie mehr von hinten ausgeführt wurden. Es erfolgten keine Verletzungen im Gesichtsbereich oder im Bereich der Stirnhaargrenze. Die Schläge lassen sich durch die stumpfe Seite des Beils erklären; bei dem Sohn kann auch die scharfe Seite benutzt worden sein. So wie die Leichen lagen und die Verletzungen nachzuweisen sind, ist folgender Vorgang vorstellbar: Die Schläge wurden mit so großer Wucht ausgeführt, daß es zu Trümmerbrüchen der Schädeldecke kam und mit sofortigem Bewußtseinsverlust der Betroffenen zu rechnen war. Die Lage der vier Leichen zueinander erlaubt den Schluß, daß zuerst das Mädchen, dann der Sohn, zuletzt die Mutter getötet wurde und sich der Mann nach einem Selbstmordversuch mit E 605 und Aufschneiden der Pulsadern über die Leiche der Frau geworfen hat.«

Die am Tatort gefundenen materiellen Spuren ergänzten diesen Bericht. Der Mann hatte erst die beiden Kinder nacheinander in den Keller gerufen und von hinten mit der Axt erschlagen und dann seine Frau getötet. Als Tatmotiv wurden Lebens- und Existenzangst festgestellt. Der Bericht verwies noch auf den psychologischen Hintergrund der Tat: »Augenscheinlich wollte er seine Familie, die er liebte, nicht allein zurücklassen. Hätte er seine Familie nicht geliebt, hätte er seine Opfer dort niedergeschlagen, wo er sie angetroffen hat, und wäre anschließend davongelaufen, um sich selbst das Leben zu nehmen. Das Auffinden von vier Leichen an einem Ort aber, wobei der Täter seine Opfer so umklammert, als wollte er sie noch im Tode umarmen, unterscheidet diesen von ähnlichen Fällen.«

Fall Nr. 2

Frau Ortner ist dreiundsiebzig. Sie bewohnt ein Zimmer in der Neubauwohnung ihres Sohnes in Graz.

Sohn und Schwiegertochter sind berufstätig. Gerald arbeitet als Angestellter bei einer Versicherung, seine Frau Edith im selben Betrieb als Sekretärin. Die Großmutter kümmert sich um das fünfjährige Enkelkind. Vormittags ist der Junge im Kindergarten. Die Großmutter bringt ihn täglich gegen acht Uhr dorthin.

An einem Märzmorgen, kurz vor acht, als Frau Ortner das Kind gerade ankleiden will, läutet die Türglocke. Sie öffnet. Zu ihrem Erstaunen steht ihr Sohn vor der Tür, neben ihm ein fremder Mann. Der Fremde sagt: »Gerald geht es nicht gut. Ich habe ihn heimgebracht.«

Gerald sieht sehr blaß aus. »Ich muß mich hinlegen«, murmelte er und geht ins Schlafzimmer.

Der Arbeitskollege, der Gerald begleitet hatte, verabschiedet sich. »Wird schon wieder werden.«

»Was hat er denn?« fragt Frau Ortner besorgt.

Der Mann zuckt die Schultern. »Man kann gar nicht mit ihm reden. Er hört einfach nicht zu. Und wenn er spricht, dann lauter wirres Zeug. Die Schriftstücke, die er heute morgen bearbeiten sollte – das ist gar nicht zu entziffern, was er da hingekritzelt hat. Er soll sich mal ausschlafen.«

Der Kollege geht. Frau Ortner begibt sich ins Schlafzimmer. Gerald zieht sich gerade den Schlafanzug an.

»Soll ich einen Arzt rufen, Gerald?«

Gerald will keinen Arzt. Mit schleppender Stimme sagt er, er hätte nachts einen Kreislaufkollaps gehabt, lange wachgelegen und mehrere Schlaftabletten genommen.

Unschlüssig läßt Frau Ortner ihren Sohn zurück und bringt das Enkelkind in den Kindergarten. Am liebsten möchte sie doch einen Arzt holen. Gerald ist ihr einziges Kind, und wenn er auch schon sieben Jahre verheiratet ist, so braucht ihrer Meinung nach ein Mann doch immer die Mutter, denn die Mutter weiß am besten, was richtig ist für ihn. Aber Frau Ortner zögert, gegen Geralds Willen einen Arzt zu rufen. Sie fürchtet Streit mit Gerald und auch mit Edith. Bald nach der Heirat zeigte sich, daß Edith nicht viel von Frau Ortners guten Ratschlägen hielt. Sie nannte das Einmischung in ihre Ehe. Und Gerald war nicht Manns genug, zur Mutter zu halten. Er war immer mehr unter Ediths Einfluß geraten, und das harmonische Verhältnis Frau Ortners zu ihrem Einzigen hatte sich gelockert.

Frau Ortner seufzt. Mit den Kindern zusammenzuziehen, das gibt eben immer Ärger.

Gegen dreiviertel neun kehrt Frau Ortner in die Wohnung zurück. Sie will nochmals nach Gerald sehen und sich dann entscheiden, ob sie einen Arzt rufen soll. Als sie die Korridortür schließt, sieht sie einen Frauenschuh auf der Schwelle zum Wohnzimmer liegen. Sie haßt solche Unordnung und hebt den Schuh auf. Er gehört Edith. Auf einem Sessel im Wohnzimmer entdeckt sie den zweiten Schuh. Sie bringt beide Schuhe ins Schuhschränkchen im Korridor. Edith muß daheim sein, denkt Frau Ortner. Ob ich trotzdem noch einmal nach Gerald sehe?

Sie geht ins Schlafzimmer, dessen Tür halb offen steht. Gerald und Edith liegen reglos auf dem Fußboden. Zwischen beiden eine große Blutlache.

Schreiend läuft die alte Frau ins Treppenhaus und bricht dort bewußtlos zusammen.

Bei der Besichtigung des Tatorts stellt die Kriminalpolizei fest, daß die Toten dicht beieinander liegen. Gerald trägt nur einen Schlafanzug. Die Pyjamajacke ist offen, zwei Knöpfe sind abgerissen. Unter der linken Brustwarze befindet sich eine Wunde. Man erkennt deutlich die nach unten laufenden Blutabrinnspuren. Eine Pistole 08 liegt unter der rechten Hand des Toten. Magazin und Patronenlager sind leer. Pulverschmauch im Lauf deutet darauf hin, daß die Waffe kürzlich abgefeuert worden ist.

Edith Ortners Leiche liegt dicht neben der ihres Mannes, mit dem Kopf in entgegengesetzter Richtung. Ihre Füße berühren fast seinen ausgestreckten linken Arm. Edith ist angekleidet. Während ihr Mann barfuß ist, trägt sie Strümpfe, aber keine Schuhe. In der rechten Schläfe befindet sich eine Einschußwunde, die linke Gesichtshälfte ist von abgeronnenem Blut überströmt. Unweit von ihrem Kopf liegt eine Patrone vom Kaliber 7,62 mm. Zwischen den Leichen findet sich die ausgeworfene Hülse einer 9-mm-Patrone. Eine weitere, aber nicht abgefeuerte 9-mm-Patrone liegt in einer Sesselfalte. Das Kaliber der Pistole 08 beträgt 9 mm.

Im Schlafzimmer ist kein Geschoßeinschlag zu entdecken.

Die Tatortsituation legt die Annahme nahe, daß hier ein erweiterter Selbstmord vorliegt: Ortner hat zuerst seine Frau und dann sich selbst getötet.

Die gerichtsmedizinische Obduktion Gerald Ortners bestätigt, daß ein Herzschuß die Todesursache ist. Der Einschuß liegt etwa 5 cm unter der linken Brustwarze. Das entspricht einer Höhe von 122 cm. Ein Schmauchhof läßt erkennen, daß die Waffe in unmittelbarer Nähe der Brust gehalten worden war. Der Ausschuß an der linken Seite der Wirbelsäule befindet sich in 115 cm Höhe. Der Schuß durchschlug den Herzbeutel. Das Herz platzte, der Tod trat durch Herzlähmung und gleichzeitig innere Verblutung ein.

Frische Kratzspuren an Händen und Handgelenken weisen darauf hin, daß unmittelbar vor dem Tod ein Kampf stattgefunden hatte. Die Pyjamajacke ist nur auf dem Rücken durchlöchert. Sie hatte also bereits offen gestanden, als sich Ortner erschoß. Die abgerissenen Knöpfe an der Schlafanzugjacke verdichteten die Annahme, daß dem Tod ein Handgemenge vorangegangen war.

Auch Edith Ortner ist an einer Schußverletzung gestorben. Die Einschußwunde liegt in der rechten Schläfe am Haaransatz. Auffällig ist, daß sich keine Schmauchspuren an der Einschußwunde feststellen lassen. Die Form der Einschußwunde weist darauf hin, daß das Geschoß als Querschläger in den Schädel eingedrungen war. Der Schußkanal verläuft in fast waagerechter Richtung von vorn außen nach rückwärts innen und endet an der Innenfläche des Schädeldachs. An einer Bruchstelle des Schädeldachs wird das deformierte Geschoß gefunden, ein 9-mm-Projektil. Es hatte die rechte Hälfte des Großhirns durchschlagen.

Auch Ediths Hände weisen frische Kratzspuren auf.

Die merkwürdigste Entdeckung jedoch hatten die Obduzenten bereits bei der äußeren Besichtigung der Leiche Ediths gemacht. In ihrem Mund hatte sich eine nicht abgefeuerte 9-mm-Patrone befunden.

Die Untersuchung im Vergleichsmikroskop ergibt, daß das Projektil, das in Ediths Schädel gesteckt hatte, aus der Pistole 08 abgefeuert worden war.

So ergibt sich also folgende Situation: Es wurden zwei nicht abgefeuerte 9-mm-Patronen gefunden, eine im Sessel, die andere im Mund der Toten, ferner eine nicht abgeschossene 7,62-mm-Patrone und schließlich die Hülse und im Schädel der Frau das dazugehörige Projektil einer 9-mm-Patrone, die aus der Pistole 08 abgefeuert worden war. Von diesen vier Patronen ist nur eine abgefeuert worden, hatte aber zwei Menschen gelötet.

Im Zusammenhang mit der Tatortsituation läßt dieser Befund nur eine Deutung zu: Ortner hatte nachts Kreislaufstörungen gehabt und übermäßig Schlafmittel eingenommen. Er befand sich am Morgen noch in einer Art Dämmerzustand. Die immer wieder ausbrechenden Konflikte zwischen seiner Frau und seiner Mutter, in die er zwangsläufig mit hineingezogen wurde, hatten wohl kurzschlüssig den Selbstmordwunsch erzeugt.

Er entnahm seinem Vorrat eine 9-mm-Patrone für die Pistole 08. In diesem Augenblick mußte seine Frau, die im Betrieb von seiner Erkrankung erfahren hatte, nach Hause gekommen sein und seine Selbstmordvorbereitung bemerkt haben. Sie wollte ihn daran hindern, er lief ins Wohnzimmer, um seine Absicht durchzuführen. Sie eilte ihm nach, warf dabei die sie behindernden Schuhe ab. Im Schlafzimmer versuchte sie gewaltsam, ihren Mann von seinem Vorhaben abzubringen. Dabei rissen zwei Knöpfe an seiner Pyjamajacke ab. Beim Handgemenge kam es zu Kratzspuren an seinen und ihren Händen. Es gelang ihr, ihm die Patrone zu entreißen, bevor er die Pistole laden konnte. Damit er ihr die Patrone nicht wieder wegnahm, steckte sie sie in den Mund. Trotzdem gelang es Ortner, seinem Patronenvorrat in einer Schublade drei Patronen zu entnehmen – zwei 9 mm und eine 7,62 mm. Ständig verfolgt von seiner Frau, konnte er lediglich eine Patrone in die Waffe einlegen. Die beiden anderen entfielen ihm. Ortner setzte nun die Waffe an die Brust. Seine Frau umklammerte ihn von hinten und versuchte wohl, seine Arme festzuhalten. Aber Ortner gelang es dennoch, die Waffe abzufeuern. Das Geschoß durchschlug seine Brust, trat aus dem Rücken aus und drang in den Kopf seiner Frau ein.

Der ursprünglich vermutete erweiterte Selbstmord erwies sich als Selbstmord und fahrlässige Tötung der Ehefrau.

Fall Nr. 3

Die Grazer Gerichtsmediziner hatten am Schluß dieses Berichtes bemerkt, eine solche Kombination käme in hundert Jahren vielleicht ein einziges Mal vor. Der nächste Fall, der ebenfalls von zwei Toten handelt, ist ebenso ungewöhnlich. Er entzog sich eine gewisse Zeit der eindeutigen Aufklärung, konnte aber schließlich doch noch gelöst werden.

1969 fand man in einer Wohnung in Worms die Leichen von zwei älteren Leuten, deren Tod rätselhaft war.

Der Arbeiter Fuchs hatte eine vierundsiebzigjährige Mutter. Bei der Mutter wohnte der vierundfünfzigjährige Paul Weber. Fuchs wußte, daß das Verhältnis zwischen seiner Mutter und ihrem Untermieter gespannt war. Weber hatte sexuellen Verkehr mit der viel älteren Frau und behandelte sie anmaßend und brutal. Er war Alkoholiker. Es kam häufig zu Streit und tätlichen Auseinandersetzungen. Eines Tages erfuhr Fuchs von Hausgenossen seiner Mutter, sie hätten die alte Frau schon tagelang nicht mehr gesehen. Fuchs begab sich zur Wohnung der Mutter. Sie war von innen verschlossen. Er drückte die Türverglasung ein und verschaffte sich so Zugang.

Im Schlafzimmer lag die Mutter tot vor dem Bett. In der Küche lag Weber tot auf einem Stuhl.

Im Tatortbericht der Kriminalpolizei hieß es, daß die Leiche der Frau auf einem Deckbett lag, das vom Bett heruntergerutscht war. An Kinn und Hals der Toten konnte man violette Verfärbungen und Verletzungen erkennen. Der Nagel des rechten Ringfingers war abgebrochen.

Die Körperlage des Mannes in der Küche war absonderlich. Er lag mit dem Rücken auf einem Stuhl. Beine und Oberkörper hingen zu beiden Seiten herab, so daß Kopf und Füße beiderseits den Boden berührten. Die Arme waren seitwärts ausgebreitet und lagen ebenfalls auf dem Boden. Neben dem Stuhl lag Webers Brille. Auch an seinem Hals gab es Verfärbungen und Hautabschürfungen.

Die Ermittlung der Kriminalpolizei ging in mehrere Richtungen. Lag ein Tötungsverbrechen vor, ein Unfall, ein Selbstmord oder natürlicher Tod? Da die Wohnung von innen verriegelt gewesen war, schien ein Verbrechen von einer fremden Person unwahrscheinlich zu sein. Für einen Selbstmord ergaben sich vorerst auch keine Anhaltspunkte.

Auch die gerichtsmedizinische Obduktion konnte seltsamerweise zunächst auch nicht den Doppeltod erklären.

Zwar wurde festgestellt, daß sich bei beiden Toten oberflächliche Unterblutungen an Kinn, Hals und Kopfschwarte befanden. Doch die Obduzenten waren sich nicht sicher, ob die sich vom Kinn bis zum Ohr hinziehende violette Verfärbung eine Strangfurche war. Bei beiden Toten fanden sich organische Herzschäden. Es lag also auch nahe, an einen natürlichen Tod durch Herz-Kreislaufversagen zu denken. Aber die Herzschäden waren wiederum nicht so gravierend, daß sich mit Sicherheit ein natürlicher Tod annehmen ließ.

Es hieß dann im vorläufigen Gutachten über Weber: »Es muß an die Möglichkeit einer Vergiftung gedacht werden. Es bedarf zur Klärung der Todesursache der feingeweblichen und der chemisch-toxikologischen Untersuchung … Die Frage eines fremden Verschuldens an dem Tod des Mannes kann nicht eindeutig beantwortet werden.«

Zu einem ebenso ungewissen Urteil gelangten die Obduzenten hinsichtlich der Todesursache der Frau. Auch hier zogen sie die Möglichkeit einer Vergiftung in Betracht. Die Unterblutung am Hals konnte aber auch auf einen tätlichen Angriff deuten.

Die endgültige Klärung erfolgte schließlich durch weitere kriminalistische Erhebungen und ein neues gerichtsmedizinisches Gutachten.

Bei der Vernehmung der Hausbewohner stellte sich heraus, daß Weber die Frau Fuchs kurz vor ihrem Tode geschlagen hatte. Er hatte das selbst einem Mieter auf der Treppe erzählt, der Streit und Lärm in der Wohnung von Frau Fuchs gehört hatte.

Das neue gerichtsmedizinische Gutachten stützte sich auf die inzwischen vorgenommenen feingeweblichen Untersuchungen und die chemisch-toxikologische Analyse. Eine Vergiftung konnte nicht nachgewiesen werden. Unter Berücksichtigung der kriminalistischen Ermittlungen überprüften die Gerichtsmediziner nochmals die Befunde.

Der mögliche Sachverhalt stellte sich nun so dar: Zwischen Frau Fuchs und Weber war kurz vor ihrem Tode ein heftiger Streit ausgebrochen. Weber hatte die Frau geschlagen. Die Unterblutungen am Hals deuteten darauf hin, daß er sie sogar am Hals gepackt und gewürgt hatte. Sie hatte sich gewehrt, so daß ähnliche Verletzungen auch bei ihm entstanden waren. Diese tätliche Auseinandersetzung war mit einer beträchtlichen seelischen Erregung verbunden. Diese wiederum konnte einen krisenhaften Blutdruckanstieg bewirkt haben, der das labile Kreislaufgleichgewicht veränderte und zu einem Zusammenbruch der Herz- und Kreislauffunktion führte. Webers linke Herzkammer war geschädigt. Das hatte zu einer chronischen Blutstauung im großen Kreislauf geführt, so daß man als Todesursache akutes Herzversagen der linken Kammer annehmen könnte. Die seelische Erregung könnte das auslösende Moment gewesen sein, denn Weber hatte wahrscheinlich mit angesehen, wie Frau Fuchs plötzlich vor ihrem Bett niedersank und starb.

Das Gutachten faßte zusammen: »Unter Berücksichtigung all dieser Umstände komme ich zu dem Ergebnis, daß sowohl Frau Fuchs als auch Herr Weber wahrscheinlich im Rahmen einer heftigen tätlichen Auseinandersetzung in einen Zustand hineingerieten, in welchem die ohnehin bereits schwer geschädigten lebenswichtigen Organe überlastet wurden und – sei es unmittelbar bei der Auseinandersetzung oder einige Zeit später – der Tod eintrat.«

Ein Mord, eine fahrlässige Tötung beim eigenen Selbstmord, ein zweifacher natürlicher Tod – düstere Erscheinungsbilder eines vonseiten der Opfer ungewollten Sterbens, das Opfer und Täter im Tode vereint.

Am Strick

1. Die sitzende Leiche

An einem Sommermittag kehrt der Wiener Sicherheitspolizist Josef Nieczak vom Dienst heim. Es ist kurz nach elf. Er schließt die Wohnungstür auf und betritt die Diele. An der offenen Küchentür vorbei will er ins Schlafzimmer gehen, um die Uniform auszuziehen und Zivilkleidung anzulegen.

Seine Frau Anne arbeitet in der Küche. Angewidert blickt er auf ihren dicken Bauch. Anne ist im achten Monat schwanger. Er murmelt einen Gruß. Anne verläßt die Küche und eilt ihm nach. Sie packt ihn am Arm: »Da ist schon wieder so ein unverschämter Brief von Deiner Mutter gekommen! Beschimpft mich als Schlampe und Drecksau!«

Nieczak stößt Anne zurück: »Was Du auch bist. Eine Schlampe und eine Drecksau!« Er lacht verächtlich auf. »Und ein Flitscherl dazu!«

Anne tritt ihn ans Schienbein. Nichts erbost sie mehr als der Vorwurf, sie habe sich mit anderen Männern abgegeben und das Kind in ihrem Bauch sei nicht von ihm. Dabei ist es doch umgekehrt: er treibt sich dauernd mit fremden Weibern herum.

Annes Tritt schmerzt. Nieczak gibt Anne eine Watschen. Anne weicht zurück. Sie greift nach einer Salbendose und wirft sie ihm an den Kopf. Nieczak schreit dumpf auf, mehr aus Wut als vor Schmerz. Das hat sie noch nie gewagt, denkt er. Es wird Zeit, daß ich sie loswerde. Ich muß sie loswerden, sonst kann ich Lucie nicht heiraten.

»Und wenn Du die Scheidung willst«, schreit Anne, »dann sollst Du sie haben! Ich hasse Dich!«

Er grinst. »Eine Scheidung nutzt mir nichts, gar nichts.«

»Du wolltest sie!«

»Ich will keine Scheidung. Witwer werden muß ich.«

»Witwer! Die Freude mach ich Dir nicht, mich umzubringen, Du Schlitzbulle Du!«

»Halt's Maul!«

»Ich halt s noch lang nicht, Saumagen elendiger!«

Nieczak springt auf Anne zu und packt sie mit beiden Händen am Hals. Anne versucht, seine Fäuste wegzureißen, schlägt ihn ins Gesicht. Der Mann ist stärker. Jetzt ist der Augenblick da, jetzt oder nie. Vor Wochen, als Anne auf dem Fensterbrett stand und die Scheiben putzte, hatte er schon gedacht, jetzt stoße ich sie hinunter. Hatte es dann aber doch nicht gewagt. Wenn sie nicht totgegangen wäre, hätte sie gegen ihn ausgesagt.

Jetzt also, jetzt oder nie.

Annes Widerstand läßt nach. Ihre Augen werden starr, treten aus ihren Höhlen. Die Zunge schiebt sich zwischen den Zähnen hervor. Anne bewegt sich nicht mehr.

Er lockert den Griff. Sie regt sich nicht.

Er läßt die Hände von Annes Hals. Anne fällt zu Boden.

Nun ist es geschehen, denkt er. Ich bin frei. Jetzt kann ich Lucie heiraten. Und erschrickt. Bisher hat er nur von seiner Freiheit geträumt. Aber nie davon, was zuvor kommen wird. Eine Leiche in der Wohnung. Ich muß es der Polizei melden. Und bin selber Polizist. Die Schande, die ich dem Verein mache! Sie werden mich fallen lassen wie eine heiße Kartoffel.

Nieczak überlegt. Es müßte wie ein Selbstmord ausse-hen. Aber welchen Grund sollte Anne gehabt haben, sich umzubringen? Die Scheidung! Darüber reden wir schon seit Wochen. Das wissen auch die Nachbarn, bei denen hat Anne sich ausgeheult. Oder der Brief? Hat Anne nicht gesagt, meine Mutter hätte ihr einen Brief geschrieben und sie beschimpft? Das wäre auch ein Motiv. Anne hat sich so darüber geärgert, daß sie sich umgebracht hat.

Umgebracht? Aber wie? Er blickt auf die Tote. Er sieht die Abdrücke seiner Hände auf ihrem Hals. Ich hänge sie auf. Dann sind die Spuren an ihrem Hals erklärt.

Nieczak geht in die Küche und nimmt die dort aufge-hängte Wäscheleine ab. Er klettert auf einen Stuhl und be-festigt die Leine hoch oben am Fensterkreuz. Dann zerrt er die Leiche zum Fenster hin und richtet sie in sitzende Stellung auf. Aus der doppelt laufenden Leine bildet er ei-ne Doppelschlinge und legt sie der Toten um den Hals.

Dann verläßt er die Wohnung, verschließt die Tür und verbringt mit einigen Mädchen den Nachmittag in ver-schiedenen Kaffeestuben. Gegen Abend sucht er seine Freundin Lucie auf. Er bleibt über Nacht und schläft auch mit ihr.

Am nächsten Morgen kehrt Nieczak zu seiner Woh-nung zurück. Er klopft heftig und anhaltend an die Woh-nungstür. Ein Flurnachbar erscheint und fragt ihn, ob er die Wohnungsschlüssel vergessen habe.

»Nein«, erwidert Nieczak, »ich kann nicht aufschließen. Meine Frau hat versehentlich von innen den Schlüssel stecken lassen. Aber sie öffnet nicht. Ich werde wohl die Türscheibe einschlagen müssen.« Der Nachbar nickt und verschwindet wieder.

Nieczak schlägt mit einem Schlüssel die Türscheibe ein, greift durch die Öffnung und steckt den Schlüssel von in-nen ins Schloß. In diesem Augenblick erscheint der Nach-bar erneut und fragt, ob sich die Tür denn jetzt öffnen ließe. Nein, erwidert Nieczak. Vor allem aber sei es merkwürdig, daß sich seine Frau trotz des Lärms nicht rühre. Er wolle einen Schlosser und einen Wachmann holen.

Wenig später trifft Nieczak mit dem Oberwachmann Dolleschall und einem Schlosser ein. Dolleschall greift durch die eingeschlagene Türscheibe, ertastet den innen steckenden Schlüssel, zieht ihn heraus und schließt die Tür von außen auf. Der Schlosser wird nicht mehr gebraucht und entlassen.

Dolleschall, gefolgt von Nieczak, betritt die Wohnung. Durch die offene Küchentür erblickt er Anne Nieczak. Sie sitzt unterhalb des Fensters an die Wand gelehnt, um den Hals eine Wäscheleine, die hoch oben am Fensterkreuz befestigt ist.

Das einzige, was Nieczak in diesem Augenblick äußert, ist seine Frage an Dolleschall, ob er ein Messer bei sich habe. Dolleschall hat kein Messer. Nieczak tritt zu seiner toten Frau. Dolleschall sieht zu, wie Nieczak die Schlinge vom Hals der Toten löst. Dolleschall wundert sich, daß sich der Knoten so leicht lösen läßt und die Leiche danach nicht nach unten sinkt. Sie muß, denkt er, auch in dieser sitzenden Stellung am Strick gehangen haben.

Dolleschall verständigt die Kriminalpolizei. Bald erscheint eine Kommission, um den Tatort zu besichtigen. Ein Arzt untersucht die Tote. Er kann keine äußeren Verletzungen feststellen, konstatiert zweifellos Selbstmord und gibt die Leiche zur Bestattung frei.

Nieczak kann aufatmen. Er erledigt die notwendigen Formalitäten für die Beerdigung, die in sechs Tagen stattfinden soll.

Nieczak ahnt nicht, daß sich in diesen Tagen Gerüchte und Verdächtigungen über ihm zusammenbrauen. Eine Nachbarin teilt der Polizei mit, Anne habe ihr kürzlich erzählt, ihre Zwetschgenknödel seien vergiftet worden. Sie hatte sich nach dem Essen unwohl gefühlt, die Nachbarin hatte die Knödel gekostet und einen bitteren Geschmack festgestellt.

Auch die Aussage des Oberwachmanns Dolleschall gibt den Kriminalisten zu denken. Er sagt, es sei ihm unverständlich gewesen, warum Nieczak den innen steckenden Schlüssel nicht erreichen konnte, obwohl ihm selber das mühelos gelungen war. Auch habe er sich gewundert, wie sich Anne erhängt haben solle, da sie doch nicht am Strick gehangen, sondern auf dem Erdboden gesessen habe.

Der Vater der Toten erklärt unumwunden, Nieczak habe Anne umgebracht.

Nieczak wird erneut vernommen. Er berichtet, wie er den Todestag seiner Frau nachmittags, abends und nachts verbracht hat. Warum er am nächsten Morgen nicht selbst die Wohnungstür aufgeschlossen habe, erklärt er damit, er habe gefürchtet, seine Frau könnte sich etwas angetan haben. Deshalb habe er einen Kollegen geholt, der mit ihm in die Wohnung gehen sollte.

Die Polizeibehörde beantragt bei der Staatsanwaltschaft eine gerichtsmedizinische Klärung – nicht so sehr, weil sie an Nieczaks Schuld glaubt, sondern, wie später der Gerichtsmediziner Dr. Werkgartner schrieb, ›um ein Mitglied der Polizeimannschaft von dem schweren Verdacht des Giftmordes zu befreien.‹

Am Tag der Beerdigung von Anne Nieczak versammeln sich die Trauergäste vor der Totenhalle. Betroffen sehen sie, wie ein Leichenwagen vorfährt und der Sarg eingeladen wird.

Die Tote wird ins Wiener Institut für Gerichtliche Medizin gebracht. Der Untersuchungsrichter hat inzwischen Prof. Dr. Haberda und Dr. Werkgartner mit der Obduktion beauftragt.

Die Obduktion erweist sich als schwierig. Die Leiche ist infolge hochgradiger Fäulnis am ganzen Leib stark aufgetrieben, die Haut fast überall schwarzgrün verfärbt, mit schmutzigen Totenflecken durchsetzt, das Gesicht gedunsen, die Zunge zwischen den Lippen hervorgetreten.

Zwischen den Beinen der Toten liegt der Leichnam eines neugeborenen Kindes von 41 cm Länge. Das Neugeborene hängt noch durch die Nabelschnur mit der nach außen gestülpten Gebärmutter zusammen.

Die äußere und innere Beschaffenheit der Leiche führt zu folgendem Gesamtgutachten, das auszugsweise wiedergegeben wird:

»Der Hals der Leiche wies eine Strangfurche auf, die nach ihrer Form von einer dünnen ziemlich glatten Schnur herrühren dürfte. Aus dem Verlauf der Strangfurche geht hervor, daß die Schnur doppelt um den Hals geschlungen war, wobei aber die zweite Umwicklung in der Nackengegend keine Spur zurückließ. Dieser Verlauf der Strangfurche wird bei Erhängten nicht selten gefunden, kommt aber auch beim Erdrosseln vor. Die Untersuchung des Kehlkopfgerüstes hat aber eine Verletzung aufgedeckt, welche in dieser Form nur ganz ausnahmsweise beim Erhängen entstehen kann und immer nur dann, wenn der Kehlkopf infolge hochgradiger Altersveränderung besonders brüchig ist. An der Leiche wurde nämlich ein doppelter Bruch der vorderen Spange des Ringknorpels nachgewiesen. Da A. N. erst 24 Jahre alt gewesen ist und der Kehlkopf ungemein elastisch und nicht im geringsten spröde oder brüchig war, kann diese Verletzung des Ringknorpels nicht durch Erhängen, sondern nur durch Würgen, vielleicht auch durch Drosseln erzeugt worden sein. Ob dieses Würgen oder Drosseln den Tod herbeigeführt hat und die Frau erst als Leiche aufgehängt worden ist, oder ob vielleicht die durch das Würgen Bewußtlose aufgehängt wurde, vermögen die Gefertigten aus dem Leichenbefund nicht zu beurteilen. Es läßt sich aber auch nicht mit voller Bestimmtheit ausschließen, daß A. N. im Streit gewürgt wurde und daß sie sich alsbald nachher selbst erhängt habe.« Obwohl also die Obduzenten einen Selbstmord nicht völlig ausschlossen, engten sie diese Möglichkeit jedoch sehr ein.

Sie nannten das dafür charakteristische Anzeichen, den Bruch am Ringknorpel des Kehlkopfgerüstes, als seltene Ausnahme beim Erhängungstod. Die Gerichtsmediziner hielten Würgen oder Drosseln für die wahrscheinlichste Todesursache.

In den folgenden Tagen erforscht die Kriminalpolizei Nieczaks Vorleben. Zeugenvernehmungen ergaben das Bild eines rohen gewalttätigen Mannes, der mehrfach geäußert hatte, er müsse endlich seine Frau loswerden. Auch hatte er einer jungen Frau namens Lucie versprochen, sie zu heiraten. Anne war aus Angst vor seinen Drohungen mehrmals im Nachthemd zu Nachbarn geflüchtet. Eine Zeugin sagt aus, sie habe am Tage nach Annes Tod sichelförmige Kratzer an Nieczaks Kinn gesehen. Auf ihre Frage hatte er erklärt, sich beim Rasieren geschnitten zu haben. Die Zeugin hatte sich schon damals darüber gewundert, daß ein Rasierapparat solche sichelförmige Verletzungen hervorrufe.

Schließlich wird Nieczak verhaftet. Er leugnet hartnäckig, Anne getötet zu haben. Er verteidigt sich dabei so geschickt, daß der Untersuchungsrichter Nieczaks Schuld zu bezweifeln beginnt. Er fordert von den Gerichtsmedizinern ein neues, ein Ergänzungsgutachten an.

In diesem zweiten Gutachten betonen Prof. Haberda und Dr. Werkgartner, daß der Bruch des linken oberen Kehlkopfhorns und der Doppelbruch des Ringknorpels besonders auffällig seien, ›denn diese Fortsätze brechen am nicht verknöcherten Kehlkopf einer jungen Frau beim Erhängen kaum, besonders nicht, wenn die Erhängung in einer Stellung geschehen war, bei welcher gar nicht die ganze Körperschwere wirken konnte, um die um den Hals gelegte Schlinge zusammenzuziehen.‹ Es sei deshalb klar, ›daß die Frau, ehe sie an den Strang kam, gewürgt oder gedrosselt worden sein mußte.‹

Wie bereits im Erstgutachten ließen die Obduzenten jedoch auch diesmal die unwahrscheinliche, aber geringe

Möglichkeit zu, daß A. N. zwar gewürgt worden sei, ihr Mann dann aber davon abgelassen und sie sich selbst erhängt habe.

Nieczak wird mit dem Ergänzungsgutachten konfrontiert. Diesmal weiß er eine neue Erklärung für den Kehlkopfbruch: »Die Leiche lag in einer schleimigen Lache. Ich habe Anne am Hals gepackt und weggezogen, um die eklige Flüssigkeit aufzuwischen. Dabei glitt ich aus und griff unwillkürlich wiederum an Annes Hals. Dabei hörte ich deutlich ein Knacken.«

Unschlüssig fordert der Untersuchungsrichter ein weiteres Gutachten über diese Aussage an.

Die Obduzenten schreiben: ›Obwohl wir in jahrelanger gerichtsärztlicher Tätigkeit eine überaus große Zahl von Leichen seziert haben und dabei jedesmal eine sehr genaue Untersuchung der Halsgebiete vornehmen, ist uns ein nach dem Tode entstandener Kehlkopfbruch noch nie untergekommen.‹

Um diese Erfahrung zu untermauern, unternehmen die Obduzenten diesbezügliche Versuche an mehreren Frauenleichen gleichen Alters. Aber niemals trat eine Verletzung ein wie bei Anne Nieczak. Deshalb müsse der Doppelbruch durch eine Gewalt entstanden sein, welche auf den Hals der l e b e n d e n Frau eingewirkt habe.

Aber Nieczak ist zu keinem Geständnis bereit.

Dann jedoch berichtete Dr. Werkgartner, liefert dieser listige, mit zäher Ausdauer kämpfende Verbrecher schließlich selbst den Beweis seiner Schuld.

Nieczak erhofft sich von einem Mithäftling Ratschläge für seine weitere Verteidigung. Er erzählt ihm in allen Einzelheiten, wie er seine Frau erwürgt und danach aufgehängt hatte. »Du hättest sie sehen müssen, wie sie dort gehängt ist, diese Hure, welch langen Hals sie gehabt hat.«

Der Mithäftling ist entsetzt über Nieczaks Zynismus. (Vielleicht ist er auch als Spitzel auf Nieczak angesetzt worden. Dr. Werkgartners Bericht sagt darüber nichts.)

Der Mithäftling berichtete alles dem Untersuchungsrichter.

Aber auch in der Hauptverhandlung vor dem Geschworenengericht leugnet Nieczak weiterhin seine Tat. Als die beiden Gerichtsmediziner während des Prozesses auch darauf hinweisen, daß die besondere Form der Schlinge am Hals der Toten völlig untypisch für Selbstmord sei, sehen die Geschworenen darin ein weiteres Indiz für Nieczaks Schuld. Sie verurteilen ihn einstimmig zu lebenslänglichem schweren Kerker.

Später legt Nieczak dann doch noch ein Geständnis ab, das die Richtigkeit der gerichtsmedizinischen Gutachten bestätigt.

2. Die gefrorene Leiche

Juliane Fikentscher, eine vierzigjährige Bäuerin, bereitet auf der Tenne das Viehfutter vor. Das kleine Bauerngut der Fikentschers liegt in der Nähe von Graz.

Mißgestimmt stampft Juliane die Futterkartoffeln. Sie dampfen, denn draußen herrscht an diesem Januartag eisige Kälte. Julianes seelischer Zustand bewegt sich zwischen Depression und leicht entflammbarem Zorn. Angst mag die Ursache dieser Stimmungsschwankungen sein. Die Scheidung von ihrem Ehemann Anton steht bevor.

Juliane und Anton haben erst kürzlich geheiratet. Jeder hat 2000 Schillinge eingebracht. Dafür wurde der Hof, wenn auch nicht schuldenfrei, erworben. Für Juliane, die im Dorf als ›alte Jungfer‹ galt, waren Heirat und Hoferwerb die einzige Sicherheit gegen Armut und Alter. Liebe ist bei dieser Heirat nicht im Spiel gewesen. Es zählte allein das gemeinsame materielle Interesse. Aber Julianes Hoffnung, endlich versorgt zu sein, war ein Irrtum gewesen. Anton erwies sich als Faulpelz, der lieber in der Kneipe saß als aufs Feld zu gehen. So blieb die Arbeit in Haus und Stall, aber meist auch auf dem Feld, Juliane überlassen.

Juliane hatte bis zu ihrer Heirat im 39. Lebensjahr niemals mit einem Mann geschlafen. Antons Forderungen, die ›ehelichen Pflichten‹ zu erfüllen, waren ihr zuwider. Juliane ahnt, daß Anton bei anderen Frauen sucht, was er bei ihr nicht erhält. Die Entfremdung zwischen den beiden wuchs rasch. Nach einem Jahr Ehe waren sich beide einig, daß es so nicht weitergehen konnte. Sie bereiteten die Scheidung vor. Vor Zeugen vereinbarten sie, daß Juliane die 2000 Schilling an Anton zurückzahlen und dafür den Hof behalten sollte. Das war für Juliane ein vorteilhaftes Geschäft, das ihre Zukunft sichern konnte. Doch sie war sich auch darüber klar, daß sie, nun ganz allein auf sich gestellt, noch mehr als bisher würde schuften müssen. Würde sie den Hof überhaupt halten können? Sie hat Angst vor der Zukunft.

Da erscheint ein Schatten am Scheunentor.

Juliane erkennt Anton. Anton tritt näher. »Juliane«, beginnt er, »unser Vertrag taugt nichts. Ich habe es mir noch einmal überlegt. Du zahlst mir zwar aus, was ich eingebracht habe, das Geld. Aber schließlich habe ich in diesem Jahr auch Arbeit eingebracht.«

»Du und Arbeit!« höhnt Juliane. »Du hast mehr verfressen und versoffen, als was Du erwirtschaftet hast!«

»Mach ruhig eine solche Rechnung auf. Sie nützt Dir nichts. Jedenfalls verlange ich noch dreihundert Schilling zusätzlich. Und paar Fuder Heu.«

»Zweitausend sind vereinbart. Und kein Heller mehr. Und das Heu brauche ich selber.«

»Dann klage ich's ein. Ich bekomme schon mein Recht!«

»Nix kriegst Du, gar nix!«

Anton tritt auf sie zu und hebt drohend den Arm: »Und wenn ich Dich totschlage!«

Juliane lacht hönisch.

Anton schlägt ihr die Faust ins Gesicht. Er trifft das linke Auge. Schmerz und Tränen machen Juliane fast blind. Rasend vor Wut stößt sie ihn zurück. Anton taumelt rückwärts und stolpert dabei über den Trog. Er stürzt, seufzt auf und bleibt reglos liegen.

Juliane beugt sich hinab und schlägt ihm mit beiden Fäusten auf den Kopf, immer und immer wieder. Er stöhnt nur, wehrt sich aber nicht mehr. Anton blutet aus Mund und Nase. Juliane kniet neben ihm nieder und umklammert seinen Hals. Sie würgt ihn, bis seine Zuckungen erlöschen und der Körper erschlafft.

Langsam erhebt sich Juliane. Die Erregung des Tötens siedet in ihr weiter. Es war jetzt auch nicht das erste Mal, daß sie in ihrer Wut Anton gedemütigt hatte. Erst vor zwei Wochen hatte sie ihm einen Kochtopf an den Kopf geworfen. Die Wunde begann gerade zu vernarben. Nun hatte sie endgültig diesen Mann besiegt. Hatte es ihm so richtig besorgt. Nie mehr würde er sie beschimpfen. Nie mehr ins Bett zwingen. Nie mehr Geld für die Kneipe fordern. Ich darf meine Freiheit jetzt nicht aufs Spiel setzen, denkt sie, ich will nicht ins Gefängnis. Ich will in Ruhe hier arbeiten und leben.

Noch am gleichen Tag meldet Juliane Fikentscher auf dem Bürgermeisteramt, ihr Mann habe sich auf dem Dachboden erhängt.

Der Bürgermeister weiß, daß Juliane und Anton vor der Scheidung standen. Er benachrichtigt die Gendarmerie. Zwei Gendarmen erscheinen auf dem Hof und nehmen eine Lokalbesichtigung vor. Auf dem Dachboden finden sie Antons Leiche. Sie hängt freischwebend knapp 30 cm über dem Fußboden an einem Gurt, der um einen Balken geschlungen ist.

Das Gesicht des Toten ist blutig.

Auf einem Haufen Maiskolben, unweit der Leiche, befindet sich ebenfalls Blut. Die Gendarmen können keinen Schemel, keine Kiste oder Tonne entdecken, worauf Anton hätte steigen müssen, damit er den Gurt am Balken befestigen konnte.

Schließlich entdecken die Gendarmen auch auf der Tenne Blutspuren. Juliane sagt, vor einigen Tagen sei hier ein Schwein geschlachtet worden.

Die Gendarmen betrachten immer wieder Julianes Gesicht. Es ist am linken Auge verfärbt und geschwollen.

Als sie beide das Gehöft verlassen, sind sie sich einig, daß sich Anton nicht selber erhängt haben könne.

Wenig später trifft eine Gerichtskommission ein, um den Verdacht der Gendarmen zu überprüfen. Die Kommission besichtigt den Toten und die Spuren, läßt Spuren sichern, den Toten vom Gurt nehmen und ins Gerichtsmedizinische Institut der Universität Graz bringen.

Die Gerichtsmediziner Dr. Pacher und Dr. Laves übernehmen die Obduktion.

Bei der äußeren Besichtigung der Leiche stellen sie zahlreiche Blutspuren an Kleidung und Kopf und am rechten Scheitel eine in Vernarbung begriffene Wunde fest. Unregelmäßige Hautabschürfungen befinden sich an Stirn, Wange und Kinn. Von den Nasenöffnungen und der Oberlippe verlaufen zwei parallele Streifen angetrockneten Blutes in aufsteigender Richtung zur Stirn und den Schläfen.

Das Strangwerkzeug, ein Leinengurt, weist gleichfalls Blutflecken auf. Der Gurt liegt um den Hals, vorn zwischen Kehlkopf und Zungenbein schneidet er eine tiefe Furche ein. Der Gurt ist so kurz und die daraus gebildete Schlinge demgemäß so eng, daß er nicht über den Kopf des Toten gestreift werden kann. Unterhalb der Schlinge gibt es ebenfalls Hautabschürfungen, ferner Quetschungen an der Schulter und Kratzwunden auf dem rechten Handrücken.

Als wichtigstes Ergebnis der Untersuchung der inneren Organe nennen die Obduzenten: Blutungen am Zungengrund, der Bruch beider oberer Kehlkopfhörner und Blutaustritte in den tieferen Schichten der Halsmuskulatur. Daraus war zu schließen, daß zuerst ein Kampf stattgefunden hatte, denn die Blutungen waren noch zu Lebzeiten entstanden. Dann waren mehrere Würgeakte erfolgt und Anton F. eines gewaltsamen Todes durch Erstickung gestorben.

Die wichtigste Frage an die Obduzenten war, ob sich Fikentscher selbst erhängt hatte oder als Leiche in den Gurt gehängt worden war. Bevor die Obduzenten diese Frage endgültig beantworten, wollen sie sich selbst ein Bild von der Tatortsituation machen. Leider war bei der Besichtigung des Fundortes der Leiche kein Gerichtsmediziner hinzugezogen worden.

Die Obduzenten nehmen den Dachboden in Augenschein. Durch Eigenversuche stellen sie fest, daß das Opfer mindestens eine 60-65 cm hohe Unterlage gebraucht hätte, um den Gurt am Dachbalken zu befestigen und den Kopf in die Schlinge zu stecken. Eine solche Unterlage war bekanntlich nicht gefunden worden. Fast unmöglich erschien den Ärzten, daß die relativ schwächliche Juliane Fikentscher ihren Mann an den Dachbalken gehängt haben konnte. Obwohl Anton ziemlich klein war (1,58 m Körperlänge), bedurfte es doch erheblicher Kraftanstrengung, ihn freischwebend aufzuhängen.

Die Untersuchung aller Blutspuren an der Kleidung des Toten, an den Maiskolben und auf der Tenne ergab, daß es sich nicht um Schweineblut, sondern um menschliches Blut handelte. Die Identität der Blutgruppe auf den Beweisstücken mit dem Blut des Toten war höchst wahrscheinlich.

So kommen die Obduzenten abschließend zu dem Ergebnis, ›daß es zwischen A. und J. F. zunächst auf der Tenne zu einem Streit gekommen war, bei welchem sowohl der Mann als auch die Frau oberflächliche Verletzungen davontrugen. A. F. ist offenbar dann zu Boden geschlagen und hier so lange gewürgt worden, bis mindestens eine tiefe Bewußtlosigkeit eingetreten war. Möglicherweise hatte J. F. dann noch von dem beim Lokalaugenschein unmittelbar neben der Tenne aufgefundenen Tragkorb einen Gurt entfernt, ihren Mann gedrosselt und erst später die Leiche auf den Boden geschleift, wo die letztere offenbar auf die mit Blut verunreinigten Maiskolben niedergelegt wurde. Mit Rücksicht auf den schwächlichen Körperbau, die geringe Länge des Strangwerkzeuges und die örtlichen Verhältnisse auf dem Dachboden erschien es nur schwer vorstellbar, daß die J. F. den Körper ihres Mannes allein aufgehängt hatte. Es wurde daher dem Untersuchungsrichter gegenüber betont, daß soweit ärztliche Überlegungen in Betracht kämen, der J. F. beim Aufhängen der Leiche offenbar vor irgendeiner Person geholfen worden sein mußte.‹

Vor allem die Schlußbemerkung des Gutachtens führt zu weiteren polizeilichen Nachforschungen. Es wird vor allem wegen eines möglichen Mittäters ermittelt. Der Nachbar, der das Anwesen an die Fikentschers verkauft hatte, gerät in Verdacht, Juliane beim Aufhängen der Leiche geholfen zu haben. Aber das kann man ihm nicht nachweisen.

Nach wochenlangen Unschuldsbeteuerungen legt Juliane Fikentscher schließlich unter dem Druck der Beweislast ein Geständnis ab.

Sie hatte, wie schon berichtet, ihren Mann erwürgt. »Dann«, so sagt sie, »habe ich die Leiche über den Hof ins Haus geschleppt, die Bodentreppe hinaufgezerrt und auf dem Haufen Maiskolben niedergelegt. Ich holte einen Gurt und Holzkloben und baute eine Art Podest. Dann habe ich aus dem Gurt eine Schlinge gemacht und sie um den Hals meines Mannes gelegt und seinen Körper aufgerichtet. Durch die Kälte war er schon steif gefroren. Nun bin ich auf den Holzstapel gestiegen, habe mit der einen Hand die Leiche umfaßt und etwas angehoben und mit der anderen Hand den Gurt über den Balken geworfen und verknotet. Die Holzkloben habe ich danach verbrannt.«

So unglaublich diese Schilderung auch klingt, sie war der Täterin nicht zu widerlegen.

Die Staatsanwaltschaft klagt Juliane Fikentscher wegen Mordes an, weil ihr Mann bereits bewußtlos und wehrlos war, als sie ihn erwürgte.

Das psychiatrische Gutachten bescheinigt der Angeklagten affektiven Erregungszustand vor und während der Tat. Die Geschworenen verneinen deshalb, die Tat als Mord zu bewerten und erkennen auf Totschlag.

Totengräber als Detektive

1. Die Kugel im Leichenhaar

Winter in einem österreichischen Gebirgsdorf. Hoher Schnee bedeckt Häuser und Gassen. Auch der Friedhof liegt unter einer dicken Schneedecke.

Mit Spitzhacke und Spaten dringt der Totengräber mühsam in den gefrorenen Boden ein. Der Fünfzigjährige schwitzt trotz der Kälte. Es wird einen halben Tag dauern, bis er das Grab ausgehoben hat. Er gräbt das Grab für seine eigene Tochter.

Verbissen bricht der Totengräber Erdbrocken heraus. Er arbeitet in dumpfer Betäubtheit. Verzweiflung mischt sich mit fassungsloser Wut. Gestern hatte er bereits zwei Gräber ausgehoben, für Schwiegersohn und Enkelkind. Beide werden auf der Familien-Grabstätte der Meixner-Müllers bestattet werden. Aber seine eigene Tochter wird hinter der Mauer verscharrt. Wie eh und je seit Jahrhunderten: Selbstmördern wird die geweihte Erde versagt.

Und immer wieder dieselbe Frage: Warum hat sich Vroni umgebracht? Weil sie zuvor Mann und Kind erschossen hat, sagt die Polizei. Aber warum sollte sie die beiden getötet haben? Sie hatte doch keinen Grund dazu, sie hatte doch Mann und Kind geliebt. Höchstens aus Verzweiflung. Das Leben in der Mühle muß für Vroni die Hölle gewesen sein.

Der Totengräber denkt an manchen Tag, da seine Tochter heimkam und sich bei den Eltern ausweinte – nicht über Anton, ihren Mann, den liebte sie, und er liebte sie auch, aber über seine Familie, seine Mutter, seine Schwestern, seine Brüder. Der alte Müller Meixner war schon lange tot, der Hochmut des Müllers jedoch, dieser Stolz auf sein zusammengekratztes Vermögen, lebte in der Familie weiter. Der Müller gehörte schon immer zu den Herren im Dorf. Und als Anton, der älteste Sohn, die Vroni heiratete, obwohl Mutter, Schwester und Bruder ein mächtiges Geschrei dagegen erhoben, begann Vronis Leidensweg. Der Erbe der Mühle heiratet die Tochter des Totengräbers! Es war wie in einem Kitschroman. Die Schikanen der Müllerfamilie wurden so unerträglich, daß Vroni mit Mann und Kind in einen abgelegenen Teil des Anwesens zog, um den Drangsalierungen zu entgehen.

Wie schrecklich das Leben für sie geworden war, wußte niemand als sie selbst – davon zeugt ihr Tod durch eigene Hand. Aber warum hat sie Mann und Kind mit in den Tod genommen? Der Totengräber hackt und schaufelt und schürft und weiß keine Antwort darauf.

Gegen Mittag ist er endlich fertig. Er nimmt die Werkzeuge auf und geht durch den tiefen Schnee heim. Sein Häuschen liegt nahe am Friedhof. Die Arbeit gestern und heute war schwer. Aber das Schwerste erwartet ihn noch: die drei Leichen herzurichten für ihre letzte Reise ...

Anton Meixner, seine Frau Vroni und das vierjährige Kind wurden vor vier Tagen tot im Schlafzimmer gefunden.

Im rechten Teil des Ehebettes lag Vroni Meixner mit

blutigem Gesicht. Sie war zugedeckt, der rechte Arm hing aus dem Bett herab. Er reichte nicht ganz bis zur Pistole auf dem Fußboden. Auf dem Nachtschränkchen fand sich ein Zettel: ›Ich kann nicht mehr.‹

Auf der linken Seite, am Fußende, kauerte die zusammengesunkene Gestalt Anton Meixners. Im Gitterbett lag das Kind, auch sein Kopf war blutig.

Die Ärzte stellten folgende Verletzungen an den Toten fest: Vroni Meixner wies einen Einschuß dicht über dem rechten Auge auf. Anton hatte drei Durchschüsse im Schädel, der eine war vor dem linken Ohr, der andere am rechten Ohr in den Schädel eingedrungen, der dritte Schuß hatte den linken oberen Teil des Kopfes durchschlagen. Das Kind war durch einen Schuß in den Schädelgrund getötet worden.

Arzt und Gerichtskommission gelangten nach Besichtigung des Tatorts und des Zustandes der Leichen zur Erkenntnis, daß Vroni Meixner zuerst ihren Mann und das Kind und danach sich selber erschossen hatte.

Der Totengräber beginnt am Nachmittag mit der schlimmsten Arbeit zuerst. Er richtet die Leiche seiner Tochter für die Bestattung her. Die gewohnten Handgriffe wollen versagen. Immer wieder wandert sein Blick auf das Gesicht mit der zerfransten Einschußwunde über dem Auge. Mit dem Schwamm entfernt er die eingetrockneten Blutkrusten, dann trocknet er das Gesicht mit einem Tuch ab. Das dichte blonde Haar breitet sich wirr unter dem Kopf der Toten aus. Sie hatte sonst immer das Haar zu einem kunstvollen Knoten gebunden. Der Vater möchte es in dieser Form wiederherstellen, aber er ist ungeübt im Ordnen und Zusammenfügen des Knotens. Während er sich abmüht, das nun glattgekämmte Haar zum Knoten zu binden, trifft seine Fingerspitze auf etwas Hartes, das sich im Gewirr der Haarwurzeln dicht über der Kopfhaut befindet. Er zieht den Gegenstand hervor.

Es ist eine deformierte Pistolenkugel.

Der Totengräber betrachtet sie lange. Ein Stück Metall reicht aus, um ein Leben auszulöschen.

Er legt das Geschoß neben die Tote. Greift wieder danach und steckt es in die Tasche. Er will es behalten, als mahnende Erinnerung. Aber er erzählt niemandem davon, nicht einmal seiner Frau.

Mehr als ein Jahr später teilt der Ortsgendarm dem Gericht mit, es sei ihm zu Ohren gekommen, nicht Vroni habe Mann und Kind getötet, sondern alle drei seien ermordet worden. Er habe zuerst nichts von solchen Gerüchten gehalten, habe sie aber immer wieder hören müssen und fühle sich deshalb verpflichtet, dies dem Gericht mitzuteilen.

Das Gericht ordnete schließlich eine Exhumierung der drei Toten an. Obwohl die Leichen von Vater und Kind schon stark verwest sind, ist das Skelett noch gut erhalten. Naturgemäß richtet sich die Untersuchung vor allem auf die Schädel der Toten.

Prof. Dr. Schwarzacher, ein bekannter Wiener Gerichtsmediziner, ist mit der Obduktion beauftragt worden.

Schwarzacher findet an Anton Meixners Schädel den Bericht der Leichenschau bestätigt. Der Schädel weist drei Einschüsse auf. Zwei davon, die den Gesichtsschädel durchsetzt hatten, kreuzen sich. Auch der Schußkanal des dritten Schusses, der die linke obere Schädelseite durchschlug, ist deutlich erkennbar. Die Schädelbasisverletzung des Kindes entspricht ebenfalls dem ersten medizinischen Befund.

»Diese Befunde«, so heißt es in Schwarzachers Bericht, »waren nicht überraschend, sie waren nach dem vorliegenden Leichenschaubefund zu erwarten. Die Leiche der jungen Frau … war weit besser erhalten. Nach den zum Zeitpunkt der Leichenöffnung vorliegenden Angaben war eigentlich ein Durchschuß des Schädels zu vermuten, da zu diesem Zeitpunkt der Vater der Frau von dem Geschoß, das er in den Haaren seiner Tochter gefunden hatte, Mitteilung gemacht hatte. Die Überraschung war nicht gering, als man in der hinteren Schädelgrube knapp neben der Mittellinie ein etwas deformiertes Geschoß fand, dem Kaliber der Waffe entsprechend, die neben dem Bett der Frau gefunden worden war.«

Schwarzacher entdeckt also, daß es sich um keinen Durchschuß handelte, wie der Leichenschauarzt vermutet hatte, sondern um einen Steckschuß. Dieser hatte den Hirnstamm getroffen. Die Frau war dadurch sofort handlungsunfähig geworden.

Schwarzacher zog daraus die Schloßfolgerung, daß ein Doppelmord mit anschließendem Selbstmord undenkbar sei. »Wollte man diese Annahme aufrechterhalten, so müßte man sich vorstellen, daß die Ehegattin ihren Mann mit drei Schüssen tötete, den Weg quer durchs Zimmer nahm und ihr eigenes Kind im Bett erschoß, sich dann nach vollbrachter Tat wie schlafend in das Bett legte, ordentlich zudeckte und sich einen Schuß knapp über dem Auge beibrachte. Schon diese Deutung der Vorgänge ist gänzlich unpsychologisch und wird unmöglich, wenn man sich fragt, wie denn das Geschoß in den Haarknoten der Frau gekommen sei. Diese Überlegungen führten zwangsläufig zu der Annahme, daß alle drei Personen von fremder Hand getötet worden seien.«

Schwarzachers Beweisführung stützt sich, wie er sagt, auf logische und psychologische Überlegungen. Sie sind sicher nicht von der Hand zu weisen. Aber letzte Gewißheit, daß ein dreifacher Mord verübt wurde, ergibt sich daraus wohl noch nicht. Es ist nämlich noch eine Frage unbeantwortet geblieben, eine Frage, die während der Untersuchungen merkwürdigerweise nie gestellt worden ist: Warum hatte sich niemand darüber gewundert, daß am Tatort weniger Kugeln gefunden als Schüsse abgegeben worden waren?

Bei der Tatortbesichtigung hatte man drei Kugeln gefunden. Nach dem Leichenschaubefund aber waren fünf Schüsse auf die Opfer abgefeuert worden, drei auf den Mann, je einer auf die Frau und das Kind. Wo also waren die vierte und fünfte Kugel verblieben? hätte die Polizei fragen müssen.

Später hatte der Vater die im Haar seiner Tochter entdeckte Kugel dem Gericht übergeben. Nun fehlte aber immer noch die fünfte. Niemand hatte danach gefragt. Allein diese Frage hätte Zweifel an der Selbstmordtheorie erwecken müssen. Erst die gerichtsmedizinische Obduktion förderte die fünfte Kugel zutage.

Da Vroni Meixner jedoch nur einen Schuß erhalten hatte und das Projektil im Kopf stecken geblieben war, ergibt sich für Schwarzacher eine neue Frage: Woher stammt die Kugel im Haar?

Schwarzacher erklärt sich die Vorgänge in der Mordnacht so: »Der Täter betritt zur nächtlichen Stunde, ohne daß die Schlafenden es bemerken, das Zimmer, gibt aus nächster Nähe gegen die rechte Augengegend der schlafenden Frau einen Schuß ab, an dessen Folgen sie sofort stirbt. Der neben ihr schlafende Gatte schreckt auf, der Täter tritt gegen das Fußende des Bettes zurück und feuert zweimal gegen den sich erhebenden Mann, läuft um die Betten herum, schießt ein drittes Mal in der Weise, daß der Gesichtsschädel des Mannes von links nach rechts durchbohrt wird, das Geschoß in schräg absteigender Richtung gegen die schon tote Ehefrau fliegt und in ihrem dichten Haar steckenbleibt. Dem Täter muß es wichtig erscheinen, den überlebenden Erben, das Kind, durch einen Schuß aus der Welt zu schaffen.«

Erst mit dieser Deutung, die die Herkunft der vierten und fünften Kugel erklärt, wird ein Selbstmord ausgeschlossen. Alle drei Menschen sind ermordet worden.

Das Gericht beginnt gegen die Familie Meixner zu ermitteln. Motive für die Tat lassen sich aus der Vorgeschichte des Falles finden: Haß gegen die angeheiratete besitzlose Vroni, die nichts in die Ehe eingebracht hatte, aber die Frau des künftigen Erben war.

Der Tatverdacht richtete sich bald gegen einen Bruder Antons. Im Verlauf der Ermittlung legt er ein Geständnis ab und beschreibt den Tathergang so, wie ihn Prof. Schwarzacher rekonstruiert hatte.

So hat der Fund des Totengräbers dazu beigetragen, daß ein schon abgeschlossener Mordfall wieder aufgenommen wurde, und der Totengräber noch die Sühne für den Mord an seiner Tochter erlebte.

2. Frommes Ende einer Greisin

Emmerich Horn, ein 27jähriger Gelegenheitsarbeiter, wohnt zusammen mit seiner alten Mutter in Gmunden, einem kleinen österreichischen Städtchen. Die Mutter ist schon 88 Jahre alt und schwer krank. Sie ist geistig nicht mehr ganz klar und verbringt ihre Tage fast ständig im Bett. Der behandelnde Arzt meint, sie werde nicht mehr lange leben.

Emmerich kann sich keine Pflegerin für seine Mutter leisten. Was für Pflege und Haushalt zu tun ist, erledigt er selbst, soweit ihm das seine Zeit erlaubt. Manchmal denkt er, eine Frau müßte her. Aber der schwerfällige, unbeholfene Junggeselle hat bisher noch keine Frau gefunden.

Das ändert sich eines Tages, als er im Wirtshaus die 12 Jahre ältere Dorothea Dietel kennenlernt. Dorothea, eine lebenslustige füllige Frau, erkennt rasch ihre Chance, ihrem unsteten Leben etwas Ruhe und Sicherheit zu geben. Emmerich besitzt eine Wohnung und wird bald, wenn seine Mutter stirbt, 3500 Schilling erben. Das ist wenig – aber immerhin, erst mal den bekannten Spatz in der Hand. Und ein 12 Jahre jüngerer Mann, der noch nie eine Frau gehabt hat und ihr rasch sexuell hörig wird, ist auch nicht zu verachten.

Den ersten Liebesnächten folgt bald Dorotheas endgültiger Einzug in Emmerichs Wohnung. Es ist zwar kein süßes Leben, was die beiden nun führen, aber doch sorglos für ihre Ansprüche. Sie gehen keiner Arbeit mehr nach und leben von der Rente der Mutter, die kaum noch einen Heller für sich selbst braucht. Meist sitzen sie im Wirtshaus. Der Wein beflügelt ihre Gedanken, die Hoffnung auf die Erbschaft vergoldet ihre Tage.

Aber die Kranke ist zäh. Sie will einfach nicht sterben – obwohl der Arzt Emmerich verrät, es könne nur noch Tage dauern. Die Mutter ist zu Zeiten hellwach. Sie verabscheut die fremde Frau in ihrer Wohnung, die längst die Herrschaft über den Sohn und den Haushalt übernommen hat. Mehrmals weist sie der Fremden die Tür. Aber die Fremde geht nicht. Die Mutter fordert Emmerich auf, die Fremde hinauszuwerfen. Der Sohn verspricht, das werde er tun, aber er tut es natürlich nicht. Nachts, wenn die Mutter schlaflos daliegt, hört sie das Liebesgestöhn der beiden, und sie ahnt, daß sie völlig machtlos ist gegen die Fremde, diesen Blutegel, der sich an ihr festgesaugt hat.

Aber dem Blutegel genügt bald nicht mehr, was er aus der alten Frau heraussaugt. Die Rente ist karg. Da sind noch die 3500 Schilling auf dem Sparbuch. Eines Abends, als beide aus dem Wirtshaus heimkehren, fragt Dorothea: »Warum stirbt die Alte nicht endlich? Der Doktor redet seit Wochen, es wäre längst soweit.«

»Sie ist eben sehr zäh, Dorle.«

»Wir müßten etwas nachhelfen.«

»Das meinst Du doch nicht im Ernst.«

»Ich meine es ganz erst.«

Am 22. Oktober haben beide zugleich Geburtstag. Das muß gefeiert werden. Dorothea zählt ihr Bargeld und meint, das reiche noch zu einem anständigen Besäufnis.

Sie gehen ins Wirtshaus. Dorothea bestellt nur harte Sachen. Emmerich kommt rasch in Stimmung. Dorothea beginnt erneut zu bohren: »Und wenn die Alte nicht stirbt? Und weiterlebt, vielleicht noch Jahre? Glaubst Du, dann bleibe ich? Dann, mein Lieber, kratz ich die Kurve.«

Emmerich kennt Dorothea inzwischen gut genug, um zu wissen, das ist keine leere Drohung. Er will diese Frau nicht verlieren. Mit ihr hat doch das Leben erst richtig begonnen. Die wilden Nächte, das gemütliche Nichtstun, Schnaps und fröhliche Gesellschaft. Sie darf ihn nicht verlassen.

»Du mußt Dich jetzt mal entscheiden, Emmerich. Sie oder ich.«

»Und wenn es rauskommt?«

»Wenn wir es geschickt anfangen, wie soll es da rauskommen? Es muß unblutig geschehen. Ohne Spuren. Verstehst du?«

»Wenn Du es tust, gut. Aber ich laß die Hände davon. Es ist meine Mutter.«

Am 30. Oktober fährt vor dem Haus, in dem Emmerich wohnt, der Leichenwagen vor. Die Totengräber Toni Meinel und Franz Oberer sind gekommen, um den Sarg mit der verstorbenen Josefa Horn abzuholen.

Die Frau des Sohnes der Toten lädt die beiden Totengräber zu einem Kognak ein. Sie waschen sich die Hände und setzen sich an den Tisch. Die Frau schenkt ihnen reichlich ein. Sie erheben, mit einem Blick auf den Sarg, die Gläser und trinken schweigend.

»Noch einen?« fragt die Frau.

Die Männer nehmen noch einen. Dann stehen sie auf. Die Frau gibt jedem einen Hundert-Schilling-Schein. Die Totengräber sind ein so reichliches Trinkgeld nicht gewöhnt und bedanken sich überrascht.

Zwei Tage später, gegen Mittag, will sich Totengräber Meinel im Gasthaus ein Bier genehmigen. Er tritt in die Gaststube und steuert auf einen leeren Tisch zu. Da hört er eine Stimme hinter sich: »Hallo, hallo!«

Er bleibt stehen und wendet sich um. Jetzt erkennt er

die beiden, an denen er soeben vorübergegangen ist. Es ist die spendierfreudige Frau mit ihrem Mann von vorgestern.

»Setzen Sie sich doch zu uns und trinken Sie ein Glas mit«, sagt die Frau mit einer einladenden Geste.

Meinel setzt sich zu ihnen. die Flasche Wein, die auf dem Tisch steht, scheint nicht die erste zu sein, die sie geleert haben. Beide wirken angeheitert. Die Frau läßt eine neue Flasche bringen. Als Meinels Glas gefüllt ist, hebt die Frau das ihre: »Sie sollten auf uns trinken. Wir haben nämlich gerade unseren Heiratstermin festgesetzt.«

Meinel erhebt das Glas. »Dann auf Ihr Wohl.« Er trinkt, setzt das Glas ab und fügt hinzu: »Ich glaubte, Sie wären miteinander verheiratet.«

Die Frau kichert. »So kann man sich täuschen. Wirken wir denn wie ein uraltes Ehepaar?

»Das wollte ich damit nicht sagen.«

Die Frau stellt sich vor: »Dorothea Dietel.« Sie füllt ihr Glas erneut und leert es in einem Zug. Dann blickt sie Meinel an: »Ist alles in Ordnung?«

»Was soll denn nicht in Ordnung sein?«

»Na, dann ist es ja gut, wenn alles in Ordnung ist«, erwidert Dorothea. Und ruft im gleichen Augenblick: »Aber da ist doch auch Ihr Kollege!«

Franz Oberer hat soeben die Gaststube betreten. Meinel wollte sich hier mit ihm zu einem Bier treffen. Dorothea steht auf, winkt Oberer zu und ruft: »Hier! Hier sind wir!«

Oberer erblickt Meinel und kommt näher. Befremdet blickt er auf die Frau. Die Frau fragt: »Erkennen Sie mich nicht? Sie hatten doch vorgestern die Leiche bei uns abgeholt!«

Oberer erinnert sich. Auch er wird eingeladen. Es bleibt nicht bei einem Glas. Dorothea gießt ihm ein zweites, ein drittes ein.

Meinel steht auf. Er will zur Toilette.

Als er wieder die Gaststube betritt, steht plötzlich Frau

Dietel vor ihm. Mit glasigem Blick fragt sie: »Alles in Ordnung?«

Unwirsch murmelt Meinel, was solle denn nicht in Ordnung sein?

Er und Oberer hätten vorschriftsmäßig gearbeitet und die Tote in die Totenhalle verbracht.

Und wieder sagt die Frau: »Dann ist es ja in Ordnung, wenn alles in Ordnung ist.«

Sie zieht einen 100-Schilling-Schein aus dem Brustausschnitt und steckt ihn Meinel in die Tasche. »Noch eine kleine Anerkennung für Ihre Mühe.« Sie legt den Zeigefinger auf die Lippen: »Aber niemandem was verraten!« Auflachend nimmt sie Meinels Arm: »Noch ein Glaserl?«

Meinel empfindet Widerwillen gegen das aufdringliche Verhalten dieser Frau. Noch mehr beunruhigt ihn der Geldschein in der Tasche. »Danke«, sagt er, »ich muß jetzt gehen. Die Arbeit ruft.« »Und daß ich Sie rufe, das reicht wohl nicht?« fragt die Frau und fährt sich mit der Zunge anzüglich über die Oberlippe.

»Lassen Sie s gut sein«, sagt Meinel, geht zum Tisch zurück und drängt Oberer zum Aufbruch.

Zuhause denkt Meinel immer wieder über die merkwürdige Begegnung nach. Das Trinkgelage, die lustige Stimmung der beiden, die wiederholte Frage, ob alles in Ordnung sei, der Geldschein – irgendetwas, sagt er sich, ist eben nicht in Ordnung! Er teilt seinem Arbeitgeber den Vorgang mit und fühlt sein Mißtrauen bestätigt. Sein Chef informiert die Gendarmerie, diese das Gericht. Die Staatsanwaltschaft ordnet eine erneute Leichenschau durch eine gerichtliche Kommission an.

Gendarmerie-Bezirksinspektor Spenlingwimmer berichtet: »Die Kommission begibt sich zur Leichenhalle. Die wegen der Feiertage noch nicht bestattete Leiche wird vollständig entkleidet. Die Überraschung ist perfekt, eine Fülle von äußeren Verletzungen wird erkennbar. Am linken Augenunterlid und an der Umschlagfalte finden sich deutlich Stauungsblutungen …, an der linken Wange, in der Jochbeingegend, im seitlichen Wangenbereich … Blutpunkte, im rechten inneren Augenwinkel eine mächtige Hautunterblutung, Hautvertrocknungen an der Nase, an der rechten Halsseite … Am linken Handrücken blauschwarze Hautverfärbungen …«

Betroffen müssen sich die Mitglieder der Kommission fragen: Hat der Leichenschauarzt, der die Tote zur Bestattung freigab, diese Verletzungen nicht bemerkt?

Eine Obduktion soll die tatsächliche Todesursache feststellen.

Bei der Obduktion findet sich eine Anzahl weiterer Verletzungen, u. a. Gewebsdurchblutungen im Oberkiefer, am Gaumenmantel, an Zunge und Zungengrund. Das linke Kehlkopfhorn ist gebrochen. In der Brusthöhle gibt es eine ausgedehnte Gewebsdurchblutung. Eine Rippe ist durchtrennt. Das Endgutachten der Gerichtsmediziner läßt keinen Zweifel daran, daß Josefa Horn massiv mißhandelt und schließlich erwürgt worden ist.

Spenlingwimmer berichtet dann über den Verlauf der weiteren Ermittlungen. Tatverdächtig allein sind Emmerich Horn und seine Freundin Dorothea. Bei der Hausdurchsuchung kommen Blutspuren an Unter- und Bettwäsche zum Vorschein. Die Verdächtigen werden vernommen. Sie leugnen anfangs, die alte Frau getötet zu haben. Aber Emmerich hält nicht durch. Er gesteht seine Mittäterschaft bei der Ermordung seiner Mutter.

Der Mord hat sich folgendermaßen abgespielt:

Da sich Emmerich anfangs nicht an der Ermordung seiner Mutter beteiligen wollte, suchte Dorothea zunächst ihren Mordplan allein zu verwirklichen. Sie schüttete Salzsäure in die Milch und überredete die Alte zu diesem Trunk. Er hatte nicht die erwartete Wirkung. Dorothea erhöhte den Anteil der Salzsäure und fügte mehrere Schlaftabletten hinzu. Nach dem Trunk erbrach die alte Frau und schlief ein. Dorothea ging mit Emmerich ins Gasthaus, um den Tod der Mutter abzuwarten. Als sie abends heimkehrten, saß die Totgeglaubte im Bett und verlangte zu trinken. Wütend, daß ihr Plan gescheitert war, umwickelte Dorothea ihre Hand mit einem Schlüpfer, würgte ihr Opfer und drückte ihm ein Kissen auf den Mund. Die alte Frau wehrte sich verzweifelt und entwickelte dabei ungeahnte Widerstandskräfte. Dorothea rief Emmerich zu Hilfe. Emmerich packte die Hände der Mutter und drückte ihren Körper fest aufs Bett, damit Dorothea ungestört den Würgeakt fortsetzen konnte. Aber ihr Würgegriff war nicht fest genug. Die Mutter suchte erneut, sich zu befreien. Da riß Emmerich sie empor und schlug ihren Kopf mehrmals wuchtig gegen die Kante des Nachtschränkchens. Der Widerstand der Mutter erlosch. Sie verlor das Bewußtsein. Dorothea würgte sie weiter, bis sie sich nicht mehr bewegte.

Dann gingen die beiden zu Bett und schliefen miteinander.

Am nächsten Morgen kleideten sie die Tote an, legten ihr ein Kruzifix in die Hände und benachrichtigten den Pfarrer und den Arzt. Die Tote mit dem Kruzifix schien ein frommes Ende genommen zu haben. Der Arzt gab die Leiche zur Bestattung frei.

Das Geschworenengericht verurteilte Dorothea Dietel zu lebenslänglicher und Emmerich zu zwanzigjähriger schwerer Kerkerstrafe.

Das Bezirksgericht verurteilte auch den Leichenschauarzt wegen grober Fahrlässigkeit. Welche Strafe er erhielt, sagt Spenlingwimmer nicht. Er schließt mit folgenden Worten: »Grobe Fahrlässigkeit und leichtsinnige Gutgläubigkeit seitens eines Arztes wären bald Ursache gewesen, ein auch in der heutigen wahrlich nicht empfindsamen Zeit nicht alltägliches Verbrechen ungesühnt zu lassen ... Logisches und gesundes Denken und Rechtsempfinden, rasches und vernünftiges Handeln zweier Totengräber ermöglichten es, den Fall aufzurollen und zu klären.«

Der gläserne Dolch

Im Juni 1957, kurz vor Mitternacht, erhielt die Berliner Mordkommission Kenntnis, daß die im Ortsteil Dahlem wohnhafte 46jährige Justizangestellte Gerda B. von der Feuerwehr in einer Unfallhilfestelle eingeliefert worden sei. Bei der Einlieferung sei sie bereits tot gewesen. An beiden Beinen der Toten seien Schnittverletzungen festgestellt worden. Es bestünde der Verdacht fremden Verschuldens, da Frau B. im Verlauf des Tatgeschehens Streit gehabt haben solle.

So begann der Bericht des Berliner Kriminalkommissars H. Oehmke über einen anfangs rätselhaften Todesfall, der schließlich rechtsmedizinisch zweifelsfrei geklärt werden konnte.

Das zunächst vieldeutige Ereignis spielte sich in einer komfortablen Wohnung im damaligen Westberlin ab. Die Art der Verletzungen des Opfers und ein mysteriöser Tatortbefund riefen die Mordkommission auf den Plan. Sie ermittelte folgendes:

Bei der Toten handelt es sich um die 46jährige Justizangestellte Gerda Bienert. Der Unfallarzt konnte bei ihrer Einlieferung nur noch ihren Tod feststellen. Bei der Untersuchung der Toten entdeckte der Arzt an der Innenseite des rechten Unterschenkels eine 7 cm lange Wunde. Beide Wunden schienen jedoch sehr flach und deshalb nach Meinung des Arztes nicht die Todesursache zu sein. Bedenklich hatten ihn ferner blutunterlaufene Schürfungen am rechten Unterarm gestimmt. Er hielt sie für Eindrücke von Fingernägeln, was auf einen vorangegangenen Kampf, also ein Fremdverschulden hinwies.

Der Tatort, die Wohnung der Toten, bestätigte den Verdacht, daß es hier zu einer tätlichen Auseinandersetzung gekommen war.

Frau Bienert hatte die Siebenzimmer-Wohnung mit ihren zwei Töchtern geteilt. Jedes der Mädchen besaß sein eigenes Zimmer. Die Mädchen studierten noch – die 20jährige Anita Jura, die 18jährige Roberta Medizin. Die beiden Zimmer der Mädchen sind durch eine meist geschlossene Durchgangstür miteinander verbunden. Die vom Korridor in Anitas Zimmer führende Tür und die Verbindungstür waren beschädigt. Holzsplitter und Lackteilchen lagen auf dem Fußboden. Jemand hatte versucht, die Türen gewaltsam zu öffnen. Das Schlüsselloch der Tür zu Anitas Zimmer war mit einer Kerze verstopft.

Anitas Zimmer sah chaotisch aus. Schubladen waren herausgezogen, Wäsche und Schuhe bedeckten den Fußboden. Der eigentliche Tatort aber schien Robertas Zimmer zu sein. An der Wand befanden sich bis zu einer Höhe eines halben Meters Blutspritzer. Der Teppich wies eine Menge Blutstropfen auf, die sich zu einer 40 cm breiten Blutspur vereinigten. Diese zog sich über den Korridor und endete im Wohnzimmer vor einer Couch in einer umfänglichen Blutlache. Auch auf der Couch und auf dem Sessel fand sich Blut.

In einer Ecke von Robertas Zimmer lagen Scherben einer schweren Kristallvase. Diese hatte, wie sich später herausstellte, ein Gewicht von 1,5 kg besessen. Neben den Scherben gab es eine zweite, nicht ganz so große Blutlache.

Bei ihrer Vernehmung erklärte die jüngere Schwester Roberta, sie sei gerade im Bad gewesen, als sie plötzlich ihre Mutter aufschreien hörte. Sie habe das Bad verlassen und die Mutter im Wohnzimmer entdeckt. Ihre Schwester Anita versuchte gerade, die an beiden Beinen blutende Mutter auf die Couch zu bringen. Gemeinsam hätten sie dann die Verletzte auf die Couch gesetzt und die Beine auf einem Sessel hochgelagert. Aber die Wunden hätten immer weiter geblutet. Sie hätten dann mit einem Seidenschal die Oberschenkel abgebunden, doch die Blutung sei nicht zu stillen gewesen. Deshalb hätte Anita Polizei und Feuerwehr gerufen.

Die Beschädigung der beiden Türen, die zum Zimmer ihrer Schwester führten, konnte sich Roberta angeblich nicht erklären. Die Mutter habe sich die Beine verletzt, als ihr die Kristallvase aus den Händen entglitten und zerbrochen sei.

Die ältere Schwester Anita konnte erst etwas später vernommen werden. Sie hatte die Wohnung verlassen und ihre Großeltern aufgesucht. Als sie zur Vernehmung geholt wurde, gab sie zu, schuld am Tod ihrer Mutter zu sein.

Seit längerer Zeit hatte ein Konflikt zwischen Mutter und Tochter geschwelt. Die Mutter hatte Vorbehalte gegen Anitas Freund und suchte die Beziehung zwischen beiden jungen Leuten zu zerstören. Auch an diesem Abend hatte es zwischen Mutter und Tochter erneut eine Auseinandersetzung darüber gegeben. Anita waren die Vorwürfe der Mutter auf die Nerven gegangen, sie schloß sich in ihrem Zimmer ein. Das erzürnte die erregte Mutter noch mehr. Sie versuchte, wenn auch vergeblich, die Tür aufzubrechen, um die Auseinandersetzung fortzuführen. Schließlich öffnete Anita, um den Streit beizulegen. Aber die Mutter beschimpfte sie weiter und schlug auf sie ein. Anita wehrte sich, es kam zu einem Handgemenge, wobei beide in Robertas Zimmer gerieten. Dort, so sagte Anita, habe sie in höchster Erregung und lediglich in der Absicht, sich einen effektvollen Abgang zu verschaffen, zu der auf dem Bücherregal im Wohnzimmer stehenden Kristallvase gegriffen und sie ihrer Mutter vor die Füße geschleudert.

Die Kriminalpolizei nahm diese Aussage an, da sie im großen und ganzen mit dem Tatortbefund übereinstimmte. Aus nachträglicher Sicht blieb jedoch ein merkwürdiger Umstand in Anitas Aussage ungeklärt. Anita hatte die Kristallvase in Robertas Zimmer der Mutter vor die Füße geworfen. Dazu aber hatte sie die Vase erst aus dem Wohnzimmer holen müssen. Das läßt ihren affektiven Erregungszustand doch etwas zweifelhaft erscheinen. Es sei denn, sie habe die Vase schon vorher im Wohnzimmer an sich genommen und bei sich gehabt, als sie mit der Mutter in Robertas Zimmer geriet – was wiederum wenig wahrscheinlich ist, da sie durch das ›Handgemenge‹ mit der Mutter daran sicher gehindert worden wäre.

Prof. Dr. Kranland vom Institut für soziale und gerichtliche Medizin der FU Berlin stellte nach der Obduktion ein Gutachten aus. Darin verwies er auf die zwei durch Glassplitter hervorgerufenen Wunden an den Unterschenkeln. Mehrere Venen im Unterhautfettgewebe waren aufgeschlitzt oder durchtrennt worden. Zur Todesursache hieß es: »Die überaus spärlichen Totenflecke, die hochgradige Blässe sämtlicher Organe, lassen beim Mangel anderer krankhafter Ursachen keinen Zweifel daran, daß G. B. durch Verblutung gestorben ist. Der tödliche Blutverlust erfolgte aus je einer Schnittwunde an der rechten und linken Wade, in deren Bereich im Unterhautfettgewebe erweiterte Blutadern durchtrennt waren. Der tödliche Ausgang wurde schließlich offenkundig noch dadurch beschleunigt, daß von den durchtrennten Blutadern aus auch Luft in den Kreislauf eingesaugt wurde.«

Kriminalkommissar Oehmke wies in seinem Bericht abschließend noch darauf hin, wie wichtig es sei, Venen- und Arterienverletzungen voneinander zu unterscheiden. Frau Bienert hatte eine Venenverletzung erlitten, die die Töchter anscheinend für eine Arterienverletzung gehalten hatten. Deshalb hatten sie oberhalb der Wunden, an den Oberschenkeln, abgebunden. Aber eine Venenverletzung müsse unterhalb der Wunde, also an einem Körperteil, der vom Herzen weiter entlegen ist als die Wunde selbst, abgebunden werden.

Schließlich, so fügte Oehmke hinzu, war die Verblutung noch dadurch beschleunigt worden, daß die durchtrennten Adern Luft in den Kreislauf ansaugten. Diese

Luftembolie sei nach Meinung des Obduzenten ebenfalls durch falsches Verhalten der Schwestern begünstigt worden. Sie hatten die Beine der Mutter hochgelagert. Die horizontale, zu den Füßen leicht aufsteigende Lagerung der Beine habe dazu geführt, ›daß die durchtrennten Venen begierig Luft ansaugten‹. Die bei Schlagaderverletzungen empfohlene Hochlagerung des verletzten Körperteils gelte nicht für eine Venenverletzung.

Die Staatsanwaltschaft stellte das Verfahren gegen Anita Bienert ein. Zwar war der Tatbestand der fahrlässigen Körperverletzung gegeben, der mögliche Antragsteller, die Mutter, jedoch verstorben. Auch von Amtswegen bestand kein Interesse an einer Strafverfolgung.

Dem Gerichtsmediziner sind nur wenige Fälle bekannt, in denen Glasscherben tödliche Verletzungen verursachten. Gerda Bienert war verblutet, als Glassplitter einer explosionsartig berstenden Kristallvase einige Venen aufschlitzten.

Glassplitter können aber auch wie lange spitze Dolche in den Brustraum eindringen und Adern, Herz und Lunge durchbohren.

Der 18jährige Rainer Kühlmann verbrachte zusammen mit seinem Freund den Abend in einer Gaststätte. Im Verlauf mehrerer Stunden tranken sie reichlich Bier und Korn. Gegen Mitternacht brachen sie auf. Unterwegs blieb Kühlmann an einer Telefonzelle stehen, um noch zu telefonieren.

»Ich gehe schon langsam voraus«, sagte sein Freund und ging weiter. Es dauerte nicht lange, bis Kühlmann ihn wieder eingeholt hatte. Schweigend liefen sie nebeneinander her.

»Gehe ich zu schnell?« fragte der Freund.

»Wieso?«

»Du preßt Deine Hand auf die Brust. Hast Du etwa Herzschmerzen?«

»Verdammtes Glas«, murmelte Kühlmann.

Der Freund wußte nichts damit anzufangen, fragte aber auch nicht weiter, da Kühlmann sich wenig gesprächig zeigte.

Plötzlich stürzte Kühlmann aufs Pflaster. Er rappelte sich zwar hoch, blieb aber merkwürdig starr auf den Knien hocken. Der Freund griff nach seinem Arm und half ihm auf. »Hast Du Dir weh getan?«

»Nein, nein.«

»Du hast zuviel getrunken.«

»Hab ich nicht.«

Vor Kühlmanns Wohnung verabschiedeten sich beide voneinander.

Kühlmanns Mutter hörte ihren Sohn heimkommen. Er begab sich gleich zu Bett. Sie hörte ihn stöhnen und ging zu ihm. Er sagte, er habe heftige Schmerzen in der Brust.

»Ich war telefonieren«, erklärte er der Mutter. »Die Glasscheibe in der Tür der Telefonzelle war zerbrochen. Im unteren Teil steckten noch Splitter. Als ich wieder hinausging – ich bin etwas getorkelt und gestürzt. Und hab mich da an so einem Splitter verletzt. Es tut höllisch weh.«

Kühlmann wurde noch in derselben Nacht in die Klinik gebracht und operiert. Dabei stellten sich, wie der Operationsbericht mitteilt, folgende Verletzungen heraus: »Direkt unterhalb und etwas medial von der linken Brustwarze ca. 3 cm lange Y-förmige scharfrandige, breitklaffende Stichwunde ... Verdachtsdiagnose Herzbeuteltamponade und Bluterguß im linken Brustfellraum.«

Der Verletzte konnte nicht gerettet werden. Er starb zwei Tage nach der Operation.

Oberarzt Dr. Dietz und Dr. Waltz vom Institut für gerichtliche Medizin der Berliner Humboldt-Universität nahmen die Obduktion vor. Sie stellten eine gut 2 cm große, opera-

tiv versorgte glattrandige Stichwunde der linken Herzkammer fest. Der Stichkanal an der linken Herzkammer
verjüngte sich nach innen. Die darunterliegende Herzin-
nenhaut war durchtrennt, der absteigende Ast der linken
Herzkranzschlagader verletzt.

Die Todesursache war Herzstichverletzung.

Den Obduzenten war zur Zeit der Sektion der Unfallhergang noch nicht bekannt. Deshalb hielten sie die Verletzung durch ein einschneidiges Messer für wahrscheinlich. Bei den polizeilichen Ermittlungen stellte sich die
wirkliche Todesursache heraus. Die Besichtigung der zer-
störten Telefonzellentür zeigte noch mehrere emporra-
gende spitze Glassplitter.

An die Obduzenten erging also die Frage, ob es möglich sei, daß Kühlmann ›beim Heraustorkeln aus der Telefonzelle mit dem Oberkörper nach vorn auf einen der emporragenden Glassplitter in der unteren Türhälfte
gestürzt sein und sich die Stichverletzung zugezogen haben konnte, der Splitter aber durch nachfolgendes Auf-
richten des Oberkörpers passiv wieder aus dem Körper
entfernt worden sein mochte‹:

Die Obduzenten konnten nach neuen experimentellen
Untersuchungen bestätigen, daß kein Verbrechen vorlag,
sondern ›daß der Betroffene zufällig beim Verlassen der
Telefonzelle auf einen dolchartig emporragenden Splitter
der noch vorhandenen restlichen Türfüllung stürzte.‹

Besonders bemerkenswert fanden es die Obduzenten,
daß der durch Herzstich Schwerverletzte ohne fremde
Hilfe noch über einen Kilometer bis in seine Wohnung gehen konnte.

In diesem Zusammenhang sei noch ein weiterer Todesfall
aus der Schweiz erwähnt, der ebenfalls durch einen Glassplitter hervorgerufen worden war. Eine 30jährige
schwangere Frau war mit einer Wunde in der rechten
Brustseite ins Krankenhaus eingeliefert worden. Der Ehe-

mann hatte ausgesagt, seine Frau sei in eine Glastür gestürzt. Er habe sie am Boden liegend aufgefunden und den aus der Brust ragenden Splitter herausgezogen, wobei er abgebrochen sei.

Der Mann geriet in Verdacht, mit irgendeinem Stichwerkzeug seine Flau tödlich verletzt zu haben.

Eine gerichtliche Obduktion wurde angeordnet, die Dr. Patscheider übernahm.

Der Obduzent entdeckte mehrere Glassplitter im subkutanen Fettgewebe und im Brustfell. Der Stich hatte die untere Lungenvene durchstoßen, im Stichkanal fand sich ebenfalls ein dolchartig geformter Glassplitter. Die äußere Wand und der darüberliegende Abschnitt des Herzbeutels waren schlitzförmig durchtrennt. Der Stich war 24 cm tief eingedrungen. Die Rekonstruktion des tödlichen ›gläsernen Dolches‹ ergab für diesen eine Gesamtlänge von 36 cm.

»Nach diesen Befunden«, so heißt es in Dr. Patscheiders Bericht, »bestand keinerlei Zweifel, daß der Tod als Folge dieser Verletzung und nicht etwa durch Einwirkung eines andern Stichwerkzeuges, infolge eines hochgradigen Blutverlustes, kombiniert mit einer Bluteinatmung in beide Lungen eingetreten war … Erstaunlich ist, daß ein so langer, schmaler und verhältnismäßig dünner Glassplitter so tief einzudringen vermochte, ohne zu zerbrechen.«

Aber nicht nur dolchartig spitze Splitter von Glas können tödlich werden. Auch splitterndes Sicherheitsglas wirkt unter bestimmten Umständen mörderisch. Das zeigt ein tödlicher Unfall, der sich in den 70er Jahren in Leipzig zugetragen hat.

An einem Januarmorgen 1975 fuhr der Dienstwagen eines Großbetriebes durch die Friedrich-Engels-Straße in Richtung Autobahn, die nach Berlin führt. Im Wagen saßen der Berufskraftfahrer Werner Kurtz, der Betriebsdirektor und der Technische Direktor. Es war kein angenehmes Wetter für die Dienstreise. Nasser Schneeregen peitschte gegen die Windschutzscheibe.

Die Ausfallstraße hinter der Stadt führt über eine Brücke, unter der sich ein Industrieabwasserkanal hinzieht. Als sich der Wartburg 353 am Anfang der Brücke befand, sah Kurtz, daß dicht vor ihm ein Fußgänger auf die Fahrbahn trat, um sie zu überqueren. Kurtz erkannte, daß der Mann den sich nähernden Wagen nicht bemerkt hatte. Für ein Signal war es schon zu spät. Kurtz schlug das Lenkrad nach links ein, um dem Fußgänger auszuweichen. Aber die Lenkung gehorchte ihm auf der schneenassen Fahrbahn nicht. Der Wagen stellte sich quer und begann zu rutschen. Kurtz sah noch, wie sein Wagen den Mann streifte und aufs Brückengeländer zuschoß. Er hörte auch noch das Bersten des Geländers und spürte, daß der Wagen in die Tiefe stürzte. Dann verlor er das Bewußtsein.

Zwei Fußgänger, die sich nur wenige Meter entfernt von der Unglücksstelle befanden, eilten zum durchbrochenen Geländer. Einer der Fahrzeuginsassen lag dicht davor, er mußte vor dem Absturz aus dem Wagen herausgeschleudert worden sein. Der Fußgänger, der den Unfall verursacht hatte, war nicht mehr zu sehen und anscheinend vom Wagen mit in die Tiefe gerissen worden.

Der Wagen lag auf dem Dach und versank langsam im Wasser. Die beiden Passanten und zwei Radfahrer, die von ihren Rädern abgesprungen waren, kletterten die Böschung hinab. Unten, dicht am Wasser lag der Fußgänger. Er war verletzt, lebte aber noch.

Inzwischen war der Wagen soweit in die Tiefe gesunken, daß nur noch die rechten Räder aus dem Wasser herausragten. Die vier Männer stiegen in die eiskalte Flut und versuchten, den Wagen ans Ufer zu schieben. Das gelang ihnen nach vieler Mühe. Sie öffneten eine Wagentür und zogen die Eingeschlossenen heraus.

Inzwischen war ein Krankenwagen eingetroffen. Die vier Verletzten wurden in die Klinik gebracht.

Werner Kurtz erwachte nicht mehr aus seiner Bewußtlosigkeit, er verstarb noch während des Transports.

Dr. Walthari nahm die Obduktion des Kraftfahrers vor. Bei der äußeren Besichtigung des Toten fanden sich lediglich Schnittwunden auf der linken Gesichtshälfte, die vermutlich von der zerbrochenen Windschutzscheibe herrührten. Dem Unfallbericht entsprechend hatte Dr. Walthari als Todesursache entweder stumpfe Gewalteinwirkung beim Sturz oder Ertrinken erwartet. Aber die Sektion ergab nur einige Rippenbrüche und Prellungsblutungen der Lungen. Diese Verletzungen konnten den Tod des Kraftfahrers nicht erklären.

Zwar fanden sich im Lungenpreßsaft Grün- und Kieselalgen. Das wies darauf hin, daß tatsächlich etwas Kanalwasser in die Lungen gelangt war. Aber die typischen Symptome für einen Ertrinkungstod fehlten.

Schließlich stieß Dr. Walthari bei der Untersuchung der Luftwege auf die überraschende Todesursache. Beiderseits neben dem Kehlkopfeingang und an den Abgängen der mittleren Bronchien von den zwei Hauptbronchien entdeckte Dr. Walthari zahlreiche Glassplitter, bis zu Erbsengröße. Es waren jene charakteristischen würfelförmigen Glassplitter, wie sie bei Zertrümmerung des Sicherheitsglases einer Frontscheibe entstehen. Die scharfkantigen Splitter saßen größtenteils in den Luftwegen fest und verstopften die Lichtungen der Bronchien, so daß es zum Erstickungstod kommen mußte. Offenbar, schrieb Dr. Walthari in seinem Befund, waren gemeinsam mit einem Schwall des Abwassers im Augenblick des Aufschlags Teile der zersplitterten Frontscheibe eingeatmet worden.

Fettembolie

Diese Mordsache aus dem Jahre 1929 wird, wie mir Prof. Dr. Herold einmal erzählte, von Gerichtsmedizinern gern als klassischer Lehrfall vorgeführt. Er wird deshalb hier berichtet, zumal ein Wegbereiter der deutschen Gerichtsmedizin, der Leipziger Professor Dr. Richard Kockel, wesentlich zur Aufklärung dieses Mordfalles beigetragen hat.

Es ist der letzte Tag im November 1929. Vom Eingang des Südfriedhofs in Leipzig führt eine lange breite Allee zur Totenhalle, vorbei an vergilbten Rasenflächen und kahlen Bäumen.

Männer und Frauen in Schwarz, Kränze und Asternsträuße in der Hand, gehen gemächlich auf die Kapelle zu. Sie haben noch Zeit. Die Trauerfeier beginnt erst in einer halben Stunde.

Als sie die Friedhofshalle betreten, stockt plötzlich ihr Schritt. Wo sie den Sarg mit dem Entschlafenen zu sehen erwarteten, steht nur der leere Katafalk. Emma Tetzner, die junge Witwe, sitzt verstört auf der Bank davor. Ratlos und schweigend bleiben die Trauergäste stehen.

Noch wissen sie nicht, daß sich in diesem Augenblick in einem Raum nebenan ein älterer Herr über den offenen Sarg beugt.

Was er sieht, ist scheußlich. Aber Professor Richard Kockel ist solchen Anblick gewohnt. Stumm registriert er für sich: Ein stark verkohlter Rumpf ... das Schädeldach fehlt ... nur die Schädelbasis mit der Halswirbelsäule noch vorhanden ... keine Unterschenkel mehr ... keine Unterarme, keine Hände ... neben dem Torso ein faustgroßes Stück Hirn ...

Kockel wendet sich dem Mann zu, der hinter ihm steht und anscheinend mit einem Anfall von Übelkeit zu kämpfen hat. »Ich kann Ihnen nicht viel Hoffnung machen, daß ich Ihnen helfen kann. Aber selbstverständlich werde ich alles versuchen, was mir in dieser kurzen Zeit möglich ist.«

Bis zum Beginn der Trauerfeier bleibt Kockel kaum noch eine halbe Stunde. Während er seine Instrumente auspackt, fragt er: »Und wie hoch ist seine Lebensversicherung?«

»Insgesamt hundertdreiundvierzigtausend Mark, Herr Professor«, erwidert der Versicherungsbeamte. »Und er hat sie erst wenige Wochen vor seinem Tode abgeschlossen. Das eben gibt uns zu denken. Wir fürchten, hier liegt Selbstmord vor. Und in diesem Falle, das wissen Sie ja, brauchten wir nicht zu zahlen.«

Kockel stellte zuerst fest, daß es sich um den Körper eines Mannes handelt. Trotz ihrer Verkohlung sind die Geschlechtsteile noch erkennbar, sogar einige rötlich-blonde Schamhaare sind noch erhalten.

Dann untersucht Kockel Mundhöhle, Kehlkopf und Luftröhre des Toten. Tetzner, das hat ihm der Versicherungsbeamte mitgeteilt, ist vor vier Tagen bei Regensburg mit seinem grünen Opel gegen einen Kilometerstein geprallt. Der Wagen hat Feuer gefangen. Tetzner ist darin verbrannt, ehe ihm jemand helfen konnte. Als ein Polizist später die Leiche aus dem Wagen zog, war sie stark verkohlt.

Der Versicherungsbeamte glaubt, jetzt ein fast unmerkliches Kopfschütteln des Professors wahrzunehmen. Kockel hat gerade das Herz eröffnet. Er entnimmt ihm etwas Blut, das er in ein Reagenzglas füllt. Dann trennt er den rechten unteren Lungenlappen ab und bringt ihn in einem Glas unter.

Jetzt greift er zur Knochensäge. Der Zuschauer möchte sich die Ohren verschließen. Der Professor durchsägt den Gelenkkopf des linken Oberarms. Nur kurz betrachtet er die freigelegte Knorpelleiste, dann wendet er sich erneut um: »Wie alt war dieser Tetzner?«

»Fünfundzwanzig.«

»Und die Körpergestalt?«

Der Beamte schaut in seine Unterlagen. »Kräftig, breitschultrig, untersetzt. Einssiebzig groß.«

»Und die Haarfarbe?«

»Dunkelblond.«

Kockel nickt. Er verstaut Instrumente und Gläser in einer Tasche. Während er sich die Hände reinigt, fragt der Versicherungsbeamte: »Haben Sie etwas Sachdienliches gefunden, Herr Professor?«

Kockel macht sich an der Tasche zu schaffen.

»Ich weiß nicht, ob es einen Sinn hatte, Sie so kurzfristig um die Obduktion Tetzners zu bitten.«

»Das ist nicht Tetzner«, sagt Kockel.

Der Beamte starrt ihn an.

»Tetzner war nach Ihrer Beschreibung kräftig und muskulös. Der Tote hier hat einen zarten Knochenbau. Tetzner war fünfundzwanzig, dieser Mann hier aber kaum älter als zwanzig. Tetzner war dunkelblond, der Tote hatte helles rotblondes Haar. Er war schon tot, als der Wagen in Brand geriet.«

Kockel zieht sich den Mantel über. »Ich werde jetzt die asservierten Proben im Institut untersuchen. Vielleicht kann ich Ihnen schon am Abend ein Ergebnis mitteilen.«

Kockel ist wenig später bereits im Institut für Gerichtsmedizin. Zuerst gilt es, den Nachweis zu erhärten, daß der Mann nicht mehr lebte, als der Brand ausbrach. Wäre er noch am Leben gewesen, hätte er auch geatmet. Und mit der rauchigen Luft im brennenden Wagen wären Rußteilchen in Mund, Kehlkopf und Lunge gelangt. Aber Kockel hatte in den Luftwegen solche Spuren nicht gefunden.

Kockel untersucht zuerst eine Probe des Herzblutes. Bei einem Menschen, der im Auto, einem kleinen raucherfüllten Raum verbrennt, müßte sich übermäßig Kohlendioxid im Blut befinden. Aber weder mit chemischen noch mit spektroskopischen Methoden ließ sich im Blut ein anormaler Kohlendioxidspiegel entdecken.

Zwei Beweise also, daß ein bereits Toter im Wagen verbrannt ist. Daraus ergab sich eine weitere Frage: Welches war die tatsächliche Todesursache? Starb der Mann, bevor der Wagen in Brand geriet, an den Folgen des Unfalls? Oder wurde er vielleicht getötet und als Toter in den Wagen gesetzt und verbrannt?

Kockel fertigt aus dem Lungenlappen mehrere hauchdünne Schnitte an, die er unter dem Mikroskop betrachtet. Er sieht, daß die feinen Haargefäße durch helle Tröpfchen verstopft sind. Also liegt eine Fettembolie vor. Sie ist in der Regel ein Anzeichen für schwere Verletzung durch stumpfe Gewalt.

Wenige Stunden später erscheint der Versicherungsbeamte im Institut.

»Es war gut, daß Sie mich gerufen haben«, sagt Kockel. »Das Sektionsergebnis läßt sich in wenigen Worten zusammenfassen. Aus dem Fehlen von Ruß in den Luftwegen und Kohlendioxid im Blut ist abzuleiten, daß die Verbrennung erst nach dem Tod erfolgt ist. Die Fettembolie in den Lungengefäßen weist darauf hin, daß der Mann zu Lebzeiten Verletzungen erlitten hat. Ich halte es ferner für ausgeschlossen, daß die fehlenden Körperteile restlos verbrannt sind. Wahrscheinlich wurden das Schädeldach und Teile der Gliedmaßen entfernt, um eine Identifizierung des Toten zu verhindern. Mit anderen Worten: Der von mir Sezierte ist gewaltsam getötet, verstümmelt und verbrannt worden.«

»Demnach wäre anzunehmen, Herr Professor, daß Tetzner einen andern Menschen tötete, um seinen eigenen Unfalltod vorzutäuschen und die Versicherungssumme zu kassieren?«

Kockel nickt. »Ich habe bereits die Kriminalpolizei verständigt.«

Sein etwas offizieller Ton wird jetzt persönlicher.

»Dieser Wettlauf in letzter Minute wäre nicht nötig gewesen. Schon die Staatsanwaltschaft in Regensburg, die die Leiche zur Bestattung freigab, wäre auf die verdächtigen Umstände dieses Todesfalls aufmerksam geworden, hätte man bei der Tatortbesichtigung einen Gerichtsmediziner hinzugezogen. Bevor wir diese enge Zusammenarbeit zwischen Kriminalisten und Gerichtsmedizinern nicht praktisch verwirklicht haben, geben wir dem Verbrechen immer wieder eine Chance. Seit Jahren weise ich auf die Notwendigkeit einer solchen Zusammenarbeit hin, aber ...«

Er bricht mit einem Schulterzucken ab.

In der Nacht vom 30. November zum 1. Dezember 1929 begannen die polizeilichen Untersuchungen.

Wie recht Kockel mit seiner Kritik an der Untersuchung dieses Todesfalles gehabt hatte, bewies eine Aussage des Gendarmeriekommissars, die erst bei der Überprüfung der Ermittlung bekannt wurde. Der Gendarmerieoffizier war als erster am Unfallort eingetroffen. Er hatte jenes Stück Gehirn, das dem Toten in den Sarg gelegt worden war, außerhalb des Wagens im Straßengraben gefunden! Allein daraus hätte ein Gerichtsmediziner geschlossen, daß hier kein Unglücksfall vorliegen konnte.

Es meldete sich auch ein Zeuge, ein Schlossergeselle. Er gab an, in der Nähe von Ingolstadt von einem grünen Opel mitgenommen worden zu sein. Unterwegs habe der Fahrer angehalten und ihn gebeten, einige Schrauben nachzuziehen. Während er auf dem Boden lag und unter dem Wagen hantierte, habe ihm der Fahrer mit einem Schraubenschlüssel mehrere Schläge auf Schulter und Kopf gegeben. Verletzt sei er dann in einen nahen Wald geflohen.

Tetzner hatte also schon zuvor einen Mordversuch unternommen.

Es wurde auch festgestellt, daß Tetzners Frau in diesen

Tagen häufig telefonierte. Das Telefon wurde überwacht. So registrierte man am 4. Dezember zwei Anrufe aus Straßburg. Die französische Polizei wurde um Amtshilfe gebeten. Bereits am gleichen Abend konnte sie in der Telefonzelle eines Straßburger Postamtes einen Mann verhaften, der nach kurzem Verhör zugab, Erich Tetzner zu sein. Er wurde nach Deutschland ausgeliefert und gestand hier auch den Versicherungsbetrug. Aber über den Tod seines Opfers machte er widersprüchliche Aussagen. Anfangs behauptete er, sein Opfer sei eingeschlafen, und da habe er den Wagen in Brand gesteckt.

Kockel widerlegte diese Behauptung. Er verwies auf die Fettembolie als Beweis einer Gewalteinwirkung.

Der Staatsanwalt gab Tetzner Kockels Gutachten zu lesen. Tetzner war davon anscheinend so beeindruckt, daß er nach einer neuen Version suchte, die Kockels Gutachten geschickt nutzte. Er erklärte nun, er habe sein Opfer überfahren und den Verletzten ins Auto geladen, um ihn ins Krankenhaus zu bringen. Aber der Mann sei gestorben. Erst da wäre ihm die Möglichkeit eines Versicherungsbetruges in den Sinn gekommen.

Kockel entgegnete, daß Tetzner wiederum log. Das außerhalb des Wagens liegende Gehirnteil, das fehlende Stück Schädel, die abgetrennten Gliedmaßen – das alles weise darauf hin, daß Tetzner sein Opfer erst ermordet und dann verbrannt habe. »Wahrscheinlich«, sagte Kockel, »ist dieser Mensch unter Umständen gestorben, die Tetzner viel grauenvoller dünkten als das Verbrennen bei lebendigem Leibe.«

Nachdem Tetzner zum Tode verurteilt worden war, gestand er schließlich doch den Mord. »Der Herr Professor hatte recht«, sagte er, als er zur Hinrichtung ging.

So wurde dieses Verbrechen schließlich restlos aufgeklärt. Tetzner hatte am 25. November einen Anhalter, einen zwanzigjährigen Wandergesellen, im Wagen mitgenommen. Der Anhalter, der schon lange an der Straße gewartet hatte, war tüchtig durchgefroren. Tetzner hielt dann erneut an und wickelte sein Opfer fest in mehrere Decken. Die Arme des Mannes waren dadurch an den Leib gepreßt. Er konnte sich nicht wehren, als Tetzner ihn tötete, in den Wagen setzte und diesen anzündete.

Kockels Kampf für eine enge Zusammenarbeit zwischen Gerichtsmedizinern und Kriminalisten war damals durchaus noch nicht von Erfolg gekrönt. Liest man die zeitgenössischen Berichte über Kriminalfälle, stößt man immer wieder auf Versäumnisse bei der medizinischen Klärung zweifelhafter oder unnatürlicher Todesfälle. Diese mangelnde Zusammenarbeit führte in manchen Fällen nicht nur zu Justizirrtümern und zur Verurteilung Unschuldiger, sondern ließ auch Mörder und Totschläger ungeschoren davonkommen.

Der Gerichtsmediziner Prof. Dr. Herold zitierte deshalb gern den makabren Satz: »Wenn auf jedem Grab eines Ermordeten, dessen Tod für natürlich gehalten wurde, eine Kerze brennen würde, wäre der Friedhof taghell erleuchtet.«

Neben Kockels Nachweis, daß der Tote im Auto nicht mit Tetzner identisch war, hatte der Nachweis einer Fettembolie eine wichtige Rolle gespielt. Die Fettembolie gehört zu den sogenannten vitalen Reaktionen. Vitale Reaktionen sind Folgeerscheinungen von Verletzungen, die dem lebenden Körper zugefügt worden sind. Die vitalen Reaktionen stehen im Gegensatz zu den postmortalen Verletzungen, die erst dem Toten beigebracht wurden. Für den Gerichtsmediziner ist es sehr wichtig, diese beiden Reaktionen voneinander zu unterscheiden. Dadurch kann er erkennen, ob eine bestimmte Verletzung den Tod verursacht hat oder ob sie einem bereits toten Menschen zugefügt worden ist, als Todesursache also nicht in Frage kommt.

Im allgemeinen lassen sich vitale und postmortale Verletzungen sicher voneinander unterscheiden. Das liegt daran, daß der lebende Körper anders auf eine Verletzung reagiert als ein toter.

Verwundungen am lebenden Organismus führen zu mehr oder weniger starker Blutung, eine Wunde am Toten ruft nur noch eine geringe oder gar keine Blutung mehr hervor. Aber nicht nur die Wunden selbst und ihre Umgebung sagen etwas über den Zeitpunkt ihrer Entstehung aus.

Solange beim lebenden Menschen Atmung, Kreislauf und Stoffwechsel funktionieren, wirkt sich eine schwere Verletzung auch auf sie aus. Die erst lokal begrenzte Reaktion wird zu einer allgemeinen. Dazu gehört auch die Fettembolie.

Das Körperfett des Menschen besitzt einen niedrigen Schmelzpunkt. Deshalb hat es eine flüssige oder zumindest halbflüssige Form. Eine Verletzung durch stumpfe Gewalt beschädigt Gewebe oder auch Knochen. Dabei wird Körperfett frei. Die Fetttröpfchen gelangen in die Blutbahn und dadurch in den gesamten Kreislauf. Schließlich verstopfen sie haarfeine Gefäße in der Lunge, manchmal auch im Gehirn. Die Fettembolie kann manchmal schon wenige Augenblicke nach der Verletzung zum Tode führen.

Bis damals galt die Fettembolie als sicheres Zeichen für eine zu Lebzeiten erlittene Verletzung. Aber im Fall Tetzner hatte der Erlanger Gerichtsmediziner Molitor Kockels Gutachten angezweifelt. Er hatte es für möglich gehalten, daß die im brennenden Auto herrschende Hitze das Wasser in den Geweben des Toten zum Verdampfen gebracht hatte und durch den so entstandenen Druck Körperfett in die Kapillaren gepreßt wurde.

Kockel hatte entgegnet, das sei unmöglich. Wo man beim reinen Verbrennungstod eine Fettembolie fand, hatte die Hitze zwar das Fettgewebe zerstört und verflüssigt, aber das Herz war noch in Tätigkeit, und nur so und nicht anders konnte das Fett in den Kreislauf gelangen.

Ein aufsehenerregender Mordfall, bei dem der Nachweis einer Fettembolie ebenfalls eine wichtige Rolle spielte, trug sich 1964 in Hamburg zu. An seinem fünfzigsten Geburtstag wurde der Untersuchungshäftling Ernst Haase in einer Zelle des Hamburger Untersuchungsgefängnisses tot aufgefunden.

Haase war ein kranker Mann und war wegen manisch-depressiver Störungen schon mehrmals in klinischer Behandlung gewesen. Auch während der Untersuchungshaft – er wurde eines Ladendiebstahls beschuldigt – brachen seine Anfälle wieder aus. Aber statt ihn ärztlich untersuchen und medikamentös versorgen zu lassen, steckten ihn die Aufseher in eine sogenannte Beruhigungszelle, auch ›Glocke‹ genannt – einen fensterlosen Raum mit einem Betonklotz als Schlafstätte. Fünf Tage wurde Haase in der Glocke mit Knüppeln ›beruhigt.‹ Am sechsten Tag lag er tot in der Zelle. Er wurde in aller Stille beerdigt.

Die Presse griff den Fall auf und recherchierte, daß dies nicht der einzige Fall von Häftlingsmorden war. Unter dem Druck der Hamburger Öffentlichkeit wurde ein parlamentarischer Untersuchungsausschuß gebildet. Er enthüllte einen Filz von Fahrlässigkeit, Amtsmißbrauch, Brutalität und Kastengeist. So hatte sich beispielsweise ein Kriminalkommissar, der Haases Leiche besichtigte, mit der Erklärung begnügt, Haase sei die Treppe hinuntergefallen. Vor Gericht befragt, warum er diese Lüge geglaubt hatte, erwiderte er, er habe eben einem Justizbeamten Glauben geschenkt. Erst die routinemäßig angeordnete Obduktion entschleierte die Wahrheit. Als Haases Leiche in der Prosektur eingeliefert wurde, stand auf dem Totenschein ›Unfall (Sturz von der Treppe)‹. Der Obduzent Dr. Naeve sah als erstes, daß der Tote schwer mißhandelt worden war. Er vermerkte in seinem Bericht: ›Haase bot einen grauenhaften Anblick und war bis zur Unkenntlichkeit zerschlagen.‹

Die Obduktion selbst ergab, daß sich mehrere gebrochene Rippen in die Lunge gespießt hatten und eine Fettembolie als Folge von Schlägen den Tod herbeigeführt hatte. Das Gesäß war wie zu Brei geschlagen. Dr. Naeve schrieb: ›Zwischen der Gewalteinwirkung und dem Tod des Haase besteht ein ursächlicher Zusammenhang. Die Verletzung kann nicht durch einen Sturz hervorgerufen worden sein. Sie ist wahrscheinlich die Folge einer schweren Mißhandlung mit Gummiknüppeln. Zahlreiche Schläge müssen mit erheblicher Gewalt geführt worden sein.‹

Der Kampf gegen die Vertuschungsversuche der betreffenden Behörden endete zwar mit dem Beweis, daß Haase von Aufsichtsbeamten totgeschlagen worden war, aber die Verantwortlichen, vom prügelnden Aufseher bis zum Justizsenator, hielten zusammen. Jeder deckte den anderen, um von ihm nicht selber belastet zu werden. Ohne die Gerichtsmediziner wäre der Totschlag, als Unfall getarnt, für immer und ewig in den Akten der Vergessenheit anheimgefallen.

Jürgens Hockergrab

Es war an einem Septembernachmittag gegen 16 Uhr, als das Ehepaar Wilhelm und Traute Harner die Wohnung verließ, um ins Kino zu fahren. Zuvor war die Mutter nochmals ins Wohnzimmer gegangen. Dort saß ihr 14jähriger Sohn Jürgen mit einem Studenten, der ihm Nachhilfeunterricht in Latein gab. Die Mutter hatte Jürgen aufgefordert, nach Ende des Unterrichts etwas Obst zu essen, das sie in der Küche bereitgestellt hatte. In etwa drei Stunden würden die Eltern wieder zu Hause sein.

Gegen 19 Uhr kehrten die Eltern zurück. Der Vater schaltete die Dielenbeleuchtung ein, aber sie funktionierte nicht. Aus dem Badezimmer kam ein heller Lichtschein. Der Vater öffnete die Tür, aber Jürgen war nicht im Raum. Nur ein großer schwarzer truhenähnlicher Holzkoffer mit einem gewölbten Deckel stand mitten im Badezimmer. Der Koffer hatte sich sonst immer in der Abstellkammer befunden.

Der Vater hängte seinen Hut an den Garderobenständer. Die Mutter war schon in die Küche gegangen, um das Abendessen vorzubereiten. Der Vater vermißte Jürgen. Im Kinderzimmer fand er ihn nicht, auch nicht im Wohn- und im Schlafzimmer.

Unruhe erfaßte die Eltern. Wenn Jürgen einen Freund besuchen wäre, hätte er es der Mutter vor ihrem Wegge- hen gesagt oder eine Nachricht hinterlassen. Die Mutter suchte sich zu beruhigen: »Vielleicht hatte er sich doch noch spontan entschlossen, zu seinem Freund zu gehen.«

Sie kehrte wieder in die Küche zurück.

Der Vater trat ins Badezimmer, um das Licht auszu- schalten. Wieder blickte er auf den schwarzen Koffer, der fast einem Sarg glich. Warum, so fragte er sich, hat Jürgen den Koffer ins Bad geschoben? Er betrachtete den Koffer, der mit zwei Schnappschlössern versehen war. Eines der Schlösser war eingerastet, das andere nicht. Erst jetzt sah der Vater, daß hinter dem Koffer allerhand Gerümpel lag, alte Kleidungsstücke, ausrangiertes Kinderspielzeug, Schulhefte – alles Sachen, die im Koffer aufbewahrt gewe- sen waren. Warum hat Jürgen das Zeug herausgeholt?

Harner öffnete das Schnappschloß und hob den Deckel.

Im Koffer hockte Jürgen, den Kopf zwischen die Knie geklemmt.

»Jürgen!« rief der Vater, »was soll dieser Unsinn! Für so ein Versteckspiel bist Du wirklich zu groß! Komm sofort heraus!'«

Aber Jürgen kam nicht. Jürgen war tot.

Beim Lokalaugenschein stellten sich der Grazer Gerichtskommission einige Fragen, die sie noch nicht beantworten konnte.

Der Tote saß in Hockerstellung im Koffer. Die stark gebeugten Knie waren aufgerichtet, der Rumpf nach vorn geneigt, der Kopf schien zwischen den Knien eingeklemmt zu sein. Zu Füßen des Jungen lag ein dolchartiges Messer, ein sogenannter Hirschfänger. Die Innenseite des Kofferdeckels wies eine Anzahl von Kerben auf. Wahrscheinlich hatte der Junge versucht, mit dem Messer den Deckel aufzubrechen. Wenn man den mit einem der beiden Schlösser verschlossenen Deckel empordrückte, entstand ein Spalt von einem halben Zentimeter Breite, durch den Luft eindringen konnte.

Die Gerichtskommission stand vor folgenden Fragen:

1. Ist der Junge freiwillig in den Koffer gestiegen, wenn ja, warum?

2. Ist der Junge von einer fremden Person in den Koffer verbracht worden, wenn ja, von wem?

3. War es unmöglich, sich aus dem halbverschlossenen Koffer selbst zu befreien?

4. Ist der Junge erstickt, obwohl eine Luftzufuhr vorhanden war?

Die erste Frage konnte nur unvollständig beantwortet werden. Die Eltern konnten sich nicht erklären, warum Jürgen den Koffer ins Badezimmer gebracht hatte und sich darin versteckt haben sollte. Die zweite Frage, ob eine fremde Person den Jungen gewaltsam oder durch eine List in den Koffer verbracht hatte, ließ sich zur Zeit nicht schlüssig beantworten. Jürgens Vater war fest davon überzeugt, hier sei ein Mord geschehen. Der Student, der nachmittags Jürgen Nachhilfeunterricht gegeben hatte, wurde vernommen. Er sagte aus, er hätte um 17 Uhr den Unterricht beendet und gleich darauf die Wohnung verlassen. Diese Angabe ließ sich nicht bezeugen. Es gab keinen einleuchtenden Grund, warum der Student Jürgen im

Koffer eingeschlossen haben sollte. Der Vater vermutete einen Grund: möglicherweise hatte der Mord einen sexuellen Hintergrund.

Was die Möglichkeit einer Selbstbefreiung betraf, so wurde sie experimentell geklärt. Eine Versuchsperson von gleicher Körpergröße setzte sich in den Koffer. Der Deckel wurde mit dem einen Klappschloß verschlossen. Die Versuchsperson konnte sich auch mit Hilfe des Messers nicht befreien. Sie drückte den Kopf gegen den Deckel, der sich um etwa einen halben Zentimeter anhob und somit Luft einließ. Trotzdem bezeichnete der Eingeschlossene schon nach kurzer Zeit seine Situation als ›sehr beklemmend und beängstigend‹.

Die vierte Frage nach der Todesursache konnte nur durch eine gerichtsmedizinische Obduktion geklärt werden.

Prof. Dr. F. Reuter aus Graz berichtete über das Ergebnis der Obduktion u. a.: Das Gesicht des Toten war bläulichrot. Die Lider des linken Auges wiesen kleine Unterblutungen auf. An den Beinen fanden sich verschiedene Hautkratzer. Im Bereich der weichen Schädeldecken gab es punktförmige Unterblutungen. Im Rachen fanden sich Reste von Obst. Unmittelbar vor dem Kehlkopfeingang lagen eine Masse aus gekautem Obst und ein dickes Stück Birne. Der rechte untere Nasengang war fast vollständig von Obstmasse verlegt (Pflaumen, Birnen). Die Lungen zeigten sich ballonartig gebläht. In den großen Bronchien fand sich eine blutig-schleimige Flüssigkeit. Der Obduktionsbericht ließ keinen Zweifel daran, daß Jürgen ›an Erstickung, und zwar offenbar an Erstickung im Brechakte, gestorben war.‹ Der gesamte Befund ließ außerdem den Sehluß zu, daß der Junge noch lebend in den Koffer hineingelangt war. Jürgen war im Koffer an Luftmangel erstickt. Eine Erstickung in einem kleinen Raum, so erklärte Prof. Reuter, erfolge allmählich und sei anatomisch eindeutig feststellbar, u.a. an der Beschaffenheit der Lunge. Die charakteristischen Anzeichen fehlten jedoch in diesem Fall. Vielmehr habe er in den Bronchien Erbrochenes mikroskopisch nachweisen können.

Es sei also anzunehmen, daß der Junge selbst in den Koffer geklettert und durch einen unglücklichen Zufall der Deckel zugeklappt und ein Schloß eingeschnappt sei. Der Junge konnte sich nicht selbst befreien. Die zusammengekauerte Haltung im Koffer übte Druck auf den Magen aus. Es kam zum Erbrechen und durch Einatmen des Erbrochenen zum Erstickungstod.

Die Obduktion hatte keine Anzeichen für fremde Gewalt und ein Tötungsverbrechen ergeben.

Was Jürgen veranlaßt hatte, in den Koffer zu steigen, ließ sich nur vermuten. Technische Sachverständige untersuchten den Koffer. Sie entdeckten, daß ein kleines Loch im Koffer durch einen Pflaumenstiel verstopft worden war. Jürgens Hobby war Fotografieren gewesen. Möglicherweise hatte er sich mit dem Koffer eine Art Dunkelkammer schaffen wollen und deshalb diese kleine Öffnung verstopft.

Grauer Star

Im Herbst 1955 wurde August Brandner ins Krankenhaus eingeliefert. Er hatte es gründlich satt. Zum fünften Mal innerhalb von vier Jahren in die Klinik, das war wirklich zum Verzweifeln. Diesmal war es besonders schlimm. Er war fast völlig erblindet.

August Brandner war damals siebenundvierzig Jahre alt. Er lebte in der kleinen österreichischen Stadt Hallein. Die Bevölkerung der Umgebung besteht vorwiegend aus Salzarbeitern, die meist zugleich noch eine bescheidene Landwirtschaft betreiben. Brandner war gelernter Tischler, aber die Arbeit im nahe gelegenen Salzberg schien ihm lohnender, 1936 fuhr er zum ersten Male ein.

Zwei Jahre später heiratete er Franziska, eine Bauerntochter. Während des Krieges war er Soldat, erkrankte an Malaria und kehrte 1946 aus englischer Kriegsgefangenschaft zurück. Von da an übte er verschiedene Tätigkeiten aus. Er fuhr ins Bergwerk ein, bewirtschaftete das kleine Gut der Eltern und vermietete Zimmer an Touristen. Von der Zimmervermietung versprach er sich viel für die Zukunft. Er baute das Bauernhaus aus, modernisierte es und richtete neue Fremdenzimmer ein. Vermögen besaß er nicht. Die baulichen Veränderungen mußte er aus den laufenden Einkünften bestreiten. Deshalb forderte er immer wieder von Frau und Sohn, sich im Interesse der Rekonstruktion des Hauses einzuschränken.

Ein Jahr später jedoch drohten Brandners Pläne im Anfangsstadium steckenzubleiben. Er erkrankte an nervöser Erschöpfung. Anscheinend hatte er sich zu viel zugemutet. Kreislaufstörungen mit rapidem Blutdruckabfall stellten sich ein. Er lag zehn Wochen krank. Ein halbes Jahr später verschlechterte sich sein Zustand so sehr, daß er ins Halleiner Krankenhaus eingewiesen werden mußte. Brandner klagte über heftige neuralgische Schmerzen und Taubheitsgefühle in den Beinen. Die Schmerzen strahlten in den Unterleib aus bis empor in die Brust.

Bei der Untersuchung stellte man gesteigerte Beinreflexe, eine entzündete schorfige Zunge und eine gespannte Bauchdecke fest. Brandners Kopf war durch plötzlichen Haarausfall fast kahl geworden. Wo sich noch Haare befanden, ließen sie sich gleich büschelweise herausziehen. Auch Achsel- und Schambehaarung waren verschwunden, und die Augenbrauen sahen aus, als wären sie zur Hälfte abrasiert. Die Ärzte meinten, Brandner litte an einer Neuralgie, die Ausdruck einer allgemeinen Nervenerkrankung sei. Den Haarausfall erklärten sie als Folge von Dämpfen im Salzbergwerk.

Brandner blieb 211 Tage in der Klinik. Sein Zustand besserte sich hier allmählich. Kaum war er nach Hause zurückgekehrt, verschlimmerte sich sein Leiden wieder. Im Jahr darauf, 1954, wurde er deshalb in die Heilanstalt Lehen eingewiesen. Seine Nervenschmerzen waren unerträglich geworden. Koliken und Durchfälle kamen hinzu, das Wasserlassen bereitete ihm Qual. Schlafmittel konnten die chronische Schlaflosigkeit nicht beheben. An den Beinen zeigte sich beginnender Muskelschwund. Brandner war ein Wrack. Er hatte starke Depressionen, die mit Unruhe, Erregung und Angst einhergingen. Die Ärzte diagnostizierten eine Polyneuritis und bezeichneten ihn als quängelnden Psychopathen.

Danach wurde er in die Universitätsklinik Innsbruck überwiesen. Die Ärzte machten sich die Diagnose aus Lehen zu eigen.

Den Anfang des Jahres 1955 verbrachte Brandner wieder zu Hause. Zu all seinen Leiden stellte sich nun auch noch eine rasch zunehmende Erblindung ein. Im Landeskrankenhaus Salzburg teilte man ihm mit, er habe den grauen Star. Er blieb zur Beobachtung in der Klinik, und als die Sehstörungen wieder nachließen, auch sein Allgemeinzustand sich besserte, konnte er nach Hause entlassen werden.

Er war noch nicht lange daheim, als die alten Beschwerden mit unverminderter Gewalt wieder einsetzten. Fast völlig erblindet, tappte er unsicher und verzweifelt durch das Haus. So kam er nun also wieder in die Klinik, das fünfte Mal in vier Jahren. Als er ins Landeskrankenhaus eingeliefert wurde, waren seine Beine bereits gelähmt. Er hatte schwere Durchfälle und brach fortwährend. Der Grundumsatz war stark herabgesetzt.

Am 19. März verstarb Brandner.

Erst eine Obduktion in der Klinik stellte die wirkliche Ursache des jahrelangen Martyriums fest: Vergiftung durch Thallium.

Die kriminalpolizeiliche Ermittlung ergab, daß Franziska Brandner, die Ehefrau des Toten, seit 1951 regelmäßig Zelio-Paste gekauft hatte. Zelio-Paste ist ein Rattengift. Es wird nur verkauft, wenn sich der Käufer in eine Liste einträgt und den Empfang des Giftes quittiert. Franziska Brandner hatte am 28. Februar erneut Zelio-Paste gekauft. Wenige Tage später trat die Krankheit ihres Mannes in ihr letztes, tödliches Stadium.

Franziska Brandner gestand, im Verlauf von fast fünf Jahren ihren Mann kontinuierlich mit Zelio-Paste vergiftet zu haben. Ihr Motiv: Brandner habe alles Geld in den Ausbau des Hauses gesteckt und ihr zu wenig Wirtschaftsgeld gegeben. Er hätte sich mehr um das Haus gekümmert als um sie. Sie gestand auch, nach dem Tode ihres Mannes habe sie vorgehabt, seine Mutter zu vergiften, um das Bauerngut zu erben.

Zelio-Paste enthält Thalliumsulfat. Thallium ist ein Element, das eine Flamme grün färbt. Deshalb erhielt es seinen Namen; er stammt aus dem Griechischen und heißt soviel wie ›Blattgrün‹.

In größeren Mengen bewirkt Thallium Haarausfall. Es wurde deshalb in den zwanziger Jahren für Enthaarungsmittel verwendet. Dabei kam es immer wieder zu schweren Erkrankungen. Seitdem Thallium als Rattengift verwendet wurde, hielt dieses metallische Element seinen Einzug in die Kriminalität. Jahr um Jahr brachten Menschen damit sich und andere um.

Thallium wird leicht und schnell von Magen und Darm resorbiert und in den Körperzellen abgelagert. Untersucht man beispielsweise das Kopfhaar eines durch Thallium Vergifteten, findet man darin deutliche schwarze Ablagerungen in Nähe der Haarwurzeln. Diese Pigmentverfärbung tritt nur bei Thalliumvergiftung auf. Sehr langsam wird das Gift über die Nieren im Urin und über den Darmkanal im Kot ausgeschieden. Thallium ist noch lange im Urin nachweisbar, und zwar Wochen bis Monate nach der Vergiftung.

Thallium wirkt hauptsächlich aufs Zentralnervensystem. Im Frühstadium der Vergiftung zeigen sich Nervenschmerzen in den Beinen, die bis in den Brustraum ausstrahlen, und Taubheitsgefühl. Im Spätstadium entsteht das Bild einer Polyneuritis.

»Für den Gerichtsarzt«, schreibt Professor Prokop, »ist es wichtig, nach dem klassischen Thalliumsymptom, Haarausfall, zu fahnden. Der Thalliumvergiftete fällt schon durch die schüttere Haarbedeckung auf. Die Enthaarung erfaßt das ganze Haarkleid des Körpers ... Doch darf nicht vergessen werden, daß dieses Symptom unspezifisch ist und mitunter auch bei schweren Erkrankungen auftritt.«

Natürlich kann diese Tatsache, daß starker Haarausfall auch bei anderen Erkrankungen auftritt, nicht die Fehldiagnose der Ärzte entschuldigen, die Brandner behandelten. So berichtete das Heidelberger Institut für gerichtliche Medizin zu gleicher Zeit von einem Mordanschlag mit Thallium. Der starke Haarausfall des Patienten hatte die behandelnden Ärzte zur richtigen Diagnose geführt. Sie konnten die Vergiftung erkennen, weil sie alle anderen Möglichkeiten zur Erklärung des Haarausfalls nach und nach ausgeschlossen hatten. Es wäre also auch Brandners Ärzten möglich gewesen, zumindest eine Thalliumvergiftung in Erwägung zu ziehen.

Der Thalliumnachweis selber ist einfach. Eine der Nachweismethoden besteht darin, einen Platindraht mit dem Urin des Kranken zu benetzen und über eine Flamme zu halten. Ist Thallium vorhanden, färbt sich die Flamme grün. Und ist Thallium erst qualitativ nachgewiesen, kann es dann mit verschiedenen anderen Methoden, z. B. mit der Polarographie, auch quantitativ bestimmt werden.

Ohne Zweifel hätte eine gewissenhafte klinische Beobachtung Brandner retten können. Nicht nur Brandner war blind gewesen, auch seine Ärzte.

In den Fachzeitschriften wird auch immer wieder von unbeabsichtigten Thalliumvergiftungen berichtet. So erwähnt Professor W. Paulus in einem Bericht über solche Vergiftungen auch den Fall eines Bäckers, der nebenberuflich als Kammerjäger arbeitete. Er besaß größere Mengen von Giften, u.a. auch Thalliumverbindungen, die er in der Backstube aufbewahrte.

Irgendwie gelangte Thallium in den Teig für Makronenplätzchen. »Vier Familienmitglieder, darunter zwei Kinder, erkrankten und starben – die Erwachsenen nach einigen Wochen unter den typischen Symptomen, die Kinder schon nach wenigen Tagen ... Der Bäcker selbst aß von den Plätzchen, erkrankte schwer, überstand die Vergiftung, kam jedoch später wegen einer schweren Thalliumpsychose in eine Heilanstalt.«

Mordgeständnisse

Reglos steht der Mann vor der Couch und blickt auf die Leiche hinab. Die Tote ist nur mit einem Nachthemd bekleidet, das bis zum Nabel emporgestreift ist. Ein Bein der Frau hängt bis auf den Fußboden hinab. Der Mann will das Bein wieder auf die Couch betten, unterläßt es dann aber. Er weiß nicht, was er jetzt tun soll. In den Kriminalfilmen hört man immer wohlmeinende Ratschläge an den Täter: mach alles nicht noch schlimmer, stell dich der Polizei. Ich werde mich stellen müssen, denkt er, ich kann doch die Leiche nicht verbergen, jeder weiß im Haus, daß wir seit Monaten zusammengelebt haben. Wenn die Tote gefunden wird, fällt der Verdacht sowieso gleich auf mich. Er gibt sich einen Ruck: Ich werde mich stellen.

Aber nicht sofort, ich will noch etwas warten und alles überdenken.

Der Mann zieht seinen Pyjama aus, legt ihn ordentlich zusammen und bringt ihn in den Schrank. Er kleidet sich an, zieht auch den Mantel über, denn es ist noch kalt an diesem Märztag. Ehe er das Zimmer verläßt, blickt er sich noch einmal um. Er geht zurück und hebt ein Handtuch auf, das auf dem Fußboden liegt, nimmt eine Ballonspritze, wie sie zu Einläufen verwendet wird, an sich, legt das Kleid und die Unterwäsche der Toten auf die Sessellehne. Dann tritt er nochmals an die Couch. Angeekelt blickt er auf die Kotmasse zwischen den Beinen der Frau. Er bringt es nicht fertig, die Leiche zu reinigen. Ist auch besser so, denkt er, er weiß aus den Kriminalfilmen, daß man den Tatort nicht verändern soll.

Der Mann verläßt das Behelfsheim, in dem er wohnt, geht ins Stadtzentrum und trinkt an einer Imbißbude einen Glühwein. Er wandelt ziellos durch die Straßen und betritt schließlich die Hauptwache der Stadtpolizei. Er läßt sich zur Kriminalpolizei weisen. Dort erklärt er, er habe heute morgen seine Freundin erwürgt.

Der Mann heißt Roland Holler, ist 30 Jahre alt, ledig, von Beruf Elektroschweißer. Holler lebte seit einigen Monaten mit seiner Freundin Elvira zusammen. Elvira war Serviererin, verheiratet, lebte aber getrennt von ihrem Mann. Elvira war von Holler schwanger geworden. Sie wollte das Kind nicht, Holler aber wollte es. Elvira hatte eine Abtreibung geplant, er hatte versucht, sie davon abzubringen. Heute morgen war es deshalb wieder zu einem Streit gekommen. Holler hatte die Beherrschung verloren und Elvira solange gewürgt, bis sie tot war.

Das also ist Hollers Aussage.

Die Kriminalisten besichtigen den Tatort. Die Verfärbungen am Hals der Toten sind Würgemale, die die Darstellung des Täters bestätigen

Bei der Vernehmung schildert Holler, wie es zum Tod

seiner Freundin kam. Am Abend des 17. März – es war ein Samstag – holte er Elvira von der Arbeit ab. Sie verbrachten den Abend in verschiedenen Gaststätten und kehrten gegen 1 Uhr früh heim. Sie schliefen bis Sonntag vormittag, verließen aber während des ganzen Tages die Wohnung nicht. In der Nacht zum Montag kam es zum Geschlechtsverkehr.

Am Morgen brach erneut der Streit über die Abtreibung aus. Elvira beharrte darauf, sich das Kind wegmachen zu lassen. Darüber erregte sich Holler so, »daß ich mich auf sie legte, mit beiden Händen packte und kräftig zudrückte. Elvira wehrte sich nicht und lag plötzlich leblos da. Ich nahm an, daß sie tot sei.«

Die gerichtliche Obduktion der Toten findet am nächsten Tag im Institut für Gerichtliche und Soziale Medizin der Universität Würzburg statt. Prof. Dr. W. Schwerd, der über diesen Fall berichtet, teilt auch das überraschende Ergebnis der Obduktion mit:

Die Leiche der 31jährigen Frau zeigt noch keine Fäulniszeichen. Die von der Kripo beobachteten Würgemale am Hals sind nicht mehr nachzuweisen. Es waren keine Würgemale, es sind Totenflecke. In den Halsweichteilen kann lediglich ein ganz kleiner Blutaustritt rechts neben dem Kehlkopf festgestellt werden. Die rechte Vorkammer und Kammer des Herzens sind stark mit Luft gefüllt. Es finden sich Gasblasen in den Gefäßen der weichen Hirnhaut und Blutaustritte in den Bindehäuten und unter der Kopfhaut sowie eine Stauung der inneren Organe. Zahlreiche Gasblasen gibt es auch in den Blutgefäßen von Lunge, Leber, Herz, Niere und Gebärmutter. Es liegt eine Schwangerschaft im 3.–4. Monat vor. Die Fruchtblase hat sich von der Gebärmutter abgelöst …

Zusammenfassend schreibt Prof. Schwerd: »Als Todesursache wurde eine Luftembolie festgestellt, die offensichtlich ihren Ausgang in der Gebärmutter nahm.«

Bei den weiteren Erhebungen wurde in der Küche eine Spülschüssel entdeckt, die eine weißliche Flüssigkeit enthielt. Es war eine Aufschwemmung von Maisstärke, die einer angebrochenen Packung Mondamin entstammte. Auch in den Abstrichen aus Scheide und Gebärmutter wurden massenhaft Stärkekörnchen nachgewiesen.

Es war also mit Sicherheit anzunehmen, daß eine Stärkelösung eingespritzt worden war, um eine Abtreibung vorzunehmen. Dabei war es zu einer tödlichen Luftembolie gekommen. Luftembolie entsteht bei einer Abtreibung dann, wenn mit dem Einspritzen einer Flüssigkeit Luft mit in die Gebärmutter gelangt. Die dabei entstehenden Druckverhältnisse entfalten eine Eigengesetzlichkeit, die unkontrollierbar ist. Über den venösen Blutkreislauf dringt die Luft bis in die rechte Herzkammer vor und vermischt sich mit dem Blut zu Schaum. Das Herz steht plötzlich still. Die Luft kann aber auch über die Lungenschlagader in die Lunge geraten und die Haargefäße verstopfen. Die linke Herzkammer wird dann nicht mehr ausreichend mit Blut versorgt. In selteneren Fällen kommt es auch zu einer Embolie in den Hirngefäßen.

Der überraschende Befund, daß Elvira an Luftembolie infolge einer Abtreibung verstorben war, ließ Hollers Selbstbezichtigung rätselhaft erscheinen. Prof. Dr. Schwerd hatte ja dargelegt, »aufgrund dieser Befunde sahen wir uns nicht berechtigt, einen Tod durch Erwürgen ernstlich in Betracht zu ziehen ...«

Holler hatte also keineswegs seine Freundin zu Tode gewürgt.

Warum also hatte er sich dieser Tat bezichtigt?

Die Lösung dieses Rätsels liegt wahrscheinlich darin, daß sich die Vorgänge um Elviras Tod anders abgespielt hatten, als Holler behauptet hatte. Außer der plötzlich noch während des Eingriffs eintretenden tödlichen Luftembolie gibt es noch eine andere Erscheinungsform, die sog. protrahierte, d. h. verzögerte Luftembolie. Sie kann noch bis zu drei Tagen verspätet eintreten. Nach Meinung von Prof. Schwerd komme aber eine verzögerte Luftembolie bei einer Schwangerschaft in den ersten drei Monaten nicht in Betracht. Die Größe des Uterus reicht nicht aus, um ein entsprechendes Luftdepot aufzunehmen.

Das bedeutet, daß diese tödlich verlaufene Abtreibung keinesfalls ein oder zwei Tage früher unternommen worden sein konnte. Nach den eigenen Angaben Hollers war er jedoch seit Samstag Abend immer mit seiner Freundin zusammen gewesen. Sie hätte also die Abtreibung vor Samstag Abend vornehmen müssen. Das Luftdepot hätte sich dann über 30 Stunden in der Gebärmutter gehalten, was nach Prof. Schwerds Erfahrung unwahrscheinlich gewesen wäre. Da sich auch im Fingernagelschmutz Hollers zahlreiche Stärkekörnchen fanden, ergab sich der zwingende Verdacht, daß Holler an der Abtreibung beteiligt war oder sie sogar selbst vorgenommen hatte.

Holler wird angeklagt, eine Abtreibung in Tateinheit mit fahrlässiger Tötung und gefährlicher Körperverletzung vorgenommen zu haben. In der Verhandlung vor dem Landgericht leugnete er hartnäckig, an der Abtreibung beteiligt gewesen zu sein. Da der letzte Beweis dafür fehlte, wurde H. von dieser Anklage freigesprochen.

Außerdem aber stand das falsche Mordgeständnis Hollers zur Verhandlung.

»Diese Tat«, heißt es zum Schluß in Prof. Schwerds Bericht, »war durch die gerichtsmedizinische Untersuchung widerlegt. Verständlicherweise wurden unsere Feststellungen mit größter Skepsis aufgenommen, denn es ist zweifellos für die Ermittlungsbeamten eine besonders unschöne Situation, einen Täter samt Geständnis zu haben und vom Sachverständigen zu hören, daß das Geständnis nicht stimmen kann. Mehrfach wurde geäußert, es sei undenkbar, daß sich jemand einer schwereren Straftat bezichtige, wobei davon ausgegangen wurde, daß die Tötung durch Erwürgen strafrechtlich bei weitem schwerwiegender sei als eine Abtreibung mit tödlichem Ausgang ... Da es sich bei H. um einen psychisch unauffälligen Menschen handelt, wird man kaum annehmen können, daß er sich einer Straftat bezichtigt hätte, wenn er am Tod der Frau ganz unschuldig gewesen wäre ... Warum soll er nicht die Abtreibung mit tödlichem Ausgang für weit verwerflicher gehalten haben als eine Tötung im Affekt? Wir wissen es nicht, weil es nie zu einem Geständnis gekommen ist!«

Dieser ungewöhnliche Abtreibungsfall hat bis heute nichts von seiner Tragik verloren. Die öffentlichen Auseinandersetzungen zwischen Politikern, Juristen, Medizinern und den Hauptbeteiligten, den Frauen, über den Schwangerschaftsabbruch sind noch in vollem Gange. Hinter den Argumenten der Anhänger und der Gegner einer freien Selbstbestimmung der Frau über den Schwangerschaftsabbruch stehen ethische, religiöse und handfeste politische Motive. Wie ambivalent dieser Streit ist, zeigt sich auch in der bisher vorliegenden höchstrichterlichen Entscheidung, die einen Schwangerschaftsabbruch (soweit er nicht den Indikationsvorschriften entspricht) als illegal verurteilt, aber nicht bestraft. Solange aber die freie Selbstbestimmung der eigentlich Betroffenen, der Frauen, nicht juristisch abgesichert und gesellschaftlich akzeptiert ist, bleibt die tödliche Gefahr heimlicher Abtreibung durch eigene Hand oder durch dafür untaugliche Personen und Mittel bestehen.

Dafür gibt es in der gerichtsmedizinischen Literatur zahlreiche Beweise. So stellte zur gleichen Zeit, als sich der oben geschilderte Fall in Würzburg ereignete, der Leipziger Gerichtsmediziner Dr. K. Herold eine Reihe von Abtreibungsversuchen zusammen, die durch Luftembolie tödlich verlaufen waren. Dabei ging es um Fälle, in denen die Luftembolie nicht als ungewollte Folge eintrat, sondern bewußt als Mittel zum Fruchtabgang benutzt wurde. Der Bericht läßt einen schaudern.

Welche absurden Vorstellungen manche Frauen haben, soll einer der von Herold berichteten Fälle zeigen. Eine Frau führte sich ein Rohr in die Gebärmutter ein und forderte den Mann auf, kräftig in das freiliegende Rohrstück hineinzublasen. Damit sollte ›das Blut zum Wallen gebracht‹ und eine Fehlgeburt eingeleitet werden. Die Frau verstarb noch während des Eingriffs an Luftembolie.

In einem anderen Fall hatte ein Mann einen Katheter in die Gebärmutter eingeführt und Luft hineingepustet. Die Frau verstarb währenddem. Im Prozeß gab der Mann zu, daß er sich der Gefährlichkeit dieser Methode bewußt gewesen sei. Er hatte geglaubt, wenn er durch den Katheter Luft einblase, ›lasse er Luft hinein wie in ein zu öffnendes Glas mit Früchten.‹

Dr. Herold fügte hinzu, es gebe also Abtreiber, »für die das Eindringen von Luft in die Gebärmutter kein unerwünschter unglücklicher Zufall, sondern ein mit Absicht angewandtes Mittel zur Abtreibung der Frucht und Eröffnung der Gebärmutter« sei.

Insgesamt sind etwa 20 % aller tödlichen Abtreibungsunfälle Folge einer Luftembolie.

Nun noch ein weiteres falsches Mordgeständnis, das allerdings nicht auf bewußter Täuschung beruhte wie im Abtreibungsfall Holler. Die Ursache dieser falschen Selbstbezichtigung ist ganz ungewöhnlicher Art. Sie unterscheidet sich von jenen falschen Selbstbezichtigungen, die meist von psychisch gestörten Menschen gemacht werden.

Bekanntlich wird zuweilen die Aufklärung eines Verbrechens durch falsche Selbstbezichtigungen erschwert. Personen, die überhaupt nichts mit der Tat zu tun haben, melden sich als Täter und führen die Ermittler in die Irre. Es sind vorwiegend Psychopathen oder Schwachsinnige, die in dieser Weise auf sich aufmerksam machen wollen oder die die Auswirkungen ihrer Täuschungsmanöver nicht überschauen können.

Neben solchen kriminellen Selbstbeschuldigungen kennt die Kriminalistik auch Geständnisse, die Folge einer Amnesie, eines Gedächtnisverlustes sind. Amnesie kann im Verlauf einer Geisteskrankheit auftreten und ist auch bei epileptoiden Erkrankungen beobachtet worden, wobei eine manchmal tagelange Bewußtseinstrübung besteht. In diesem Dämmerzustand begehen die Kranken dann auch psychotische Handlungen, von der Brandstiftung bis zum Mord, an die sie danach keine Erinnerung mehr haben.

Schließlich können auch Kohlenoxid-Vergiftungen Bewußtseinsverlust und Gedächtnisstörungen hervorrufen.

Ein solcher Fall trug sich in Berlin zu.

Theo Schienemann, ein schon im Ruhestand lebender älterer Herr, erwachte aus dem Schlaf. Er war noch ganz benommen und kehrte erst allmählich ins volle Bewußtsein zurück. Erst dann stellte er zu seiner Verwunderung fest, daß er nicht im Bett, sondern auf dem Fußboden lag. Als er sich zu erheben versuchte, merkte er, daß sich Kot in seiner Unterhose befand. Noch mehr beunruhigten ihn mehrere Brandwunden an Händen und Körper. Unsicher stand er auf, um ins Badezimmer zu gehen. Da erblickte er ein Mädchen auf der Couch. Es lag auf dem Bauch, das linke Bein ausgestreckt, das rechte in knieender Haltung an den Körper gezogen. Das Nachthemd war emporgestreift, der Unterkörper nackt und kotbeschmiert.

Schienemann glaubte zuerst, das Mädchen schliefe. Er berührte es und sah, daß es tot war.

Er kannte das Mädchen nicht. Er wußte nicht, warum es in seiner Wohnung war. Er hatte Krimis gelesen, in denen erzählt wird, wie jemand neben einer Leiche erwacht und nicht weiß, was geschehen ist.

Nun war ihm dasselbe passiert, dachte er verzweifelt.

Er duschte sich, kleidete sich an und ging zur Polizei. Er sagte, er habe in seiner Wohnung eine junge Frau ermordet.

Die Tatortbesichtigung schien auf den ersten Blick das Mordgeständnis zu bestätigen.

Doch die Obduktion der Toten ergab, daß sie an einer Kohlenoxid-Vergiftung gestorben war. Ein defektes Gasplätteisen hatte die Vergiftung hervorgerufen.

Auch Schienemann selbst hatte eine beträchtliche Menge Kohlenoxid eingeatmet; sie war zwar nicht tödlich, bewirkte aber einen über mehrere Tage zurückreichenden völligen Gedächtnisverlust. Da er sich deshalb den Tod des Mädchens nicht erklären konnte, suchte er nach einer logischen Begründung und fand sie in der Annahme, er habe die junge Frau, die er zu einer Liebesstunde mit in seine Wohnung genommen hatte, getötet.

Ein ähnlicher Fall wurde aus London berichtet.

Ein Polizist traf im nächtlichen einsamen Hafenviertel auf einen Mann, der schwankend über die Straße ging. Er trug einen Sack auf dem Rücken. Der Polizist hielt ihn für einen Einbrecher und folgte ihm. Der Mann trat ans Themseufer, nahm seine Last vom Rücken und wollte den Sack ins Wasser werfen. Der Polizist fiel ihm in den Arm und befahl, den Sack zu öffnen. Der Rumpf einer weiblichen Leiche kam zum Vorschein.

Die Polizei durchsuchte die Wohnung des Mannes und fand den Kopf und die Gliedmaßen der Toten.

Bei seiner Vernehmung sagte der Mann aus, er habe die Frau – seine frühere Freundin – zu sich eingeladen. Sie hätten zusammengesessen und getrunken. Irgendwann sei er eingeschlafen. Als er erwachte, lag seine Freundin tot neben ihm. Er wisse aber nicht, warum und wie er sie ermordet hatte. Schließlich habe er beschlossen, die Leiche zu zerstückeln und in die Themse zu werfen.

Auch in diesem Fall erbrachte die Obduktion eine tödliche Kohlenoxid-Vergiftung durch vagabundierendes CO-Gas.

Der Mann hatte dadurch einen Gedächtnisverlust erlitten und die Lücken durch Fantasieerfindungen ausgefüllt.

Heimatfilm ohne Happy End

Es könnte eine Szene aus einem wildromantischen Heimatfilm sein. Im Hintergrund die Kulisse des bayrischen Hochgebirges, im Vordergrund eine von Fichten umstandene halbverfallene Berghütte. Nebel wabert, in der Ferne krachen Schüsse. Ihr Echo ist kaum verhallt, als drei Männer auf der Bildfläche erscheinen, bärtige Gestalten, Schlapphüte auf dem Kopf, in den Händen Militärkarabiner.

Die drei stürzen in die Hütte, schließen die Tür hinter sich und beginnen, sie mit den Resten des Inventars zu verrammeln.

So etwa würde der Film beginnen.

Niemand weiß mehr, ob der Vorgang in diesen Minuten so ablief und die Männer Bärte und Schlapphüte trugen. Aber damals, in den 20er Jahren, war der gestutzte Schnurrbart Mode. Fotos gibt es nur noch von einem der drei, vom nackten Oberkörper in Brust- und Rückenansicht. Wir wissen nur, drei Jäger haben drei Wilderer verfolgt, die Hütte umstellt und die Wilderer aufgefordert, ihre Waffen hinauszuwerfen und sich zu ergeben.

Die Eingeschlossenen waren unschlüssig. Sie forderten Bedenkzeit. Sie diskutierten untereinander und konnten sich nicht einig werden. Eine Stunde verging. Die Kapitulationsaufforderung der Jäger wurde dringlicher. Was debattierten die Männer in der Hütte? Was wog schwerer für sie, Verletzung und Tod vielleicht oder Gefängnis?

Eine zweite Stunde war vorüber. Es wurde immer offensichtlicher, daß die drei untereinander uneins waren.

Plötzlich fiel in der Hütte ein Schuß.

Die nachfolgende Stille steigerte die Spannung der Belagerer ins Unerträgliche. Nun hatten die drei ihre Kontroverse doch noch mit der Waffe ausgetragen.

War einer von ihnen getötet worden? Welcher? Der für die Kapitulation war oder für gewaltsamen Ausbruch?

Ein Fensterladen bewegte sich und öffnete sich einen Spalt. Die Jäger richteten ihre Waffen aufs Fenster. Eine Stimme von drinnen rief: »Nicht schießen! Wir ergeben uns!«

»Werft die Gewehre heraus!«

Zwei Gewehre landeten draußen unter dem Fenster.

»Und das dritte?«

Schweigen.

Dann wieder die Stimme: »Wir kommen jetzt heraus.«

»Hände über den Kopf!«

Die Jäger nahmen die Tür aufs Korn. Zwei Männer traten mit erhobenen Armen heraus. Sie sagten, in der Hütte liege ein Verletzter.

Während einer der Jäger die Wilderer bewachte, gingen die beiden anderen in die Hütte hinein. Nahe der Wand lag der dritte Mann. Er bewegte sich stöhnend. Trotz des Zwielichts war zu erkennen, daß sich unter ihm eine große Blutlache ausgebreitet hatte. Neben dem Mann lag ein Gewehr.

Ein Jäger beugte sich hinab und fragte den Verwundeten nach seinem Namen. Er hieß Alois Holzschuher, war 24 Jahre alt und Bergarbeiter von Beruf. Das alles sagte er sehr mühsam und mit flüsternder Stimme. Auf die Frage, wie seine Verletzung entstanden sei, antwortete er nicht. Er bat um Wasser, das aus dem nahen Bergbach geholt wurde. Nachdem er einige Schluck getrunken hatte, kroch er auf dem Bauch zur Hütte hinaus. Deutlich war im Rücken eine Schußwunde zu sehen.

Eine halbe Stunde später war Holzschuher tot.

Die Jäger benachrichtigten die Gendarmerie.

Gendarmerie und Untersuchungsrichter erschienen wenig später. Bei der Tatortbesichtigung wurde in einer hölzernen Seitenwand der Hütte eine Schußöffnung entdeckt. Das Geschoß hatte die 3 cm dicke innere Bretterverschalung durchschlagen und war etwa 20 cm tief in den äußeren Holzbalken eingedrungen. Das 7,9 Millimeter-Spitzmantelgeschoß war vermutlich aus einem Militärkarabiner abgefeuert worden. Ein solches hatte neben dem Verwundeten gelegen.

Die zwei Wilderer wurden vernommen. Sie sagten, sie seien nach langer Diskussion zum Entschluß gekommen, sich zu ergeben. Aber Holzschuher habe erklärt, er wolle nicht lebend in die Hände der Polizei fallen. Die Fensterluken seien geschlossen gewesen; deshalb hätten sie im Dunkel nicht beobachten können, was dann weiter geschehen sei. Sie hätten nur plötzlich den Schuß gehört und zuerst angenommen, die Jäger hätten von draußen das Feuer eröffnet.

Dann nahm die Gerichtskommission die vor der Hütte liegende Leiche Holzschuhers in Augenschein. Um die Wunden besser betrachten zu können, wurde der Oberkörper des Toten entkleidet. Auf der linken Brustseite fand sich ein großes, auf dem Rücken ein kleines Schußloch. Da in der Regel das Ausschußloch größer als die Einschußöffnung ist, galt es für die Kommission als sicher, daß einer der beiden Wilderer Holzschuher von hinten erschossen hatte.

Der Gerichtsmediziner Dr. Walcher nahm an der Obduktion teil und berichtete darüber u. a.: An der linken Brustseite ... findet sich eine schräg-ovale 5,2 cm lange, 3 cm breite Wunde, deren Ränder gegen das Brustbein zu ziemlich scharf, gegen die Achselhöhle dagegen zerfetzt und unregelmäßig erscheinen ... An der linken Rücken-

seite ... eine beinahe runde, ganz leicht quer-ovale Haut-
wunde von 8 mm Durchmesser, deren Ränder nur klein-
ste Einrisse zeigen ... In der Umgebung der Rückenwunde Blutbeschmierung, keine Haarversengung, kein
Pulverschmauch. Die Rückenwunde lag 142,5 cm über
Fersenhöhe, der Mittelpunkt der Brustwunde 146 cm über
Fersenhöhe ... An den Händen keine Pulverrauchschwär-
zung ...

Der Obduzent beschrieb dann des weiteren die durch
das Geschoß hervorgerufenen inneren Verletzungen, so
eine zersplitterte Rippe und hochgradig zerrissene Lungenlappen, einen abgerissenen größeren Lungenvenenast
und eingeatmetes Blut im Lungengewebe.

Die Obduktion bestätigte also, was der bloße Augenschein am Tatort bereits erbracht hatte: das kleine Schußloch im Rücken, das große in der Brust.

Auch die Besichtigung der Kleidungsstücke ergab einen entsprechenden Befund. Auf der linken Brustseite des
graugrünen Militärmantels zeigte sich ein vierstrahliger
Defekt von 3,5 cm Durchmesser. Es gab keinen Schmauchhof und keine Pulverkörner. Das Schußloch auf der Rük-
kenseite des Mantels war nur 2 cm groß und besaß einen
deutlichen Schmauchhof.

Der Untersuchungsrichter war höchst erstaunt, als er
im vorläufigen gerichtsmedizinischen Gutachten las, daß
sich Holzschuher mit aufgesetzter Waffe durch einen
Schuß in die Brust selbst getötet hatte. Dieser Befund widersprach völlig der gängigen Meinung, daß ein Ausschußloch größer als das Einschußloch sei. Das Gutachten
entlastete damit die des Mordes verdächtigten zwei Wilderer. Das gefiel dem Untersuchungsrichter gar nicht. Er
äußerte massive Zweifel am Gutachten.

Die Obduzenten luden die Gerichtskommission ins Gerichtsmedizinische Institut der Universität München ein.
Sie demonstrierten anhand des Untersuchungsmaterials,
wie sie zu ihrer Erkenntnis gekommen waren.

Die Schußrichtung, so legten die Obduzenten dar, ging durch die linke Brustseite von innen vorne und oben nach hinten außen und etwas unten. Außer dem Umstand, daß es sich offenbar um einen aufgesetzten Schuß handelte, sprach auch diese Schußrichtung für Selbstmord. Zielt nämlich jemand mit dem Karabiner nach dem eigenen Herzen, muß er den rechten Arm mit der Schulter stark vorschieben, um mit dem Daumen den Abzugsbügel zu erreichen. Außerdem weicht man dabei unwillkürlich mit dem Kolben nach außen ab, weil man so noch leichter an den Abzug gelangt. Ebenso geht der Kolben über die Horizontale hinaus, weil so die Schulter noch weiter vorgeschoben werden kann. Die linke Schulter und linke Brustseite ziehen sich unwillkürlich zurück, so daß der Schuß meist nicht das Herz trifft, sondern links davon die Lunge durchschlägt. So war es nach Meinung der Obduzenten auch in diesem Fall. Die Obduzenten fügten hinzu, ihres Wissens sei es ungewöhnlich, daß trotz hochgradiger Explosionszerreißung der Lunge Pulverschmauch durch den ganzen Brustkorb, ja sogar noch durch den engen Ausschuß hindurch bis auf das Mantelfutter getragen wurde.

Die Gerichtskommission akzeptierte schließlich die Beweisführung der Gerichtsmediziner.

Dieser Fall ist charakteristisch für die folgenreiche Situation, wenn ein medizinischer Befund gängigen Meinungen widerspricht und diese in Frage stellt. Das liegt natürlich nicht an den gängigen Meinungen selbst, die sich auf lange Erfahrung und auf die Gleichförmigkeit bestimmter Vorgänge stützen. So bestätigt sich bei Schußverletzungen immer wieder, daß das Geschoß im Körperinnern auf den Widerstand von Muskeln und Knochen trifft und dadurch eine gewisse zusätzliche Eigenbewegung erhält. In seltenen Fällen kann es sogar fast als Querschläger den Körper verlassen, was eine besonders große Ausschußwunde hervorruft. Der Unterschied zwischen Einschuß- und Ausschußöffnung ist also die Regel. Aber auch die unendliche Vielfalt der Lebenserscheinungen ist eine Regel. Jeder Einzelfall kann also zum Sonderfall werden und damit in Widerspruch zur allgemeinen Erfahrung treten.

Wird ein solcher Widerspruch nicht erkannt oder nicht anerkannt, hat das im juristischen Bereich verhängnisvolle Folgen. Im Wilderer-Fall waren die beiden Überlebenden des Mordes verdächtigt worden. Glücklicherweise hatte das Gericht den medizinischen Unschuldsbeweis anerkannt.

Verschließt sich das Gericht jedoch gerichtsmedizinischen Beweisen, gerät es in Gefahr, einen Unschuldigen zu verurteilen.

Ein solcher Fall ereignete sich fast zur gleichen Zeit wie der Wilderer-Fall.

»In der Schwurgerichtsverhandlung zu O. am 10.12.1924 wurde der Maurer Josef M., 25 Jahre alt, wegen Mordes an seinem Vater zum Tode verurteilt, während der mitangeklagte Bruder Johann M. freigesprochen wurde. Das Urteil stützte sich dabei hauptsächlich auf das kreisärztliche Gutachten sowie ein anderes ärztliches Gutachten, wonach der alte M. von hinten erschossen sein müsse.«

Mit diesen Sätzen eröffnete einer der prominentesten deutschen Gerichtsmediziner, Prof. Dr. Georg Strassmann aus Breslau, seinen Angriff gegen dieses Schwurgericht. Er warf dem Gericht vor, es habe aufgrund eines unrichtigen und unzureichenden ärztlichen Gutachtens ein Todesurteil gefällt.

Auch in diesem Fall fußten Gutachter wie Gericht ›auf dem bekannten Umstand, daß die Ausschußwunde stets größer sei als die Einschoßwunde‹, schrieb Strassmann.

Strassmann überprüfte die gegen den Angeklagten vorgebrachten Indizien und medizinischen Gutachten. Er kam zur Überzeugung, daß das Gericht die wichtigsten gerichtsmedizinischen Untersuchungen unterlassen und sich ungeprüft der vorgefaßten Meinung unterworfen hatte, der Schuß könne nur von hinten abgefeuert worden sein. Strassmann erschien es aufgrund des Obduktionsprotokolls und der Kleidung des Toten am wahrscheinlichsten, daß sich der alte Mann mit aufgesetzter Waffe selbst getötet hatte. Das Gericht lehnte Straßmanns Gutachten und ein darauf fußendes Wiederaufnahmeverfahren für den zum Tode Verurteilten ab.

Der ›wissenschaftliche‹ Mord

1. Der U^{235}-Fall

Die Villa des Millionärs Antonio Tessarda liegt am Rande der Stadt Tampico, dort, wo sich die Hügel bis zum Golf von Mexiko hinunterziehen.

Es ist ein Sommertag im Jahre 1947. Vom Meer weht eine leichte Brise herüber. Aber sie kommt nicht gegen die Glut der Mittagssonne an. Auch im Patio der Villa, selbst unter dem weißen Marmor der Bogengänge neben dem Springbrunnen herrscht Schwüle.

Der fünfundfünfzigjährige Tessarda ruht auf einem Liegestuhl im Schatten. Er fühlt sich matt und kraftlos. Die Müdigkeit lähmt nicht nur den Körper, sondern hat auch Sinne und Gedanken ergriffen. Selbst der Wille, sich dagegen zu wehren, ist seit Wochen erloschen. Anfangs, als die Krankheit begann, hatte sich der vitale Texaner noch dagegen aufgelehnt, hatte er sich gezwungen, zu arbeiten und von zu Hause aus sein Unternehmen zu leiten. Aber nun, wo er immer apathischer wird, rückt alles, was bisher wichtig war, das Unternehmen, die Börsenkurse, der Profit, alles rückt in weite Ferne. Nur eins ist noch wichtig: der eigene Zustand, dieser plötzliche rätselhafte Verfall.

Wäre ich wenigstens darauf vorbereitet gewesen, denkt er. Aber innerhalb weniger Wochen so abzubauen, der ich früher niemals krank gewesen bin ...

Er hört Schritte und hebt den Kopf. Es ist Lucina, seine Frau. Sie trägt ein weißes Leinenkostüm. Lucina tritt zu ihm und küßt ihn auf die Stirn.

»Ich dachte, Du seist noch im Labor«, murmelt Tessarda.

»Doktor Alvarez hat mich angerufen, Lieber. Er will gleich hier sein. Deshalb bin ich schon früher zurückgekehrt. Ich möchte bei der Untersuchung dabei sein. Ich habe den Doktor natürlich gedrängt, nach Deinem Fieberanfall gestern.«

Tessarda nickt. Vielleicht hat das Fieber schon einige Zeit in ihm gesteckt und diese schreckliche Müdigkeit noch verstärkt. Vielleicht ...

Lucina geht durch den Patio zurück. Tessarda blickt ihr nach. Dann sinkt er wieder in den Liegestuhl zurück. Arme Lucina, denkt er. Erst zweiunddreißig und einen so kranken Mann. Aber vielleicht bedrückt es sie gar nicht, vielleicht vermißt sie nichts. Schon seit langem vergräbt sie sich förmlich in ihrem Labor, so daß ich manchmal glaube, sie liebt ihre Experimente und Apparate mehr als mich. Vielleicht ist sie zufrieden. Hat mich ja auch genug gekostet, ihr Hobby. Millionen habe ich in ihr Labor gesteckt.

Tessarda grübelt. Er will nicht ungerecht sein. Lucinas Tätigkeit im Labor ist keine Spielerei. Tessarda hat es von Anfang an gewußt, als er die dreiundzwanzig Jahre jüngere Physikerin Lucina Alvarado heiratete. Sie würde sich, hatte sie gesagt, niemals mit einem Leben begnügen, wie es für mexikanische Millionärsfrauen üblich ist: Parties, Kreuzfahrten mit der Luxusjacht, Flirts, Nichtstun. Es war etwas in ihr, was ihm gänzlich fremd war und das er dennoch verstand: eine rücksichtslose Entschlossenheit zum Erfolg. Daß sie den Erfolg woanders suchte als er, nun gut, dafür war sie eben Wissenschaftlerin. Sie hatte sich auf Kernphysik spezialisiert und durch, wenn auch bescheidene Forschungen, ihr Wissen erweitert. Tessardas Geld gestattete es ihr, sich die dafür notwendigen technischen Einrichtungen anzuschaffen.

Lucina hatte gute Kontakte zu führenden Wissenschaftlern der amerikanischen Atomindustrie. Selbst wenn er niemals wieder gesund würde – Lucina würde nichts vermissen. Und das beruhigt ihn etwas.

Lucina kommt mit seinem Hausarzt Dr. Alvarez. Tessarda richtet sich mühsam auf. Sitzend erwartet er die beiden.

Stumm hört er Lucinas Krankenbericht zu. Gestern abend ist Tessardas Temperatur plötzlich auf 40,5 gestiegen. Und heute morgen betrug sie immer noch 40,2 Grad.

Alvarez schüttelt bekümmert den Kopf und fühlt Don Antonio den Puls. Er zählt 110 Schläge. Als er das Stethoskop ansetzt, erblickt er mehrere violette Flecke auf der Brust des Kranken. Er hat solche Flecke noch nie gesehen, weiß keine Erklärung dafür und zieht es deshalb vor, seine Entdeckung nicht zu erwähnen. Als er den Brustraum auskultiert, – eine völlig sinnlose Tätigkeit, wie er weiß – stellt er fest, daß sich Tessardas Kopfhaar noch mehr gelichtet hat. Die kahlen Stellen vergrößern sich von Tag zu Tag.

Der Arzt richtet sich wieder auf. Während er das Stethoskop in die Tasche steckt, fragt er: »Und diese blutigen Durchfälle?«

»Noch immer«, erwidert Tessarda deprimiert.

»Nun, Don Antonio, über eines kann ich Sie wenigstens beruhigen«, sagt Alvarez mit gespielter Zuversichtlichkeit. »Die bakteriologische Untersuchung hat einwandfrei ergeben, es ist keine Ruhr.«

»Und was ist es dann?« fragt Tessarda mit einem Anflug von Aggressivität.

»Auch das werden wir noch herausbekommen.«

»Und das Fieber? Woher das Fieber? Und das Blut im Stuhl? Und der Haarausfall?«

»Ehrlich gesagt, Don Antonio, ich bin etwas ratlos. Ich schlage Ihnen deshalb vor, wir ziehen einige Fachärzte hinzu. Sie werden sehen, dann entdecken wir bald die eigentliche Wurzel der Krankheit. Wären Sie damit einverstanden?«

»Ich bin mit allem einverstanden«, flüstert Tessarda. Er will nur seine Ruhe haben.

Alvarez nickt. Er werde alles Weitere veranlassen, sagt er beim Abschied. Mit einem Blick bittet er Lucina, ihn hinauszubegleiten.

Während die beiden den Innenhof verlassen, erklärt der Arzt Tessardas Frau, am meisten beunruhige es ihn, daß die einzelnen Krankheitssymptome überhaupt nicht zueinander passen wollen. Es ergäbe überhaupt kein einheitliches Bild. Er stehe vor einem Rätsel und sei am Ende seiner Weisheit. Deshalb dränge er darauf, Spezialisten hinzuzuziehen.

Lucina ist der gleichen Meinung und dankt Alvarez für diesen Entschluß.

Wenig später kehrt Lucina mit einem Tablett zu ihrem Mann zurück. Tessarda ist eingeschlafen. Sie weckt ihn sanft. »Antonio, Du hast heute noch nicht gegessen.«

Tessarda will nichts essen.

»Nur eine Kleinigkeit, Antonio. Etwas Toast, ein Stück kalten Braten, ein Glas Orangensaft.«

»Aber die Durchfälle!« wehrt er ab.

»Du weißt doch, sie kommen völlig unabhängig von dem, was Du ißt. Wir haben es doch ausprobiert. Ob Du Haferschleim zu Dir nimmst oder einen Salat.« Sie wiederholt geduldig, als spräche sie zu einem kleinen Kind: »Wir haben es doch ausprobiert.«

Er ist zu müde, um zu widersprechen. Er will schlafen, sonst nichts. Lucina zieht einen Rohrstuhl und ein Serviertischchen heran, stellt die Teller mit Toast und kaltem Braten und das Glas mit Juice darauf.

Lustlos beginnt Tessarda zu essen.

In den folgenden Wochen bemühen sich drei Fachärzte um den todkranken Millionär. Selbst bei strengster Diät behält er nichts mehr in sich. Blutige Durchfälle wechseln mit Erbrechen. Der Haarausfall schreitet rapide fort, Schwindel und Kopfschmerzen nehmen zu. Das Fieber geht nicht mehr zurück.

Die Blutuntersuchung zeigt einen raschen Zerfall der weißen Blutkörperchen. Der Normalwert in einem Kubikmillimeter Blut beträgt etwa 8000. In Tessardas Blut werden nur noch 900 gezählt. Die Ärzte vermuten eine Erkrankung des Knochenmarks oder Blutkrebs. Sie verabreichen zur Stimulierung der blutbildenden Organe hohe Mengen Vitamin C. In der zwölften Woche nach Beginn der Krankheit versuchen sie es mit Bluttransfusionen. Der Puls beträgt jetzt 158, die Temperatur 41,2 Grad. Die violetten Flecke auf der Brust vermehren sich und verbreiten sich über den ganzen Körper. In der dreizehnten Woche erklärt Tessarda plötzlich, er fühle sich zum ersten Mal besser, sogar richtig wohl.

Am nächsten Tag ist er tot.

Tessarda hat eine Tochter aus erster Ehe. Als die Tochter erfährt, ihre Stiefmutter solle den größten Teil des väterlichen Vermögens erben, beschließt sie, Lucina einen Strich durch die Rechnung zu machen. Sie geht zur Kriminalpolizei und gibt an, Lucina habe ihren Vater ermordet, wahrscheinlich durch Gift. Vielleicht stecke sogar ein Liebhaber der Mutter dahinter. Das Mordmotiv sei die Gier nach dem Millionenvermögen.

Tessardas Tochter hat genügend Einfluß, um eine Exhumierung der Leiche und eine Obduktion durchzusetzen. Die Gerichtsmediziner können an der noch gut erhaltenen Leiche erkennen, daß Tessarda keinerlei Verletzungen zugefügt worden sind. Die chemisch-toxikologischen Untersuchungen ergeben keinen Hinweis auf eine Tötung durch organische oder anorganische Gifte.

Doch der anatomisch-pathologische Befund erbringt ein äußerst merkwürdiges Bild: innere Geschwüre, Zerfall des Organismus, weitgehende Zersetzung der blutbildenden Organe. Im Zusammenhang mit der schon zu Lebzeiten festgestellten Leukozytopenie, der Verminderung der weißen Blutkörperchen, drängt sich den Gerichtsmedizinern eine fantastisch erscheinende Schlußfolgerung auf: Der Organismus könnte durch radioaktive Strahlung zerstört worden sein. Ein Geigerzähler bestätigt diese Vermutung. Tessardas Körper sendet Gammastrahlen aus.

Diese Entdeckung richtet naturgemäß den Verdacht gegen Lucina, denn sie arbeitet in ihrem Labor mit radioaktiven Materialien. Lucina wird verhaftet. Sie gesteht schließlich, ihren Mann mit U^{235} getötet zu haben.

U^{235} ist ein radioaktives Isotop, das kurzwellige Gammastrahlen aussendet. Sie besitzen Lichtgeschwindigkeit. Diese bei radioaktivem Zerfall ionisierenden Strahlen verändern die Enzyme, vor allem aber die Nukleinsäuren, in denen die gesamte genetische Information des Organismus lokalisiert ist. Die genetischen Informationen verändern sich und desorganisieren die Stoffwechsel- und Kreislaufvorgänge. Vor allem die blutbildenden Organe werden davon betroffen. Die Beeinträchtigung der Zellfunktionen kann zum Zelltod führen. Die Wirkung der ionisierenden Strahlen hängt jedoch von der Art, der Dosis und der Zeit ihrer Einwirkung ab. In der Nuklearmedizin beispielsweise wird die Radioaktivität zu diagnostischen und therapeutischen Zwecken verwendet.

Nachdem eine Ärztekommission alle Symptome von Tessardas Krankheit überprüft hatte, bestätigt sie, daß Tessarda an einer Strahlenkrankheit verstorben war.

Lucina gesteht, sie habe alle Speisen, die sie ihrem Mann vorsetzte, zuvor eine bestimmte Zeit den Gammastrahlen des U^{235} ausgesetzt. So war es ihr gelungen, innerhalb eines Vierteljahrs eine schleichende tödliche Krankheit vorzutäuschen und den Mord als natürlichen Tod erscheinen zu lassen. Für die Beschaffung der dafür notwendigen Geräte und Materialien hatte sie zwei Millionen Dollar ausgegeben – ein Bruchteil des Vermögens, das sie zu erben gehofft hatte.

Daß sie die Ärzte so täuschen konnte, lag daran, daß damals, acht Jahre nach dem Atombombenabwurf über Hiroshima und Nagasaki, die klinischen Folgen der dadurch hervorgerufenen ›Strahlenkrankheit‹ der Öffentlichkeit noch weitgehend unbekannt waren. Die Auswirkungen der Atomstrahlung auf den menschlichen Organismus durften nicht veröffentlicht werden, die Sektionsprotokolle über die Atomtoten blieben in den Panzerschränken verschlossen und werden in ihrem ganzen Umfang erst heute, ein halbes Jahrhundert später, bekannt. Damals jedoch schrieb US NEWS AND WORLD REPORT, die Auswirkungen der Atombombenversuche seien als sensationell aufgemachte Schauergeschichten durch die Presse gegangen, tatsächlich wären sie jedoch völlig gefahrlos.

So standen die Ärzte bei Tessardas Erkrankung vor einem Rätsel und erkannten die Strahlenkrankheit nicht.

Diese Mordaffäre in Mexiko ist kein Einzelfall geblieben, sondern eröffnete praktisch eine neue Form des ›wissenschaftlichen‹ Mordes, des scheinbar spurlosen Tötens.

Im März 1993 berichtete die deutsche Presse von einem gleichfalls radioaktiven Attentat. In Heidelberg soll ein junger Wissenschaftler gestanden haben, er habe aus Neid und Eifersucht einer erfolgreichen Kollegin radioaktives Calcium 45 in den Tee getan, um ihr ›einen Denkzettel zu verpassen‹. Die junge Frau soll radioaktiv verstrahlt worden sein.

Kurz darauf berichteten AP und auch das Fernsehen, in Moskau sei der Fabrikdirektor Kaplun von der Mafia mit einer radioaktiven Substanz getötet worden. Die Strahlenquelle, die zwanzig Röntgen Strahlung in der Stunde abgab – das sei 1,5 Millionen mehr als die natürliche Strahlung – hatten die Täter im Büro, und zwar im Sessel der Opfers, versteckt.

2. Bakterienmörder

Ein Gift besonderer Art, das als Mordgift ungewöhnlich und noch schwerer als Mordwaffe zu erkennen ist, sind die Toxine, die von krankheitserregenden Mikroorganismen erzeugt werden. Dazu gehören im besonderen die Bakteriengifte. In den Körper gelangt, erzeugen sie allgemeine Krankheitserscheinungen und teilweise charakteristische Veränderungen, die tödlich enden können.

Schon zu Beginn unseres Jahrhunderts tauchten in kriminalistischen Zeitschriften, medizinischen Journalen und Illustrierten Artikel auf, die zum ersten Mal vor der Möglichkeit des ›wissenschaftlichen Mordes‹ warnten. Zugleich forderten sie vom Staat Maßnahmen, diese Möglichkeit eines ›vollkommenen Verbrechens‹ durch bessere hygienische Kontrolle und Gesetzgebung zu verhindern. Diese Artikel entstammten nicht der Fantasie utopischer Schriftsteller, sie hatten einen sehr realen Anlaß, nämlich drei Prozesse gegen Bakterienmörder, die vor dem Ersten Weltkrieg zu sensationellen Mutmaßungen führten und u.a. bewirkten, daß 1913 in Chikago ein Institut zur Erforschung und Verhütung bakterieller Morde gegründet wurde.

Diese Bakterienmörder waren der amerikanische Arzt Dr. Hyde, der russische Mediziner Dr. Pantschenko und der deutsche Drogist Hopf.

Im März 1910 berichtete die ›BZ AM MITTAG‹, in Kansas City sei ein Dr. Hyde angeklagt worden, den Onkel seiner

128

Frau, Oberst Swope, vergiftet zu haben. Oberst Swope soll ein Vermögen von 25 Millionen Dollar besessen haben. Um in den Besitz der Erbschaft zu kommen, habe Dr. Hyde nach Swopes Tod die gesamte Familie seines Opfers zu töten versucht, indem er das Trinkwasser mit Typhuserregern infizierte. Wenige Wochen später bestätigte die ›Berliner Morgenpost‹ diese Nachricht und teilte mit, Dr. Hyde sei zu lebenslänglichem Zuchthaus verurteilt worden.

Zur gleichen Zeit ereignete sich in Petersburg der erste nachgewiesene Mord durch Bakterien in Europa.

Im Mai 1910 wurde der junge Ministerialbeamte Wassilij Buturlin in Petersburg plötzlich krank. Er bekam Fieber, das auf über 40 Grad anstieg. Dem Arzt Dr. Kahan fiel bei der Untersuchung des Kranken ein blauschwarzer Fleck an Buturlins Oberarm auf. Er glich einem Bluterguß unter der Haut, wie er manchmal nach einer Injektion entsteht. Dr. Kahan zog einen Kollegen hinzu. Beide gelangten zur Auffassung, die Verfärbung sei Zeichen einer Blutvergiftung. Dann verlor der Kranke das Bewußtsein und starb wenig später. Als Todesursache gaben die beiden Ärzte Blutvergiftung an.

Der plötzliche Tod des jungen Mannes erregte seine Angehörigen. Buturlin entstammte einer einflußreichen aristokratischen Familie. Sein Vater war General. Er hatte dem Sohn eine Anstellung im Ministerium verschafft. Eine Tochter war mit einem verarmten Gutsbesitzer verheiratet. General Buturlin bezweifelte die Diagnose der beiden Ärzte. Es war ihm rätselhaft, wodurch die Blutvergiftung entstanden sein sollte. Die Ärzte wußten es nicht. Sie erwähnten aber, Wassilij Buturlin habe möglicherweise eine Injektion in den Arm erhalten. Vielleicht habe eine unsaubere Injektionsspritze die Blutvergiftung hervorgerufen.

General Buturlin gab sich damit nicht zufrieden und ließ die Todesursache weiter untersuchen.

Man stellte fest, daß Buturlin mit einem Arzt namens Pantschenko bekannt gewesen war. Pantschenko wurde vernommen und erklärte, Buturlin auf dessen Wunsch einige Hormoninjektionen gemacht zu haben. Er gab zu, daß die Spritze unrein gewesen und die Blutvergiftung bewirkt haben könnte.

Da die Leichenschau weiter nichts Verdächtiges ergab, wurde der Tote zur Bestattung freigegeben. Aber General Buturlin war damit nicht zufrieden und erreichte, daß Wassilijs Leiche exhumiert und von drei Gerichtsmedizinern untersucht wurde.

Die Gerichtsmediziner entdeckten einige Symptome, die sich mit der Diagnose der beiden Hausärzte nicht vereinbaren ließen. Dazu gehörte ein grauweißer Belag in der Rachenhöhle des Toten. Die Sachverständigen zogen eine Diphtherieinfektion in Betracht. Diese Annahme erhärteten sie noch durch zwei andere Symptome: durch eine Anzahl blutunterlaufener Flecken am ganzen Körper und eine abnorme Herzerweiterung. Hautblutungen und Herzerweiterung treten bei einer schweren, in der Regel tödlichen Diphtherie auf. Keinesfalls jedoch, erklärten die Sachverständigen, gehörten diese Symptome zum Krankheitsbild einer sogenannten Blutvergiftung.

So ergaben sich Zweifel an der vermuteten Todesursache. Dann allerdings mußte auch das Eingeständnis Dr. Pantschenkos, er habe möglicherweise bei der Injektion eine unsaubere Spritze benutzt und dadurch die Blutvergiftung hervorgerufen, in einem anderen Lichte erscheinen. Warum war Pantschenko so schnell bereit gewesen, den Vorwurf höchster ärztlicher Fahrlässigkeit auf sich zu nehmen?

Dr. Pantschenko wurde verhaftet und erneut vernommen. Schließlich gestand er, seinem Opfer Diphtherietoxin eingespritzt zu haben. Buturlins Schwager, der verarmte Gutsbesitzer, habe ihn gebeten, Wassilij auf diese Weise zu töten. Er habe ihm dafür 10 000 Rubel gezahlt.

Der Schwager hatte gehofft, er würde dann das große Vermögen seines Schwiegervater allein erben. Pantschenko erklärte auch, warum er den Mord auf diese Weise begangen hatte. Ihm war die Injektion von Bakteriengift am sichersten erschienen, denn selbst bei einer Obduktion würde man nie nachweisen können, daß es nicht auf natürlichem Wege in den Körper gelangt war.

Die polizeilichen Ermittlungen ergaben, daß Pantschenko das Diphtherietoxin im Pestfort Alexander 3 in Kronstadt persönlich abgeholt hatte. Die dort arbeitenden Toxikologen hatten ihm das Toxin ohne weiteres gegeben, weil sich der junge Arzt in der Bakteriologie bewandert zeigte und behauptete, an wissenschaftlichen Versuchen zu arbeiten. Da die Sektionsergebnisse Pantschenkos Geständnis bestätigten, wurde er für schuldig befunden und zu fünfzehn Jahren Zuchthaus verurteilt.

Wenige Jahre später, 1913, erregte ein dritter Bakterienmordprozeß, diesmal in Deutschland, die Menschen noch stärker als der Fall Pantschenko. Obwohl hier dem Täter nur ein Mord v e r s u c h mit Bakteriengift nachgewiesen werden konnte, begann die Möglichkeit ›wissenschaftlicher Morde‹ die Bevölkerung zu beunruhigen.

Vor Gericht stand der fünfzigjährige Karl Hopf aus Frankfurt a.M. Hopfs Vergangenheit war dunkel und turbulent. Er hatte viele Berufe ausgeübt. In Belgien und London war er als Artist aufgetreten, hatte sich in Marokko Drogenkenntnisse angeeignet, in Deutschland Fechtunterricht erteilt und Hunde gezüchtet, Chemikalienhandel betrieben und sich autodidaktisch einige medizinische und veterinärmedizinische Kenntnisse erworben.

Der mehrmals vorbestrafte Hopf war immer in Geldnot. Er schloß für seine Eltern und seine jeweilige Frau – er war dreimal verheiratet – hohe Lebensversicherungen ab, mit dem Ziel, seine Angehörigen danach umzubringen.

Seine ersten Mordanschläge unternahm er mit Arsenik. Hopf war angeklagt, seinen Vater, seine Mutter, sein voreheliches Kind, seine erste Frau und ihr gemeinsames Kind mit Arsenik vergiftet zu haben. Ferner sprach die Anklage von Mordversuchen an seiner zweiten und dritten Frau und zwei weiteren Kindern.

Aber es gelang der Staatsanwaltschaft lediglich, Beweise für den Giftmord an Hopfs erster Frau zu erbringen. Chemiker und Gerichtsmediziner hatten im Körper der exhumierten Frau tödliche Mengen von Arsen gefunden. Unter dem Druck dieser und weiterer Beweise legte Hopf schließlich ein Geständnis ab. Dabei gab er auch zu, seine dritte Frau Wally ebenfalls nur zum Zweck eines Versicherungsbetruges geheiratet zu haben. Er hatte eine Lebensversicherung für sie abgeschlossen, um sie dann zu vergiften. Monatelang hatte er ihr Arsenik verabreicht. Aber die erhoffte Wirkung stellte sich nicht ein. Er verstärkte die Gaben durch Digitalis. Wally siechte dahin, doch ihr zäher Körper leistete noch immer unbegreiflichen Widerstand.

Hopf wurde die Fortsetzung der Arsenikgaben zu riskant. Er faßte einen anderen Plan. Seine Frau war bereits sehr geschwächt. Es schien nur noch eines letzten Anstoßes zu bedürfen, um ihr Leben zu beenden. Diesen letzten Angriff hatte er tödlichen Bakterien zugedacht. Sie sollten ihm den vollkommenen Mord ermöglichen.

Zeugen sagten aus, Hopf hätte schon früher damit geprahlt, ein Gift zu besitzen, das niemand nachweisen könne. Zweifellos hatte er dabei an Bakterien gedacht. Denn als Hopf verhaftet wurde, fand man in seiner Wohnung vier Röhrchen mit Bakterienkulturen.

Der Direktor des Frankfurter Hygiene-Instituts, Prof. Neisser, untersuchte im Auftrag des Gerichts den Inhalt der Röhrchen. Sie enthielten die Erreger von Rotz, Typhus, Cholera und Starrkrampf. Er stellte fest, daß sie in höchstem Maße virulent, also infektionsfähig waren. Bald konnte auch nachgewiesen werden, daß sich Hopf in den letzten

Monaten etwa dreißig Bakterienkulturen beschafft hatte, darunter wiederum hochvirulente Typhuskulturen. In Hopfs Taschenkalender fand sich unter dem Datum 31. Juli 1912 folgende Eintragung: ›W.Ta‹. Dsa hieß: Wally am 31. Juli Typhi abdominalis (Unterleibstyphus) verabreicht.

Hopf gestand später: »Meine Frau hatte sich Hackfleisch zubereitet und aufs Brot gelegt. Es gelang mir, das Fleisch mit Typhusbakterien zu versetzen. Von diesem Tage an beobachtete ich meine Frau sorgfältig. Nach einer Woche stellte sich Fieber ein, das rapid stieg und mit Schwankungen Wochen anhielt.«

Aber der erwünschte Erfolg blieb auch diesmal aus. Wally erholte sich wieder. Hopf sah sich nach einer andern Möglichkeit um. Aus seinen Büchern wußte er, daß ein Mensch, der Typhus überstanden hat, gegen eine erneute Typhuserkrankung immun ist. Also wechselte er die Bakterienart.

Er schrieb an das Bakteriologische Institut Kral in Wien, von dem er bisher seine Kulturen bezogen hatte. Er beschwerte sich darüber, daß die ihm übersandten Typhuskulturen nicht virulent genug seien. Er wünsche andere, wirksamere. Die neue Bestellung zeigte, wie eingehend Hopf sich mit Werken über bakterielle Infektionen beschäftigt haben mußte. Er bestellte einen seltenen Stamm von Cholerabazillen, der unter dem Namen Vibrio El Tor bekannt war. »Wenn diese Art nicht zu beschaffen ist, dann schicken Sie mir die virulentesten Stämme direkt vom Kriegsschauplatz auf dem Balkan oder aus der arabischen Quarantänestation Elton«, schrieb er an das Wiener Institut. Und Hopf erhielt neue Kulturen, darunter auch Choleraerreger, die er nach eigenem Geständnis ebenfalls seiner Frau verabreichte.

Um jeden Verdacht von sich abzulenken, vergiftete Hopf auch die Krankenschwester, die seine Frau pflegte, und zwei Dienstmädchen. So sollte der Eindruck entstehen, sie alle seien an verdorbener Wurst erkrankt.

Später, nach Hopfs Verhaftung und Geständnis, wurden die vier Infizierten bakteriologisch untersucht. Bei allen fanden sich Beweise für die überstandene Infektion.

Natürlich zeigte sich ein so raffinierter Mörder nicht zu einem umfassenden Geständnis bereit. Jedes Teilgeständnis mußte ihm abgerungen werden. Professor Neisser hatte mit seinen Gutachten einen wesentlichen Anteil daran. Denn Hopf versuchte äußerst erfinderisch, den Besitz von Bakterienkulturen zu erklären. Einmal behauptete er, er habe sie färben und als mikroskopisches Anschauungsmaterial verkaufen wollen. Ein andermal erklärte er, damit Eigenversuche ausgeführt zu haben. Aber Professor Neisser wies ihm durch eine Blutuntersuchung nach, daß das eine Lüge war. Schließlich redete sich Hopf auf rein wissenschaftliches Interesse heraus. Doch dann mußte er zugeben, daß er keinerlei Geräte und Apparate besaß, um experimentieren zu können. Schließlich wurde auch festgestellt, daß Hopf bereits 1906 Bakterienkulturen besessen hatte, und zwar Tuberkuloseerreger. Seine damalige Frau war an Tuberkulose verstorben. Aber ein ursächlicher Zusammenhang zwischen Bakterienerwerb und Tod der Frau konnte nicht mehr nachgewiesen werden – eine Tatsache, deren sich Hopf bekanntlich gerühmt hatte.

Der Fall Hopf erregte großes Aufsehen. Tageszeitungen, Fachzeitschriften, Illustrierte berichteten darüber und knüpften daran sensationelle Spekulationen über ein kommendes Zeitalter ›wissenschaftlicher Morde‹.

Und das durchaus begründet. Es hatte sich gezeigt, wie leicht es für Hopf gewesen war, hochgefährliche Bakterienkulturen zu erwerben. Im kaiserlichen Deutschland gab es noch keine gesetzlich geregelte Kontrolle über den Umgang mit bakteriellen Giften. Seine Bestellungen hatte Hopf auf Briefbogen geschrieben, deren Kopf den Namen BAKTERIOLOGISCHES INSTITUT trug. Er hatte diese Briefbogen eigens für seine Bestellungen drucken lassen.

Es wurde versucht, die erregte Öffentlichkeit zu beruhigen. Die Presse bat Sachverständige, sich zum Fall Hopf und zur Gefahr des ›wissenschaftlichen Mordes‹ zu äußern. Die Sachverständigen beschwichtigten die Bevölkerung. So erklärte der Stuttgarter Stadtarzt Lempp: »Immerhin hat gerade der Fall Hopf gezeigt, daß es auch einem raffinierten Mörder schwerfällt, sein Ziel, ohne Verdacht zu erregen, ganz zu erreichen. Vor allem scheiden in der unauffälligen Verwendung als Mordwaffe von vornherein in einem Kulturstaat die Keime aus, die in der betreffenden Umgebung nicht allgemein wirksam sind; und da ansteckende Krankheiten meldepflichtig sind, birgt die Prüfung des Krankenfalles die Gefahr der Entdeckung in sich. Dazu kommt noch das für den Erfolg wesentliche Moment, ob in dem ausersehenen Opfer die gewählte Keimart auch wirksam werden kann. Hier ist mit dem im Verbrecherplan durchaus bekannten Faktor der individuellen Disposition beziehungsweise Indisposition oder der Immunität sowie mit der verschiedenartigen Abwehrfähigkeit des einzelnen zu rechnen.

Die Verwendung von krankheitserregenden Bakterien als Mordwaffe setzt also weitgehende Vorbildung und Sachkenntnis voraus und ist in ihrem Erfolg trotz sorgfältigster Vorbereitung und Ausführung zweifelhaft, da stets mit unbekannten Faktoren gerechnet werden muß. Die Gefahr der Ausbreitung dieser Art von Verbrechen wird dadurch wesentlich vermindert.«

Dr. Lempps Erklärung mochte damals die Öffentlichkeit beruhigt haben. Und er selbst hätte sich wohl auch nicht im Traum vorstellen können, daß der von ihm heruntergespielte ›wissenschaftliche Mord‹ eines Tages gigantische Ausmaße annehmen würde in dem Augenblick nämlich, als ›weitgehend vorgebildete und mit Sachkenntnis Ausgestattete‹ (um Lempps Worte zu gebrauchen) in staatlichem Auftrag Massenmorde begingen.

Zu den geplanten ›Wunderwaffen‹ Hitlers gehörten auch hochvirulente Bakterien. Das ist durch die Nürnberger Prozesse bewiesen worden. Es gab Pläne, mit Hilfe der V-Raketen tödliche Bakterien zu verbreiten. Vorbereitet wurde die bakteriologische Kriegführung in den faschistischen Konzentrationslagern. Dort wurden die Bakterienkulturen dadurch virulent gehalten, daß man sie immer von neuem auf gesunde Häftlinge übertrug. Tausende von Menschen, darunter auch viele Frauen, wurden zu Versuchstieren der Lagerärzte. Krankheiten, die in Europa längst ausgestorben waren, erwachten in den Infektionsbaracken zu grauenhaftem Leben: Pest, Fleckfieber, Cholera.

So gestand C. L. Lautenschläger, Leiter der I. G.-Farbenwerke Hoechst, vor dem Internationalen Kriegsgericht: »Mir war klar, daß Doktor Ding keine klinischen Versuche an fleckfieberkranken Soldaten durchgeführt hatte, sondern an künstlich infizierten Menschen.«

Der hier genannte ›Arzt‹, Dr. Ding-Schuler, war SS-Hauptsturmführer und leitete im Konzentrationslager Buchenwald die bakteriologischen Morde, um, wie es im Protokoll des Internationalen Militärgerichts Nürnberg hieß, ›die Erzeugnisse der I.G. Farben zu prüfen.‹

Als Beweise für die massenhaften Menschenversuche in den Konzentrationslagern liegen die Tagebücher und Statistiken der Mörder im Arztkittel vor. Im Nürnberger Ärzteprozeß 1947 verurteilte der Erste Amerikanische Militärgerichtshof mehrere von ihnen zum Tode.

Heute, ein halbes Jahrhundert danach, ist die Gefahr des ›wissenschaftlichen Mordes‹ noch immer nicht gebannt. Der Kalte Krieg hat in West und Ost die Herstellung von Massenvernichtungswaffen bewirkt, darunter auch die biologischen Mordpotentiale. Erst die endgültige Ächtung und Vernichtung dieser Waffen kann die Gefahr des massenhaften ›wissenschaftlichen Mordes‹ ein wenig verringern.

II

VERWISCHTE SPUREN

*Wurde im I. Kapitel über gesicherte Spuren berichtet, über Fälle
also, in denen Gerichtsmediziner zweifelsfrei unklare Todesfälle
mit aufklären halfen, werden im II. Kapitel Fälle vorgeführt, die
nicht eindeutig geklärt werden konnten oder zumindest einen
Rest von Zweifeln offenließen. Daß solche Fälle dubios, d.h.
zweifelhaft blieben, hat verschiedene Ursachen.*

*So kann ein Leichenschauarzt einen unnatürlichen Tod für
natürlich halten, so daß gar keine gerichtsmedizinische Klärung
erfolgt.*

*So können durch eine fehlerhafte kriminalistische Ermittlung
Spuren falsch beurteilt, übersehen oder gar verwischt werden.*

*So akzeptiert das Gericht die Beweisführung gerichtsmedizi-
nischer Experten nicht oder bildet sich auf Grund der Indizien
kein sicheres Urteil.*

*So können sich auch die gerichtsmedizinischen Experten
selbst irren oder zu unterschiedlichen Meinungen kommen.*

*Denn auch der Wissenschaftler kann sich irren. Die Wis-
senschaft schreitet schneller fort, als der einzelne Wissenschaftler manchmal verarbeiten kann. Die sich vehement ausdehnen-
den wissenschaftlichen Erkenntnisse zwingen auf allen
Gebieten zu immer stärkerer Spezialisierung der einzelnen
Wissenschaftler. Nur »eine einzige Wissenschaft«, schrieb
Obermedizinalrat Dr. Dennemark schon vor Jahren, »ist noch
ernsthaft der Ansicht, daß ein einziger Mensch das Gesamtge-
biet beherrschen kann, und das ist die Gerichtsmedizin. Hier
beschäftigt sich derselbe Arzt auf dem Gebiet der Pathologie,
der Gynäkologie, der Psychiatrie und der internen Medizin
und beurteilt, wenn nötig, auch noch, ob ein Zeuge in der*

Dämmerung hundert Meter weit sehen und dabei Einzelheiten erkennen kann.«

Sicher ist diese Bemerkung etwas zugespitzt, sicher sehen wir auch auf dem Gebiet der Rechtsmedizin eine wachsende Spezialisierung.

Eine weitere Ursache für gerichtsmedizinische Fehlurteile ist nach Ansicht des Gerichtsmediziners Professor W. Jansen der Unterschied zwischen medizinischer und juristischer Fragestellung. Der Mediziner, so betont Jansen, dürfe keine rechtliche Wertung vornehmen, also keine Antwort auf die Frage nach Schuld oder Unschuld geben, sondern dürfe lediglich medizinische Sachverhalte feststellen. Da sich aber juristische Urteile hinwiederum oft auf medizinische stützen müssen, sei nicht immer auszuschließen, daß der Mediziner indirekt doch auch juristisch werte. Dem wäre hinzuzufügen, daß es einzelne Gutachter gibt, die durch eine zu enge Bindung an eine der Prozeßparteien zu parteiischen Gutachten neigen.

Schließlich gab und gibt es Gutachter, wie sie der englische Gerichtsmediziner Sidney Smith am Beispiel seines Kollegen Spilsbury charakterisierte: »Er konnte seine Meinung nicht mehr ändern, wenn sie einmal ausgesprochen war. Sein Glaube an sich selbst war so stark, daß er sich einfach nicht vorstellen konnte, einen Fehler gemacht zu haben.« Der Glaube an die eigene Unfehlbarkeit ist das Ende jeglicher Wissenschaft.

Verwischte Spuren, dubiose Fälle – ein Rest von Zweifeln bleibt. Mehr als die Gewißheit reizt der Zweifel zum Nachdenken und Weiterdenken an.

Der Dackelblut-Fall

»Viel Spaß!« rief Frau Wassing ihrer dreiundzwanzigjährigen Tochter nach, als diese die Korridortür öffnete.

Hildegard winkte einen Abschiedsgruß und eilte die Treppe hinunter. Als sie ins Freie trat, trieb ihr der Wind naßkalten Schnee ins Gesicht. Sie zog sich die gefütterten Handschuhe über und ging auf den schwarzen Mercedes S 170 zu, der am Straßenrand stand. Die Tür am Beifahrersitz wurde von innen geöffnet. Hildegard Wassing stieg ein.

Am Steuer saß ein gutaussehender junger Mann mit schmalem Gesicht. Er trug einen dunklen Anzug, weißes Hemd und grauen Schlips. Peter Falkenberg arbeitete als Kraftfahrer in einem Ministerium. Hildegard hatte den siebenundzwanzigjährigen Peter vor kurzem in einem Düsseldorfer Tanzlokal kennengelernt. Heute, am 7. Februar 1956, wollten sie zum ersten Mal den Abend gemeinsam verbringen.

Der Wagen fuhr an. Das Mädchen lehnte sich tief in den Sitz zurück und genoß Wärme und Musik.

»Fahren wir wieder tanzen?« fragte sie.

»Warum nicht? Wollen wir zuvor essen gehen?«

»Das hat noch Zeit.«

Falkenberg nickte. Hildegard stellte fest, daß sie nun den Vorort verließen und stadtauswärts fuhren. Auch gut, dachte sie, es ist schön, durch Dunkel und Schneegestöber zu fahren.

Plötzlich legte sich Peters Hand auf ihr Knie.

»Legen Sie Ihre Hand lieber auf den Lenker«, sagte sie, »die Straße ist glatt.«

Peter lachte. »Ja, sie ist glatt. Da halte ich lieber an.«

Er fuhr rechts bis hart an den Straßenrand, schaltete den Motor und die Scheinwerfer aus, ließ nur das Standlicht brennen und zog die Handbremse an. Zu beiden Seiten der Straße lag freies Feld. Falkenberg legte seinen rechten Arm um Hildegards Schultern, zog sie zu sich heran, küßte sie.

Bald waren Front- und Heckscheibe zugeschneit. Ab und zu wurde es für Augenblicke hell im Wagen, wenn ein anderer vorüberfuhr ...

Eine halbe Stunde war inzwischen vergangen, als sich von hinten wiederum ein Wagen näherte. Aber er überholte nicht, sondern blieb dicht hinter dem Mercedes stehen. Peter und Hildegard nahmen es wahr, ohne sich Gedanken darüber zu machen. Vielleicht dachten sie: auch ein Liebespaar wie wir.

Erschrocken fuhren sie auseinander, als plötzlich beide Vordertüren gleichzeitig aufgerissen wurden. Was dann geschah, konnten sie bewußt nicht mehr wahrnehmen, es waren die unbeschreiblichen letzten blitzhaften Augenblicke zwischen Leben und Tod.

Am nächsten Morgen liefen in zwei verschiedenen Abteilungen der Kriminalpolizei Düsseldorf zwei Meldungen ein, die noch in keinem Zusammenhang miteinander standen. Frau Wassing meldete, daß sie ihre Tochter vermisse; Hildegard sei am Abend zuvor mit einem Freund – Peter heiße er – weggefahren und nicht wieder zurückgekehrt.

Ein Ministerialbeamter namens Dreyfuß meldete, daß sein Chauffeur Peter Falkenberg morgens nicht zum Dienst erschienen und samt dem Wagen, einem schwarzen Mercedes mit dem Kennzeichen R209-448 verschwunden sei.

Stunden später lief eine weitere Meldung ein. Eine Frau hatte vor ihrem Haus einen fremden Mercedes abgestellt gefunden, dessen Scheinwerfer noch brannten. Es war der Wagen, den Dreyfuß als vermißt gemeldet hatte. Der Polizist, der ihn abholte, entdeckte auf den Vorder- wie auf den Hintersitzen ausgedehnte Blutspuren. Die Mordkommission wurde einbezogen.

Kriminalhauptkommissar Botte von der Mordkommission nahm den Wagen sogleich selbst in Augenschein und ließ alle Spuren darin sichern. Botte vermutete, es könne sich hier um einen weiteren ›Kraftwagenmord‹ handeln, den dritten innerhalb weniger Jahre. 1953 waren ein Rechtsanwalt und sein Freund, als sie in einer Seitenstraße parkten, von zwei maskierten Männern überfallen worden. Der Rechtsanwalt war erschossen, sein Freund durch Schläge schwer verletzt worden. Dann hatten die Täter ihre Opfer ausgeraubt.

Wenige Wochen vor dem Verschwinden Peter Falkenbergs und seiner Freundin hatte man in einem Kalksee ein Auto gefunden. Zwei Tote befanden sich darin – ein sechsundwanzigjähriger Bäcker und seine Freundin, die während einer Liebesstunde im Auto ermordet worden waren. Die Vermutung, die Blutspuren im Mercedes könnten auf einen neuen Liebespaarmord hindeuten, gab nun der Vermißtenmeldung von Frau Wassing ein ganz anderes Gewicht. Der Vorname des Freundes ihrer Tochter, Peter, stimmte mit dem Vornamen von Dreyfuß' Chauffeur überein. Die Blutspuren im Wagen ließen keinen Zweifel, daß ein Verbrechen geschehen war, denn von den beiden jungen Leuten fehlte noch immer jede Spur. Deshalb ordnete der Chef der Düsseldorfer Kriminalpolizei, Kriminaldirektor Dr. Wehner, die Fahndung nach den beiden Vermißten an.

Am frühen Morgen des nächsten Tages fuhr in der Nähe eines Dorfes bei Düsseldorf ein Mann zur Arbeit. Auf freiem Feld entdeckte er einen abgebrannten Strohschober. Er ging hin und fand in der noch schwelenden Asche zwei verkohlte Leichen.

Die Mordkommission von Mönchengladbach, die für diesen Fall zuständig war, konnte die Toten nicht identifizieren. Inzwischen hatte die Kripo Düsseldorf von dem Leichenfund erfahren. Dr. Wehner zweifelte nicht, daß Überreste von Peter Falkenberg und Hildegard Wassing gefunden worden waren. Das Gerichtsmedizinische Institut in Düsseldorf übernahm die Obduktion. Sie ergab, daß der männliche Tote einen Schuß zwischen Kinn und Wirbelsäule und eine Anzahl Schläge auf den Kopf erhalten hatte. Der weibliche Leichnam wies ebenfalls zahlreiche Kopfverletzungen auf.

Die Identifizierung erfolgte durch einen Schlüsselbund des Toten, sein Gebiß und durch die Handschuhe Hildegards. Die Tat zu rekonstruieren war anhand der Indizien nicht schwierig: Das Liebespaar war im Wagen überfallen, ermordet und beraubt worden und sollte durch Verbrennung beseitigt werden. Den Wagen hatten der oder die Täter in Düsseldorf abgestellt. Der erneute ›Liebespaarmord‹ wurde zur Sensation und zwang die Kriminalpolizei zu fieberhafter Ermittlung. Es wurde eine Sonderkommission unter Leitung von Kriminalrat Junge gebildet.

Zeugen gab es nicht. Im Mercedes ließen sich keine brauchbaren Spuren finden. Der Tatort war unbekannt. Die Ermittlungen begannen am Nullpunkt.

Dabei boten sich zwei Richtungen an. Entweder betrachtete man den Anschlag auf Peter und Hildegard als einen der vielen Raubmorde. Oder man sah darin eine Fortsetzung der beiden früheren Überfälle auf Liebespaare in Kraftwagen. Kriminalrat Junge entschied sich für die zweite Version.

Die Kriminalistik kennt genügend Beispiele, daß die besondere Situation des Opfers auch Rückschlüsse auf die Besonderheit oder auch Absonderlichkeit des Täters erlaubt.

Junge war davon überzeugt, der oder die Täter müßten absonderliche Persönlichkeiten sein. Diese Überzeugung lenkte von Anfang an die Ermittlung in eine ganz bestimmte Richtung. Entsprechend Junges Hypothese suchten die Ermittler nach einem solchen Typ. Und wer ›Außenseiter‹ sucht, findet einen solchen auch bald. Vor allem scheue und kontaktarme Menschen werden häufig für absonderliche Einzelgänger gehalten.

Im Dorf Büderich bei Düsseldorf stieß einer von Junges Leuten auf einen solchen ›Sonderling‹. Er hieß Erich von der Leyen, war fünfundzwanzig Jahre alt und von Beruf Reisevertreter. Früher hatte er in der Gärtnerei seines Vaters in Büderich gearbeitet und später eine Vertretung von Landmaschinen für das Düsseldorfer Gebiet übernommen. Er benutzte einen VW als Firmenwagen.

Über Erich von der Leyen gab es nichts Auffälligeres zu berichten, als daß er ein Einzelgänger war. Das genügte der Sonderkommission, um sich näher mit ihm zu beschäftigen. Das Interesse der Kriminalisten wuchs, als Leyen bei der ersten Befragung nicht sagen konnte, wo er sich in der Mordnacht aufgehalten hatte. Er konnte sich nicht mehr genau erinnern, es war zwei Wochen her. Er nahm an, er sei zuhause gewesen, konnte das aber nicht beweisen. Das Fahrtenbuch seines Firmenwagens gab auch keinen Aufschluß, die Eintragungen waren teils lückenhaft, teils nachträglich verändert. Das verstärkte den Verdacht gegen Leyen. Der Verdacht wurde zur Gewißheit, als man bei der Untersuchung seines Wagens auf den Schonbezügen Blutflecke entdeckte. Die Schonbezüge wurden sichergestellt, ebenfalls eine Jacke und ein Mantel, die auch Blutspuren aufwiesen.

Die Kripo sah sich nun auf einer heißen Spur. Sie hielt Leyens Erklärung, woher das Blut stammen könnte, für lächerliche Ausreden. Leyen behauptete nämlich, er habe vor kurzem geschlachtetes Geflügel transportiert. Das Blut könne aber auch von der Dackelhündin seiner Freundin stammen. Er habe neulich mit dem Tier gespielt, und es sei gerade läufig gewesen.

Die Kripo übergab Schonbezüge und Kleidungsstücke dem Gerichtsmedizinischen Institut in Düsseldorf, dessen Direktor Professor Kurt Böhmer war. Im Institut sollten Blutart und Blutgruppe der Spuren festgestellt werden.

Einen Tag später gab das Institut telefonisch einen vorläufigen Befund an die Kripo: unabhängig von weiteren Untersuchungen stehe schon jetzt fest, daß es sich um Menschenblut handele.

Junge ließ Leyen festnehmen. Er zweifelte nicht daran, ihn zu einem Geständnis zu bringen. Immer wieder hielt er ihm vor, seine Behauptung, das Blut sei Tierblut, sei bereits gerichtsmedizinisch widerlegt. Er solle doch zugeben, Peter Falkenberg und Hildegard Wassing getötet zu haben. Die dabei an seiner eigenen Kleidung entstandenen Blutspuren hätten sich dann auf seinen eigenen Wagen übertragen.

Leyen hielt verbissen dem Druck der pausenlosen Verhöre stand. Er beharrte auf seiner Ansicht, das Blut müsse von der läufigen Dackelhündin stammen.

Leyens Freundin bestätigte, daß ihre Hündin zur fraglichen Zeit tatsächlich läufig gewesen war. Kriminalrat Junge vergewisserte sich bei den Gerichtsmedizinern nochmals, daß es sich um Menschenblut handele. Kurz darauf traf auch der von Professor Böhmer unterzeichnete Befund ein, der die Blutgruppenbestimmung enthielt. Die Blutspuren auf den Schonbezügen gehörten zur Gruppe A und B und die Blutspuren auf Leyens Hose zur Gruppe B. Leyen selbst hatte die Blutgruppe 4. Von ihm konnte also das Blut der Gruppe B nicht stammen. Aber Falkenberg hatte die Blutgruppe B gehabt, dieselbe Blutgruppe wie die Opfer des Liebespaarmörders im vergangenen Jahr. Junge war sich nun sicher, daß Leyen dieser Mörder sei. Aber sein Chef, Kriminaldirektor Dr. Wehner, machte sich Gedanken über Leyens hartnäckiges Leugnen. Sind die Beweise gegen Leyen vielleicht doch nicht stichhaltig? Um sich Gewißheit zu verschaffen, verfiel Wehner auf einen Trick, wie ihn sich ein fantasievoller Kriminalschriftsteller ausgedacht haben könnte. Er beschaffte sich Dackelblut und schickte es als Blut irgendeines Tatverdächtigen an Professor Böhmers Institut. Das Institut antwortete, das Blut müsse bei der Entnahme verunreinigt worden sein, man solle dem Betreffenden nochmals eine Blutprobe entnehmen.

Wehner war entsetzt. Im Institut hatte man das Hundeblut für wenn auch ›verunreinigtes‹ – Menschenblut gehalten!

Damit begann die Wende in der Voruntersuchung gegen Erich von der Leyen. Wehner forderte Professor Böhmer auf, die asservierten Gegenstände – Schonbezüge und Kleidungsstücke der Kriminalpolizei zurückzuschicken, es seien neue Analysen notwendig geworden. Böhmer lehnte ab. Wehner erzwang mit Hilfe der Staatsanwaltschaft die Herausgabe der Beweisstücke. Wehner schickte Junge mit den Asservaten zum Bundeskriminalamt in Wiesbaden. In der biologischen Abteilung sollten die noch vorhandenen Blutproben untersucht und das Düsseldorfer gerichtsmedizinische Gutachten überprüft werden.

Der Leiter der biologischen Abteilung, Dr. Martin, besaß große Erfahrung in der kriminalistischen Auswertung biologischer Spuren. Er war auch Fachmann für Blutgruppenbestimmung. Bereits unter dem Mikroskop entdeckte Dr. Martin, daß sich in den betreffenden Blutproben glykogenhaltige Epithelzellen befanden, die vermuten ließen, das Blut sei mit einem Menstrualsekret vermischt. In Kenntnis von Wehners Zweifeln am Böhmer-Gutachten untersuchte Dr. Martin nun Blutart und Blutgruppe. Die Blutspuren auf den Schonbezügen und an Leyens Kleidungsstücken waren eindeutig Hundeblut.

Daß man in Düsseldorf auch Gruppeneigenschaften festgestellt zu haben glaubte, war belanglos, da auch Hundeblut Gruppeneigenschaften besitzt. Dr. Martin wies darauf hin, es seien noch genügend Blutproben vorhanden, um die Tests zu wiederholen.

Als Wehner diesen Bericht erhielt, war ihm klar, daß die wochenlange Ermittlungsarbeit der Düsseldorfer

Sonderkommission in eine Sackgasse geraten war. Leyen hatte die Wahrheit gesagt, der wirkliche Mörder lief immer noch frei herum. Wehner übermittelte Professor Böhmer das Wiesbadener Gutachten. Mehrere Tage vergingen, bis endlich Böhmers Stellungnahme eintraf. Man habe sich geirrt, es handele sich bei allen Blutspuren um Hundeblut.

Leyen, dem dieser Irrtum fast zum Verhängnis geworden war, wurde freigelassen.

Das Institut erklärte den Irrtum durch Mängel des vom Behring-Konzern hergestellten Testserums. Es fehle an einer staatlichen Kontrolle des Materials. Das war aber nur die halbe Wahrheit. Denn jeder Serologe muß vor der Untersuchung die Zuverlässigkeit des Testserums überprüfen. Diese hauseigene Kontrolle hatte nicht stattgefunden. Für diese Fahrlässigkeit trug Professor Böhmer als Institutsdirektor die Verantwortung. Aber Professor Böhmer war nicht bereit, diese Verantwortung zu tragen. Im Gegenteil, er äußerte, er sei grundsätzlich der Ansicht, daß ein Professor in gerichtsmedizinischen Dingen nicht überprüfbar sei. »Denn wenn man dies zugibt, dann muß man von vornherein zugeben, daß einem Ordinarius für gerichtliche Medizin Fehler unterlaufen können, die der Nachprüfung zugänglich sein können. Ich bin aber der Ansicht, daß dies bei uns gar nicht der Fall sein kann und daß man daher das Ansinnen, einem Ordinarius der gerichtlichen Medizin nachzuweisen, daß er sich geirrt habe, zurückweisen müßte.«

Die Ermittlungen in diesem Mordfall waren bereits im Anfangsstadium der kriminalistischen Ermittlung wie der gerichtsmedizinischen Begutachtung auf solche Abwege geraten, daß der Fall nicht mehr befriedigend aufzuklären war. Im Sommer 1956 wurden zwei junge Männer festgenommen, denen die Ermordung des homosexuellen Rechtsanwalts und seines Freundes nachgewiesen werden konnte. Aber die Beweise, daß die beiden auch Peter Falkenberg und seine Freundin ermordet hatten, reichten nicht aus.

Ein zweifelhafter Freispruch

Viele Gerichtsprozesse, die zu ihrer Zeit zu Sensationsprozessen wurden, sind heute vergessen. Neue und immer gewalttätigere Verbrechen verdrängen die Erinnerung an vergangene. Trotzdem bieten auch diese immer noch interessante Einblicke in die gerichtsmedizinische und juristische Beweisführung, in deren Erfolge und Irrtümer und ihre wissenschaftsgeschichtlich bedingten Grenzen.

Ein Beispiel dafür ist der Hußmann-Prozeß, der trotz überzeugender gerichtsmedizinischer Beweise mit einem Freispruch des mutmaßlichen Mörders Hußmann endete.

Das Verbrechen spielte sich in einer Märznacht 1928 in Gladbeck ab.

Schulrektor Daube und seine Frau wurden morgens gegen halb vier aus dem Schlaf geschreckt. Draußen auf der Straße rief jemand um Hilfe. Die Eheleute lauschten. Die Rufe wiederholten sich noch mehrmals, wurden aber immer schwächer.

Daube verließ schließlich das Bett und trat ans Fenster. Im Schein einer entfernten Gaslaterne sah er eine Gestalt auf dem Fußweg vor dem Haus liegen. Eine zweite Gestalt erhob sich gerade aus ihrer gebückten Haltung und eilte davon.

»Was ist denn?« fragte Frau Daube schlaftrunken.

»Zwei Männer. Irgendein Streit. Einer liegt auf dem Bürgersteig. Wahrscheinlich betrunken.«

Daube ging wieder ins Bett.

»Ist denn Helmut schon zuhause?« fragte seine Frau.

»Ich glaube nicht. Habe ihn jedenfalls nicht heimkommen gehört.«

Daube und seine Frau schliefen bald wieder ein.

Anderthalb Stunden später – es war kurz nach fünf – erwachte der Rektor erneut. Der Schein einer Handlaterne huschte mehrmals über die Fensterscheiben. Von der Straße her kamen Geräusche und Stimmen. Daube trat wiederum ans Fenster und erblickte mehrere Männer, darunter zwei Polizisten. Die Gestalt lag noch immer auf dem Pflaster. Im Schein von Handlaternen erkannte Daube den Arzt Dr. Lichey, der nebenan wohnte.

Daubes Neugier war geweckt. Er ließ seine Frau weiterschlafen, kleidete sich an und ging hinaus auf die Straße. Er wandte sich an Dr. Lichey, der sich mit einem Herrn unterhielt.

»Was ist denn passiert, Doktor?« fragte Daube.

Lichey wies auf die reglose Gestalt. »Ein Mord.«

Daube trat näher und erschrak. Vor ihm lag ein Mann mit durchschnittener Kehle. »Um Himmelswillen«, sagte Daube, »ich bin vorhin aufgewacht und habe hinausgeschaut und einen Mann weglaufen sehen.«

»Haben Sie ihn denn erkannt?« fragte der Herr neben Lichey.

»Dazu war es zu dunkel.«

»Kriminalkommissar Detlefsen«, stellte sich der Frager vor. Und fügte hinzu: »Kennen Sie den Toten?«

»Nein«, erwiderte Daube. Er beugte sich über das blutverschmierte Gesicht. »Nein, bestimmt nicht«, wiederholte er. Er wollte sich schon dem schrecklichen Anblick entziehen, als sein Blick auf den Mantel des Toten fiel. Er bückte sich und nahm den Mantelsaum in die Hand.

»Mein Gott!« schrie Daube auf. Er richtete sich taumelnd auf. »Es ist unser Sohn! Helmut!«

»Helmut?« fragte Dr. Lichey bestürzt. »Ich habe ihn nicht erkannt.« Er blickte auf das entstellte blutige Gesicht. »Wie sollte ich auch.«

Kriminalkommissar Detlefsen erfuhr bruchstückhaft von dem völlig gebrochenen Vater, daß sein Sohn vor wenigen Tagen das Abitur abgelegt und gestern Abend mit einigen Freunden den Schulabschluß gefeiert hatte. Auch einige ›Alte Herren‹ hatten am Bierabend teilgenommen, unter ihnen ein Kollege von Dr. Lichey. Der Arzt erbot sich, den Kollegen anzurufen, ob er vielleicht irgendeinen sachdienlichen Hinweis über den Verlauf des Kommers geben könnte.

Dr. Lichey kehrte bald darauf zurück und berichtete, sein Kollege und zwei weitere Herren seien heute morgen mit Helmut Daube und dessen Freund Hußmann heimgekehrt. Gegen 3 Uhr 10 hätten sie sich dann von den beiden jungen Leuten getrennt. Hußmann also hatte wahrscheinlich als letzter Helmut Daube lebend gesehen. Dr. Lichey erbot sich, auch Hußmann anzurufen.

Inzwischen war es sechs Uhr geworden. Lichey rief bei Hußmanns Pflegeeltern an, ließ Hußmann ans Telefon holen und teilte ihm mit, sein Freund sei ermordet worden. Hußmann versprach, sofort zum Tatort zu kommen.

Wenig später traf Hußmann mit dem Fahrrad ein. Stumm begrüßte er den Vater seines Freundes. Kommissar Detlefsen forderte Hußmann auf, sich den Toten anzusehen. Hußmann lehnte das ab. Sein Verhalten wirkte kalt und gleichgültig.

In Rektor Daubes Wohnung vernahm Kommissar Detlefsen den Freund des Toten etwas genauer. Vor allem interessierte ihn der Zeitablauf nach Ende der Abiturfeier. Als fester Eckpunkt des Geschehens galt 3 Uhr 10, als sich – wie inzwischen von den anderen Zeugen bestätigt – Daube und Hußmann von diesen getrennt hatten. Hußmann sagte, er habe Daube gebeten, ihn noch bis zu sich nach Hause zu begleiten. Daube habe auch eingewilligt. Vor Hußmanns Wohnung hätten sie sich dann voneinander verabschiedet, Daube sei allein nach Hause gegangen. Was danach geschehen sei, wisse er natürlich nicht.

»Wann etwa hat Helmut Sie verlassen?«

»Wenn die Herren sagten, wir hätten uns um 3 Uhr 10 getrennt, brauchten wir noch etwa zehn Minuten bis zu mir. Er hat sich also gegen 3 Uhr 20 von mir verabschiedet.«

Detlefsen notierte sich Weg und Zeit. Da erblickte er auf Hußmanns Schuhen eingetrocknete Blutstropfen. Der Form nach zu urteilen, waren sie von oben herabgefallen.

»Was sind das für Blutstropfen auf Ihren Schuhen?«

»Nasenbluten, Herr Kommissar.«

»Wann?«

»Ich weiß nicht mehr. Ist möglicherweise auch Katzenblut. Habe vor zwei Tagen eine Katze getötet. Wissen Sie, diese Katzen sind eine Plage. Wenn ich eine erwische, töte ich sie.«

Detlefsen und seine Mitarbeiter beschlossen, in Hußmanns Wohnung eine Haussuchung vorzunehmen.

Hußmann wohnte bei seinen Pflegeeltern. Der Pflegevater war ebenfalls Schulrektor, seine Frau war mit Hußmann verwandt. Die Pflegeeltern konnten nicht sagen, wann Hußmann nachts heimgekehrt war, konnten also auch nicht bestätigen, ob er um 3 Uhr 20 die Wohnung betreten hatte. Die Kriminalisten fanden auch an Hußmanns Mantel Blutflecken, desgleichen an der linken Manschette seines Oberhemdes. Detlefsen nahm Hußmann in Untersuchungshaft.

Kurz zuvor hatten die Polizisten eine grausige Entdeckung gemacht. Als Helmut Daubes Leiche aufgehoben und ins Gerichtsmedizinische Institut verbracht werden sollte, sahen sie, was der Mantel bisher verborgen hatte. Helmut Daubes Geschlechtsteile waren abgeschnitten worden.

Dieser Tatbestand gab dem Mord einen neuen, einen sexuellen Aspekt. Möglicherweise handelte es sich um einen Lustmord – wenn auch Lustmord an einem Mann ungewöhnlich wäre. Es konnte aber auch ein sexuell motivierter Racheakt oder eine Bestrafung aus Eifersucht sein. Auf jeden Fall deutete die Tat auf ein Beziehungsverbrechen hin. Und da inzwischen bekannt war, daß zwischen Hußmann und Daube eine enge freundschaftliche Beziehung bestanden hatte, ermittelte die Kriminalpolizei nun verstärkt in dieser Richtung weiter, zumal sich bereits durch die blutigen Schuhe und das Blut an Mantel und Hemdsärmel ein Verdacht gegen Hußmann ergeben hatte.

Auch hatte sich erwiesen, daß Hußmann über die letzten Minuten seines Zusammenseins mit Daube gelogen hatte. Das Weg-Zeit-Diagramm hatte ergeben, daß Daube unmöglich den Hußmann erst zu dessen Wohnung begleitet haben konnte. Wäre das der Fall gewesen, wäre er nicht bereits um 3 Uhr 30 bei seiner eigenen Wohnung angekommen. Daß er um 3 Uhr 30 ermordet wurde, stand fest, da sich sein Vater genau an die Zeit erinnerte, als er aufgestanden, zum Fenster getreten war und den Schlußakt des Verbrechens gesehen hatte.

Die kriminalistischen Ermittlungen verliefen – ebenso wie die spätere Gerichtsverhandlung – äußerst kompliziert. Zweifellos lag ein sexuell motiviertes Verbrechen vor. In dieses Verbrechen verwickelt waren als Opfer wie als mutmaßlicher Täter zwei Neunzehnjährige, die bis vor wenigen Tagen zu einem festen gleichaltrigen Klassenverband gehört hatten. Die Klassenkameraden sollten nun über Beziehungen aussagen, die für sie hinter einer zweifachen Hemmschwelle lagen. Einmal gehörte es zur Klassenehre, einen Kameraden nicht durch belastende Aussagen in Schwierigkeiten zu bringen. Zum andern ging es um eine heikle sexuelle Problematik, deren Erörterung damals noch weitgehend tabuisiert war. Trotzdem ergab die Ermittlung genügend Verdachtsmomente gegen Hußmann, die am Ende auch zu Anklageerhebung und Gerichtsprozeß führten.

Hußmanns Freundschaft mit Daube war eng, aber auch

spannungsreich gewesen. Beide waren sehr unterschiedliche Charaktere. Daube war ein verschlossener sensibler Junge, zugleich aber selbstbewußt und geltungsbedürftig. Hußmann dagegen wirkte kontaktfreudig, angepaßt, manchmal auf süßliche Art schmeichlerisch. Auch kannte man an ihm Anfälle von Jähzorn und Aggressivität.

Die Freundschaft zwischen beiden war im vorletzten Schuljahr durch ein gemeinsames Interesse entstanden. Daube und Hußmann suchten ihr Bedürfnis nach Anerkennung in einem sogenannten Bibelkreis zu befriedigen. Dieser Bibelkreis, den Hußmann einige Zeit leitete, sollte, wie die Satzung sagte, der sittlichen Hebung des Lebens dienen, den Mitgliedern helfen, durch Gebete Gott näher zu kommen und sie zu befähigen, dem Kreis Fernstehende zu bekehren. Auch Daube gehörte dem Bibelkreis an, er hatte ausgesprochen theologische Interessen. Er und Hußmann waren sich darin einig, den Bibelkreis zu ›reformieren‹.

Daube, ein Mensch mit strengen ethischen Grundsätzen, merkte aber bald, daß sich Hußmanns religiöse Schwärmerei nicht mit dessen Lebensführung vereinbaren ließ. Nicht nur mißhandelte Hußmann jüngere Schüler, er war auch gegenüber Mitschülern und kleineren Jungen sexuell aggressiv. Seine homosexuellen Neigungen waren bekannt, und wahrscheinlich kam es auch mit Daube zu einer solchen Beziehung. Daubes Mutter sagte unter Eid aus, Helmut habe ihr das gestanden. Zugleich litt Daube wohl unter diesem Verhältnis, dem er sich nicht entziehen konnte, obwohl er es versuchte. Vor allem wuchs die dadurch bedingte Spannung zwischen beiden, als Daube ein Mädchen kennenlernte. Hußmann war sehr eifersüchtig und trachtete danach, die Beziehung zu dem Mädchen zu zerstören. Zum offenen Konflikt kam es mit Daube, als dieser kurz vor dem Abitur Hußmann mitteilte, er wolle Gladbeck verlassen und woanders ein Studium beginnen. Hußmann fürchtete, sein Freund würde den räumlichen Abstand benutzen, um sich endgültig von ihm zu trennen.

Noch am Tage des Mordes hatte die Obduktion Daubes stattgefunden. Sie hatte für die Klärung des Falles wichtige Befunde erbracht, die auszugsweise wiedergegeben werden:

Ober- und Unterlippe sind durch lange scharfe Schnitte durchtrennt. Die gesamten Weichteile des Halses oberhalb des Schildknorpels sind bis auf die Wirbelsäule durchtrennt. Der Schnitt ist fast 17 cm lang, die Wunde klafft etwa 10 cm auseinander. Die große Halsschlagader, Vagus und Drosselvene sind durchtrennt.

Der Penis ist bis auf einen kurzen Stumpf abgeschnitten. Der Hodensack, die Hoden und ein großer Teil der Bauchhaut sind entfernt worden.

An den Fingern beider Hände finden sich Abwehrverletzungen. Die Schnitte sind tief und reichen bis auf die Fingerknochen.

Abschließend heißt es im Gutachten: Der Tod ist erfolgt durch Schnittverletzungen der großen Halsgefäße rechts und links des Kehlkopfs. Nach Art der Verletzung liegt fremde Schuld vor.

Mit diesem gerichtsmedizinischen Befund war noch kein Hinweis auf den möglichen Täter gegeben. Erst die Untersuchung der Blutspuren an Hußmanns Kleidung verstärkte den Verdacht gegen Hußmann erheblich.

Dem chemischen Untersuchungsamt Recklinghausen, das die Analyse vornahm, standen die Blutspuren am Mantel, an den Schuhen und am linken Hemdsärmel Hußmanns zur Verfügung. Besonders zahlreiche Blutflecken fanden sich an den Schuhen, und zwar auf den Kappen wie an der Innenseite. Diese waren teilweise an der Naht eingetrocknet. Alle diese Blutspuren gehörten zur Blutgruppe A. Der Ermordete hatte ebenfalls die Blutgruppe A, Hußmann dagegen die Blutgruppe 0. Somit war Hußmanns Behauptung widerlegt, das Blut an seiner

Kleidung wäre entweder Katzenblut oder eine Folge seines Nasenblutens. Das Ergebnis dieser Analyse war, wie die Berichterstatter, die Professoren Müller-Hess und Hübner schrieben, ›ein schwerwiegendes Indizium im Rahmen des gesamten Tatbestandes‹.

Müller-Hess und Hübner haben anhand der Polizeifotos und des Obduktionsbefundes den vermutlichen Tathergang rekonstruiert. Darüber hieß es in ihrem Bericht u. a.:

»Der Haupthalsschnitt beginnt links unten spitzwinklig und endet rechts oben in der Gegend des rechten Warzenfortsatzes breit, klaffend mit ausgerundetem rechten Wundwinkel. Die Wundränder lassen erkennen, daß der Täter im Zuge des Schnittes die Richtung des Messers geändert hat. Der Schnitt muß von links nach rechts geführt worden sein. Wenn man sich das vergegenwärtigt, muß der Täter hinter seinem Opfer oder links seitwärts von ihm gestanden haben. Damit stimmen auch die Abwehrverletzungen überein, welche der Getötete an seinen Händen aufwies. Offenbar hat der Ermordete mit beiden Händen das Messer von seinem Halse abzuhalten versucht, wobei die Schneide desselben über die Kleinfingerkante der rechten Hand wuchtig hinweggezogen ist, so daß dort die Weichteile bis auf die Knochen durchschnitten worden sind. Der rechte Daumen, mit welchem der Getötete wahrscheinlich hinter das Messer gegriffen hat, hat wiederum eine ziemlich tiefe Schnittwunde davongetragen. Die Schnittverletzungen an den Lippen sind wahrscheinlich darauf zurückzuführen, daß beim Versuch, die Halsschnitte beizubringen, der Kopf nach unten (zur Brust) gebeugt wurde und das Messer dabei statt über den Hals über die Lippen gefahren ist.

Unterstellt man, daß Hußmann der Täter gewesen wäre, so würde es auf den ersten Blick unerklärlich erscheinen, daß er bei der Art der Schnittverletzungen nicht eine umfangreichere Blutbesudelung davongetragen hätte.«

Die Berichterstatter führten eine Reihe von Fällen an, in

denen ebenfalls der Täter trotz schwerer Blutungen seines Opfers selber wenig Blutspuren aufwies. Die Berichterstatter erklärten, warum dies auch hier der Fall sein konnte:

Der Getötete war 175 cm groß und von schlankem Körperbau, der Beschuldigte über 180 und sehr kräftig. Stand der Täter hinter dem Opfer und führte die Schnitte von hinten aus, könnten Blutstropfen vom Halsschnitt auf seine Schuhe herabgefallen sein, indem der Täter, hinter seinem Opfer stehend, dessen Kopf mit der linken Hand faßte und nach vorn beugte, wobei er zur Erreichung der nötigen Standfestigkeit den rechten Fuß vorstellen mußte. Dadurch wäre es begreiflich, daß sein rechter Schuh mehr Blutspuren aufwies als sein linker. Es können ihm aber beim Abschneiden der Genitalien und deren Fortbringung Blutstropfen auf seine Schuhe gefallen sein. Im Verlauf der gesamten Beweisaufnahme hat Hußmann niemals aufklären können, wie auch Blut seiner eigenen Gruppe auf seinen Mantel gelangt ist. Wäre er der Täter, so könnte ein Abwehrschlag des Opfers in sein Gesicht Nasenbluten hervorgerufen haben.

Der Mordprozeß gegen Hußmann wurde in der Öffentlichkeit als ein ›geradezu klassisches Beispiel juristischer Unsicherheit‹ bezeichnet.

Eine Reihe von Zeugen war unfähig oder unwillig zu einer brauchbaren Aussage. Wie sich schon bei der kriminalistischen Ermittlung gezeigt hatte, ließ sich aus den Äußerungen von Hußmanns Mitschülern kein objektives Bild über sein Vorleben und seine sexuellen Praktiken gewinnen. Allgemein war die Ansicht verbreitet, daß er homosexuelle Neigungen besaß und sich auch dazu bekannt hatte. Wie schon erwähnt, beeidete Daubes Mutter das Geständnis ihres Sohnes, er habe ›unerlaubte Beziehungen‹ zu Hußmann.

Es konnten auch keine Zeugen gefunden werden, die

den Täter hätten identifizieren können. Der Vater des Toten und mehrere andere Leute hatten den Täter nach der Tat gesehen, aber in der Dunkelheit nicht erkannt. Ebenso wenig hatte der Vater Helmuts Todesschreie als die seines Sohnes identifiziert. Sonst hätte er sicher rascher reagiert und den Täter vielleicht noch während der Tat überrascht und gestellt.

Hußmann gelang es während der Untersuchungshaft, Briefe an Mitschüler hinauszuschmuggeln. Darin drohte er, er werde sich an denen rächen, die gegen ihn aussagten.

Hußmann leugnete die Tat, konnte aber die Indizien, vor allem die Beweiskraft des Weg-Zeit-Diagramms, nicht widerlegen.

Die Gerichtsmediziner allerdings waren auch nicht in der Lage, aus dem Blutgruppen-Vergleich schlüssige Beweise abzuleiten. Sie erklärten, die Übereinstimmung zwischen der Blutgruppe des Ermordeten und den Blutspuren an Hußmanns Kleidung beweise nicht, daß es das Blut Daubes sei.

Das ist zwar richtig, denn es gibt Abermillionen von Menschen, die die gleiche Blutgruppe wie Daube haben. Aber im Gesamtzusammenhang aller sonstigen Indizien konnte es keinen vernünftigen Zweifel daran geben, daß diese Übereinstimmung Hußmann schwer belastete. Es gab keinerlei Beweise oder auch nur Vermutungen, woher das Blut mit Daubes Blutgruppe A sonst stammen sollte. Einer der Sachverständigen, der Gerichtschemiker Dr. Schatz, behauptete, ›die Lehre von den Blutgruppen stekke noch in den Kinderschuhen‹. Deshalb war sich das Gericht unsicher, ob es der Beweiskraft der Blutanalyse vertrauen sollte. Tatsächlich aber war das Verfahren, das im Hußmann-Fall zur Bestimmung der Blutgruppen angewendet wurde, ein wissenschaftlich gültiges Verfahren, das heute niemand mehr bezweifeln würde.

Der Angeklagte profitierte von der Unsicherheit des Gerichts, das ihn schließlich freisprach.

Aus heutiger Sicht ergibt sich, wie schon gesagt, kein vernünftiger Zweifel an Hußmanns Täterschaft. Wahrscheinlich wäre die Tat nicht als Mord, sondern als Totschlag zu werten. Es ist anzunehmen, daß Hußmann in jener Nacht alkoholisiert war und Daube zu dessen Wohnung begleitet hatte, in der Hoffnung, Daube umzustimmen, nicht aus Gladbeck wegzugehen. Daube lehnte ab, er wollte sich von Hußmann lösen. Der jähzornige und aggressive Hußmann tötete ihn. Daß er dem Toten die Genitalien abschnitt, war der Höhepunkt seiner Frustration und eifersüchtigen Rache. Und ein bezeichnendes Symbol seiner sexuellen Aggressivität.

Der Zigarettenstummel-Fall

Im Zigarettenstummel-Fall kam es zu einem ebenso zweifelhaften Freispruch wie im Fall Hußmann. Auch diesmal spielte die Skepsis gegen den Blutgruppenbeweis eine entscheidende Rolle. Aber nicht nur deshalb wird dieser Fall berichtet. Der Zigarettenstummel-Fall gab der praktischen Anwendung der Blutgruppen-Forschung und damit der gerichtsmedizinisch begründeten Identifizierung einen neuen Anstoß.

An einem Januartage des Jahres 1939 war die neunjährige Pamela Coventry, die in der kleinen englischen Stadt Romford wohnte, mittags wie stets zur Schule gegangen. Aber Pamela kehrte nicht zurück. Alle anderen Kinder aus der Nachbarschaft waren schon zu Hause. Die Mutter suchte zwei Freundinnen Pamelas auf, mit denen sich ihre Tochter immer unterwegs traf. Auch heute hatten die Freundinnen auf Pamela gewartet, aber Pamela war nicht am Treffpunkt und später auch nicht in der Schule erschienen.

Als Mrs. Coventry bei ihrer Heimkehr das Mädchen noch immer nicht vorfand, benachrichtigte sie die Polizei. Mehrere Constabler-Kommandos durchstreiften die Stadt. Sie fanden das Kind nicht. Die Nacht verging, und auch am Morgen gab es noch keine Spur der Verschwundenen.

Im Laufe des Vormittags meldete sich ein Nachtwächter bei der Polizei. Im Straßengraben eines abgelegenen Feldwegs hatte er bei seiner Heimfahrt auf dem Fahrrad eine nackte Kindesleiche entdeckt.

Es war Pamela.

Mit Isolierdraht gefesselt, lag sie fast völlig nackt auf einer alten Matratze. Schon auf den ersten Blick glaubte der Inspektor erkennen zu können, daß das Kind einem Sexualverbrechen zum Opfer gefallen war. Anschließend hatte der Täter es erwürgt. Das Kind hatte sich wahrscheinlich heftig gewehrt. Zahlreiche Wunden an Händen, Armen und im Gesicht bewiesen das.

Der Inspektor sah sich den Schwierigkeiten dieses Falles nicht gewachsen. Es gab keine Zeugen, die Pamela mit einem Mann zusammen gesehen hatten. Es gab keine Beweisstücke bis auf den Isolierdraht, mit dem die Tote, die Knie ans Kinn gedrückt, wie ein Paket verschnürt war.

Der Inspektor benachrichtigte Scotland Yard. Von dort übernahm Inspektor Bridger die Morduntersuchung.

Da Pamela nicht mehr bis zum Treffpunkt ihrer Freundinnen gekommen war, mußte sie auf dem Weg zwischen ihrer Wohnung und dem Treffpunkt verschwunden sein. Bridger sah einen Berg von Kleinarbeit vor sich: Wer hatte Pamela zuletzt gesehen? Wann und wo? Hatte jemand beobachtet, daß sie von einem Mann angesprochen oder mitgenommen worden war? Wie sah der Mann aus?

Außerdem mußten die verschwundenen Kleidungsstücke des Mädchens gefunden werden. Hunderte von Polizisten und Soldaten beteiligten sich an der Suche. Ihr einziger Erfolg war, daß sie zwei Knöpfe von Pamelas Mütze und ein Stück des gleichen Isolierdrahtes entdeckten, mit dem Pamela verschnürt worden war. Die Knöpfe und der Draht waren in Zeitungspapier gewickelt, in eine NEWS CHRONICLE vom 11. Januar 1939.

Bridger ließ alle Bewohner jener Straßen befragen, die Pamela auf ihrem Weg zur Schule benutzte. Niemand konnte auch nur die geringste Auskunft geben. Inzwischen war Professor Spilsbury, den Scotland Yard nach Romford geschickt hatte, eingetroffen. Bridger setzte große Hoffnungen auf den berühmten Gerichtsmediziner.

Spilsbury umgab ein fast legendärer Ruhm. Er war der Chefpathologe des Innenministeriums. In vielen Mordprozessen war er als Sachverständiger aufgetreten. In seiner jahrzehntelangen Tätigkeit hatte er Tausende von Obduktionen durchgeführt. Der große hagere Sechzigjährige war ein Gentleman alter Schule, kühl und reserviert, eine Nelke im Knopfloch seines dunklen Anzugs.

Eine Überraschung ergab sich bereits bei der äußeren Besichtigung der Kinderleiche. Als Spilsbury die an den Körper gebundenen Beine Pamelas streckte, fiel ein Zigarettenstummel herab. Er hatte zwischen Oberschenkel und Brust gesteckt.

Spilsbury übergab eine Blutprobe der Toten seinem Kollegen Dr. Lynch, dem Chefchemiker des Innenministeriums. Lynch hatte sich damals als Toxikologe und Serologe bereits einen Namen gemacht und galt als einer der erfahrensten englischen Experten für Blutgruppenuntersuchungen. Er arbeitete seit einem Jahrzehnt eng mit Spilsbury zusammen.

Lynch stellte Pamelas Blutgruppe fest. Als Spilsbury den Fund des Zigarettenstummels erwähnte, bat Lynch, man möge ihm diesen doch zur Untersuchung überlassen. Aber der Zigarettenstummel befand sich bereits im Londoner Kriminaltechnischen Institut. Dort hatte man festgestellt, daß der Stummel von einer selbstgedrehten Zigarette stammte. Der Tabak bestand aus kleinen Tabakfasern, die teilweise – auch im Innern der Zigarette – angekohlt waren.

Lynch begründete seine Bitte damit, daß er versuchen wolle, die Blutgruppe des Rauchers herauszufinden.

Inspektor Bridger fragte ungläubig: »Sie wollen an eingetrockneten Speichelspuren die Blutgruppe feststellen? Das ist doch unmöglich!«

»Die Wissenschaft beschäftigt sich seit mehr als zehn Jahren mit diesem Problem. Wir hätten hier eine einmalige praktische Möglichkeit ...«

»Versuchen Sie's«, antwortete Bridger und ließ den Zigarettenstummel an Dr. Lynch übergeben.

Vorsichtig begann Lynch mit seinen Untersuchungen. Vorerst ließ er das wertvolle Beweisstück aus dem Spiel und experimentierte. Seinen Kollegen gab er Zigaretten zu rauchen und sammelte dann die Stummel. Vorher hatte er die Blutgruppe jedes Rauchers festgestellt. Im Labor extrahierte er das Papier des jeweiligen Stummels mit physiologischer Kochsalzlösung und unterwarf diese dann den üblichen Tests. Lynch hatte Glück. In jedem einzelnen Fall gelang es ihm, die Blutgruppe des Rauchers zu bestätigen.

Erst nach diesen Experimenten untersuchte Lynch den bei Pamelas Leiche gefundenen Zigarettenstummel. Er stellte fest: Der Mann, der diese Zigarette geraucht hatte, besaß die Blutgruppe A.

Damit trat die Morduntersuchung in ein neues Stadium ein. Kriminaltechniker, Gerichtsmediziner und Chemiker waren auf einen Mann gestoßen, der selbstgedrehte Zigaretten rauchte und zur Blutgruppe A gehörte.

Wiederum nahm Inspektor Bridger seine Routineuntersuchungen in Romford auf, diesmal jedoch unter Berücksichtigung dieser Indizien. Und nun schien er Erfolg zu haben. Er stieß auf einen achtundzwanzigjährigen Mann namens Richardson, dessen Frau seit Wochen im Krankenhaus lag. Am Tage des Mordes war er nicht zur Arbeit erschienen, sondern zu Hause geblieben. Richardson, hieß es, sei ein starker Raucher und verwende die Reste seiner aufgerauchten Zigaretten dazu, sich eine neue zu drehen.

Bridger suchte Richardson auf. Aber die Befragung Richardsons brachte ihn nicht weiter. Wohl sah er, wie sich Richardson während des Gesprächs Zigaretten aus Kippen drehte. Aber dem erfahrenen Kriminalisten reichte diese Tatsache nicht aus, um eine Verhaftung zu rechtfertigen. Solange er die Blutgruppe des Mannes nicht kannte, fehlte die Beweiskraft dieses wichtigen Indizes.

Bridger wußte aber auch, daß er nach englischem Recht keine Handhabe besaß, dem Verdächtigen eine Blutprobe entnehmen zu lassen. Und es war wohl auch unwahrscheinlich, daß sich Richardson – wäre er der Täter – freiwillig einer Blutentnahme unterwerfen würde. Eine solche Aufforderung hätte ihn höchstens gewarnt.

Deshalb riet Dr. Lynch dem Inspektor, sich eine Ermächtigung zur Haussuchung zu beschaffen und dabei zu versuchen, einige benutzte Taschentücher von Richardson an sich zu nehmen. Lynch hoffte, vielleicht auch aus dem Nasenschleim im Taschentuch die Blutgruppe Richardsons feststellen zu können.

Bridger nahm eine Haussuchung vor. Dabei stieß er auf einige gebrauchte Taschentücher, die Richardson als die seinen bezeichnete und benutzt hatte. Bridger schickte sie sofort in Lynchs Laboratorium. Dann fand Bridger einen Stapel Zeitungen. Es waren Nummern des NEWS CHRONICLE, derselben Zeitung, in deren Ausgabe vom 11. Januar die zwei Mützenknöpfe Pamelas und ein Stück Isolierdraht eingewickelt gewesen waren. Alle Nummern der letzten Wochen waren vorhanden. Nur eine fehlte: die Ausgabe vom 11. Januar.

Im Garten fand sich Isolierdraht. Er glich dem, mit dem die Leiche verschnürt worden war.

Außerdem nahm Bridger eine Tabakdose mit Zigarettenstummeln und einen Regenmantel Richardsons mit, an dem er winzige Blutspritzer zu erkennen glaubte. Die Untersuchung dieser Gegenstände ergab: Das Papier des bei der Leiche gefundenen Zigarettenstummels stimmte mit dem Papier der Stummel in der beschlagnahmten Tabakdose überein. Der Isolierdraht aus Richardsons Garten war von gleicher Beschaffenheit wie der Fesselungsdraht. Diesem Indiz kam aber keine Bedeutung zu, da es sich um ein Massenfabrikat handelte.

Immerhin aber hatten diese Befunde den Verdacht gegen Richardson verstärkt. Aber erst Dr. Lynchs Untersuchungsergebnis gab Inspektor Bridger die Gewißheit, daß Richardson Pamelas Mörder sei. Lynch hatte zwar die Blutspritzer an Richardsons Regenmantel nicht bestimmen können, weil sie winzig klein waren, aber er hatte nachgewiesen, daß es sich um menschliches Blut handelte.

Erfolgreicher war die Untersuchung der Taschentücher. Sie ergab die Blutgruppe A. Das bedeutete, Pamelas Mörder und Richardson hatten die gleiche Blutgruppe.

Bridger verhaftete Richardson. Die wochenlangen Verhöre blieben ergebnislos. Bridger versuchte sogar, Richardson die Bedeutung der Beweise von Dr. Lynch bewußt zu machen und ihn dadurch zu einem Geständnis zu bewegen. Es war vergeblich.

Vergeblich auch erklärte Dr. Lynch in der Gerichtsverhandlung den Geschworenen die Beweiskraft des Blutgruppentests. Die Geschworenen, skeptisch gegen naturwissenschaftliche Beweise, waren nicht bereit, Lynch zu folgen. Dabei war ihnen nicht einmal bewußt, wie problematisch der Nachweis der Blutgruppe aus dem Nasensekret ist. Bakterielle Verunreinigungen können ähnliche und damit unspezifische Reaktionen hervorrufen.

Die Geschworenen kamen zu keinem Schuldspruch.

Der Zigarettenstummel-Fall zeigt, wie beträchtlich bereits vor einem halben Jahrhundert die Möglichkeit der Blutgruppenbestimmung erweitert worden war. Aufbauend auf den Forschungen des Entdeckers der Blutgruppen, Landsteiner, konnten deutsche, japanische, polnische, italienische Forscher schon in den dreißiger Jahren die Blutgruppe auch in andern Sekreten wie Schweiß, Speichel, Sperma, Gallen- und Magensäften, Tränen und Muttermilch feststellen.

Der italienische Serologe Lattes hatte um 1930 die Blutgruppe an Speichelresten nachgewiesen, die sich an der Gummierung eines Briefumschlags befanden. Ein anderer Italiener, Galloro, hatte 1938 zum erstenmal aus Speichelresten an einem Zigarettenstummel die Blutgruppe festgestellt.

Die polnischen Serologen Laguna und Makowiec veröffentlichten 1955 das Ergebnis von fünfzig Versuchen an Zigarettenmundstücken. Es zeigte sich, daß der Blutgruppennachweis, je nach der Art der Blutgruppe, unterschiedlich erfolgreich verläuft. Bei etwa einem Fünftel der Versuchspersonen konnte die Blutgruppe nicht festgestellt werden. Man erkannte, daß nicht alle Menschen Blutgruppensubstanzen mit ihren Körpersekreten ausscheiden.

Die Eigenschaft, ›Ausscheider‹ oder ›Nichtausscheider‹ zu sein, wird dominant vererbt. Sie ist damit selbst wieder ein Indiz, weil sie jeweils den als Täter in Frage kommenden Personenkreis auf eine dieser beiden Gruppen einengt.

So war die Entdeckung der Blutgruppeneigenschaften in Geweben und Körpersäften ein weiterer Schritt auf dem Wege der Identifizierung.

Leichenfund in der Alten Donau

Auch die gerichtsmedizinische Obduktion konnte den Tod des vierundzwanzigjährigen Wiener Arbeitslosen nicht überzeugend aufklären. Ein Zweifel blieb, ob Karl Wagenführ durch einen Unfall ums Leben gekommen oder ob er getötet worden war.

Am 30. August 1971 entdeckte ein Bootsfahrer unweit des Ufers der Alten Donau – eines Seitenarms der Donau in Wien – einen menschlichen Kopf, der auf dem Wasser schwamm. Er näherte sich seinem Fund und mußte feststellen, daß da dicht vor ihm eine Leiche in den Fluten stand. Nur ihr Kopf ragte aus dem Wasser. Die Gestalt schwankte im Wellenschlag leicht hin und her.

Kriminalbeamte machten sich zum Fundort der Leiche auf. Vor drei Tagen war ein junger Mann namens Karl Wagenführ von seiner Mutter als vermißt gemeldet worden. Er war von einem nächtlichen Bad in der Alten Donau nicht zurückgekehrt. Die Kriminalisten hofften, daß der unbekannte Tote als Karl Wagenführ identifiziert und der Vermißtenfall damit aufgeklärt werden könnte. Denn gleich nach der Vermißtenmeldung, die einen Badeunfall vermuten ließ, hatten Taucher der Feuerwehr vergeblich die Badestelle abgesucht, an der Wagenführ angeblich verschwunden war. Allerdings war der Fundort der Wasserleiche von jener Stelle weit entfernt.

Die Leiche wurde vorsichtig geborgen. Obwohl sie bereits drei Tage im Wasser verbracht hatte, war sie noch nicht sehr entstellt. »Mund und Augen waren geschlossen«, berichtete Polizeioberkommissär Dr. Rafenstein, »das Gesicht wirkte gedunsen. Unmittelbar nach der Bergung wies die Leiche normale Färbung auf ... An einigen Stellen waren Verwesungsflecke zu erkennen. Auffällig war, daß das linke Auge der Leiche stark verschwollen und verfärbt wirkte, gleichfalls schien die linke Halsvorderseite stark verschwollen.«

Der Amtsarzt, der den Toten besichtigte, hatte den gleichen Eindruck: »Das linke Auge zeigt ein Brillenhämatom, wobei es zum Lidschluß kam. Starke Schwellung in der Gegend des linken Kieferwinkels und der linken Halsgegend, wodurch die Furche zwischen Unterkiefer und Hals verstrichen erscheint.«

Der Amtsarzt schloß ein Fremdverschulden nicht aus.

Noch bevor Wagenführs Leiche gefunden worden war, hatte die Kriminalpolizei aufgrund der Vermißtenmeldung zu ermitteln begonnen. Dabei hatte sich bereits der Verdacht ergeben, daß kein Badeunfall, sondern ein Tötungsverbrechen vorliegen könnte. Dieser Verdacht war folgendermaßen entstanden: Am 27. August wachte Wagenführs Mutter nachts gegen 2 Uhr 30 auf. Zwei Stunden zuvor war ihr Sohn mit einem Bekannten, dem Zeitungsverkäufer Albert Schönrock, aus einer Gaststätte heimgekehrt. Es war eine warme Sommernacht. Beide wollten noch in der nahegelegenen Alten Donau baden. Als Frau Wagenführ um 2 Uhr 30 aufwachte, sah sie im Zimmer ihres Sohnes noch Licht brennen. Sie stand auf, um das Licht auszuschalten. Als sie die Tür öffnete, erblickte sie Schönrock vor sich. Sie wunderte sich, was Schönrock allein im Zimmer ihres Sohnes machte und fragte ihn, wo Karl sei. Schönrock sagte, es sei ihm im Wasser zu kalt geworden, deshalb habe er den Fluß eher als Karl verlassen und sei schon vorausgegangen. Karl müsse jeden Augenblick heimkommen. Die Mutter sah Karls Badehose auf einem Stuhl liegen. Sie nahm sie, um sie aufzuhängen und fand, daß sie fast trocken war. Sie fragte, warum Karls Badehose hier sei, wenn er nach Schönrocks Weckgang noch im Wasser geblieben sei. Schönrocks Antwort war recht sonderbar. Er sagte, er habe Karls Badehose versehentlich mit dem Badetuch und dem Wohnungsschlüssel mitgenommen, als er vorzeitig heimging. Die Mutter wußte mit dieser unsinnigen Erklärung nichts anzufangen. Sie fürchtete, Karl sei vielleicht deshalb nicht heimgekommen, weil er sich schäme, nackt durch die Straßen zu laufen. Schönrock schlug vor, Karl zu suchen. Sie gingen beide, noch in der Dunkelheit, zur Alten Donau, aber sie fanden Karl nicht.

Als Karl auch am Morgen nicht zurückgekehrt war, wollte Frau Wagenführ zur Polizei. Schönrock bat sie, noch etwas zu warten. Vielleicht sei Karl durch das

Schwimmen und den Alkohol müde geworden und eingeschlafen. Am späten Vormittag suchte Frau Wagenführ dann eine Wachtstube der Polizei auf. Schönrock begleitete sie. Die Mutter meldete ihren Sohn als vermißt. Frau Wagenführ und Schönrock wurden über die Vorgänge in der letzten Nacht befragt.

Feuerwehrleute suchten stundenlang das Gewässer dort ab, wo die beiden jungen Männer angeblich gebadet hatten. Die Taucher fanden den Vermißten nicht.

Inzwischen überprüfte die Polizei routinemäßig Albert Schönrock. Schönrock war vorbestraft wegen Raub und Körperverletzung. Er galt als homosexuell.

Schönrock wurde ins Kommissariat geladen. Er bestritt eine homosexuelle Beziehung zu Wagenführ. Über die Geschehnisse in der Nacht des 27. August befragt, gab er nach Dr. Rafensteins Bericht u. a. zu Protokoll: Nachdem sie an der Alten Donau angekommen waren, hatten sie neben dem Ufer Badetuch, Schlüssel und ihre Badehosen abgelegt. Sie wollten nackt baden. Als Albert kalt geworden war, verließ er das Wasser, um in die Wohnung zurückzugehen. Das sagte er Karl jedoch nicht. Er nahm Badetuch und Schlüssel auf. Erst in der Wohnung merkte er, daß er versehentlich auch Karls Badehose mitgenommen hatte.

Diese Darstellung wich in einem Punkt von seiner Aussage bei der ersten Befragung auf der Wachtstube ab. Damals hatte er gesagt, beide hätten nackt gebadet. Jetzt behauptete er, nur Karl wäre ohne Badehose ins Wasser gegangen. Das sei ihm erst bewußt geworden, als er merkte, daß er Karls Badehose versehentlich mit in die Wohnung genommen hatte.

So also war der Stand der Ermittlung, bis am 30. August Karls Leiche gefunden und vom Amtsarzt ein Fremdverschulden an seinem Tod nicht ausgeschlossen wurde. Das machte eine gerichtsmedizinische Klärung erforderlich.

Die Obduktion fand am 2. September, sieben Tage nach Wagenführs Tod, statt. Die Fäulnis der Leiche war weiter fortgeschritten. Im Obduktionsbericht hieß es u. a., daß das gesamte Gesicht hochgradig aufgedunsen war. Offene Verletzungen im Gesicht waren nicht zu finden. Unter beiden Augenlidern zeigten sich Blutunterlaufungen. Auch an der linken Halsseite der fauligen Leiche konnten keine Verletzungen festgestellt werden.

Die innerliche Sektion ergab u. a.: »Eine Massenblutung im Gehirn oder eine Blutung zwischen den Gehirnhäuten ist nicht feststellbar. Keine Blutunterlaufungen in und zwischen den Muskelschichten der Halseingeweide, insbesondere nicht in den Kehlkopfmuskeln ... Der Kehlkopf und das Zungenbein sind unverletzt, insbesondere zeigt sich keine Verletzung des Ringknorpels.«

Abschließend faßten die Obduzenten zusammen: »Eine Verletzung des Skeletts oder eines inneren Organs liegt nicht vor. Eine Blutunterlaufung im Bereich des linken Unterkiefers und auch an der Kinnspitze ist nicht vorhanden.«

Polizeioberkommissär Dr. Rafenstein nannte dieses Gutachten eine echte Überraschung. Denn in der Zwischenzeit hatte sich der Verdacht gegen Schönrock weiter verstärkt. Schönrock hatte gemerkt, daß er mit seiner widersprüchlichen Aussage über das Nacktbaden Mißtrauen bei der Polizei geweckt hatte. Ihm war auch zu Ohren gekommen, daß die Verletzung an Kopf und Hals des Toten – bei der Bergung der Leiche entdeckt – in der Bevölkerung das Gerücht aufkommen ließ, er habe Wagenführ ermordet. So entschloß er sich nun zu einer neuen Aussage.

Er gab zu Protokoll: »Sowohl Karl wie auch ich haben nackt gebadet. Karl und ich sind nebeneinander ca. 15 Meter vom Ufer entfernt geschwommen. Wir hatten zueinander einen Abstand von ca. 2 Metern. Karl ist links von mir geschwommen, er hat plötzlich begonnen, um sich zu schlagen. Ich habe den Eindruck gehabt, daß er einen Schwächeanfall erlitten hat. Ich bin zu ihm geschwommen und habe ihn unter dem Kreuz gefaßt, weil ich die Absicht gehabt habe, ihn zu stützen. Plötzlich hat sich Karl an mich geklammert, er hat mit den Beinen eine wahnsinnige Kraft gehabt ...«

Schönrock schilderte dann, er sei durch Karl unter das Wasser gezogen worden und selbst in Gefahr geraten. »Ich habe mich losgerissen und um mich geschlagen, auch mit dem Fuß getreten. Ich kann nicht ausschließen, daß ich Karl auf das Auge geschlagen habe, ich war in einer panikartigen Stimmung und bin sofort, als ich freigekommen bin, zum Ufer geschwommen, ich habe mich gar nicht mehr umgedreht.«

Daß er sich nicht weiter um Hilfe für Karl gekümmert hatte, auch sein sonderbares Verhalten gegenüber Karls Mutter erklärte er mit seinem panikartigen Schock.

Die Kriminalpolizei sah sich in einem Dilemma. Schönrock gab einen Kampf im Wasser zu, sogar dabei mögliche Verletzungen Karls. Schönrock hatte falsche Angaben über die Badestelle gemacht. Wollte er, daß die Leiche nicht sobald gefunden wurde, damit die fortschreitende Fäulnis die Spuren der Verletzung verwischte? War die angebliche Verteidigung gegen Karls Umklammerung nur eine Schutzbehauptung? Demgegenüber stand der Obduktionsbefund, daß keine Verletzungen festgestellt werden konnten. Ließ sich das durch die hochgradige Fäulnis der Leiche erklären, die irgendwelche Kampfspuren nicht mehr erkennen ließ? Hatte aber kein Ringen mit dem Ertrinkenden stattgefunden, warum gestand Schönrock dann eine solche Kampfsituation?

Der Obduktionsbefund und die Aussage Schönrocks ließen zu viele Fragen offen. Die Kriminalpolizei forderte von den Obduzenten ein neues Gutachten.

Wiederum stellten die Gutachter fest, Wagenführs Tod sei durch Ertrinken erfolgt, äußere und innere Verletzungen seien nicht erkennbar gewesen. Wagenführ habe noch gelebt, als er ertrank. Das gehe aus der Beschaffenheit der Bronchien und der Lunge hervor. Fremdes Verschulden sei nicht nachzuweisen, das Ergebnis der Obduktion spreche nicht gegen einen Badeunfall.

Dr. Rafenstein sagte am Schluß seines Berichtes: »Dieses Gutachten der Gerichtsmediziner war klar, wenn auch unerwartet.« Es sei schwer vorstellbar, daß sich Amtsarzt und Kriminalisten allesamt geirrt hätten, als sie bei Bergung der Leiche Schwellungen an Auge und Hals gesehen hatten. Möglicherweise habe die starke Fäulnis der Leiche zum Zeitpunkt der Obduktion die Verfärbungen nicht mehr erkennen lassen. Wie auch immer das Obduktionsergebnis ausgefallen wäre – es hätte Schönrocks Behauptung, er habe aus Notwehr gehandelt, nicht widerlegt werden können.

Der Staatsanwalt stellte das Verfahren gegen Schönrock ein.

Tod im Feuer

Im Winter stand der Bauer Witthus immer gegen fünf Uhr auf, um das Vieh zu füttern. Seine Frau erhob sich meist schon eine halbe Stunde früher. Wenn Witthus dann in die Küche kam, war das Frühstück fertig.

Aber an diesem Januarmorgen kam Witthus nicht zu seinem Frühstück. Er fühlte sich wachgerüttelt. Noch halb im Schlaf, hörte er seine Frau rufen: »Unsere Scheune brennt!«

Witthus sprang aus dem Bett und riß den Fenstervorhang zur Seite. Er hatte riesige Flammen erwartet. Aber das war schon vorbei. Wo einst seine Scheune gestanden hatte, war nur noch müde glostendes Rot. Zu retten gab es nichts mehr.

Glücklicherweise war Witthus versichert. Aber als Bauer betrübte ihn der Verlust des Strohs. Die Scheune war fast bis oben mit Stroh gefüllt gewesen.

Während sich Witthus hastig ankleidete, rätselte er mit seiner Frau darüber, wie es mitten im Winter zu einem so verheerenden Brand gekommen sein konnte. Fünf Minuten später gingen die Eheleute hinaus. Die Scheune war bis auf die Grundmauern niedergebrannt. Die Glut strahlte noch immer Hitze aus. Hier und da stiegen noch Rauchschwaden in die Nacht empor.

Frau Witthus entdeckte als erste die Leiche. Sie lag im ehemaligen Mittelgang der Scheune. Die Beine waren verbrannt, der Körper völlig verkohlt. Schreck verband sich mit Neugier. Wer war der Tote? Warum befand er sich in der Scheune? Hatte er das Feuer gelegt und war dabei verbrannt? Doch weshalb sollte er die Scheune angezündet haben? Und warum war er nicht durch die offene Einfahrt hinausgelaufen, als das Feuer ausbrach?

Witthus meldete Brand und Leichenfund dem Landjäger im Dorf. Der Landjäger verständigte die Kriminalpolizei, dann begab er sich mit Witthus an die Brandstätte. Dort versuchte er zuerst, durch die Glut vorzudringen und die Leiche mit Wellblech abzudecken, um sie vor weiterer Verkohlung zu schützen. Die Hitze war unerträglich, die Leiche sah furchtbar aus. Neben ihr lag ein halbverbranntes Buch. Später wurde festgestellt, es war ein Roman von Gustav Freytag.

Am Vormittag trafen Kriminalisten und zwei Ärzte ein. Die Ärzte führten die Obduktion gleich vor Ort durch. Aber sie konnten die Todesursache nicht feststellen, die Leiche war zu stark verkohlt. Sie erkannten jedoch am Becken, daß es eine weibliche Leiche war. Die Reste eines Fötusses wiesen auf eine Schwangerschaft etwa im vierten Monat hin. Das Alter der Toten konnte nicht sicher bestimmt werden. Die Beschaffenheit der Zähne erlaubte lediglich den Schluß, daß es eine noch junge Frau war. Da die Todesursache nicht zu erkennen war, ließ sich auch nicht sagen, ob die Frau noch lebte oder schon tot war, als das Feuer ausbrach. Die Ärzte nahmen Unfalltod an und gaben den Leichnam zur Bestattung frei.

Der Oberstaatsanwalt erhob Einspruch, er bezweifelte die Todesursache durch Unfall. Erstens gab ihm zu denken, daß sich die Frau jederzeit durch das offene Tor hätte retten können. Zum zweiten, daß sie schwanger gewesen war. Der Tod einer Schwangeren erfordert stets eine besonders gründliche Untersuchung, ob etwa ein Verbrechen vorliegt. Deshalb beantragte der Oberstaatsanwalt beim Institut für Gerichtliche Medizin in Kiel eine gerichtsmedizinische Klärung.

Dr. Böhmer und ein Assistent übernahmen die Obduktion.

Vor Beginn der Sektion stellte Dr. Böhmer vier Gewebestücke sicher, die dem Leichnam anhafteten: ein Fetzchen Stoff aus gestrickter Baumwolle, ein Trikotstück, das wahrscheinlich zum Unterkleid gehört hatte, den Rest eines Seidengewebes und ein Stück Alpaka.

Die Obduktion selbst ergab folgendes: Die Leiche war stark verkohlt. Die Beine waren nicht mehr vorhanden, von den Armen nur noch Stümpfe. Brust- und Bauchwand waren verbrannt, die inneren, meist stark geschrumpften und verkohlten Organe lagen frei. Auch die Weichteile des Schädels waren verkohlt. In Ober- und Unterkiefer lag das teilweise zerstörte Gebiß offen. Bei der Untersuchung der Halsorgane fiel Dr. Böhmer auf, daß sich auf der linken Halsseite eine dunkelrote Verfärbung in dem sonst mehr hellrot gefärbten langen Halsmuskel befand. Im linken Halsnickermuskel entdeckte er eine größere Blutung, die bis weit ins Muskelgewebe eingedrungen war.

Besonderen Wert legte Böhmer auf die Präparierung des Gebisses. Der Oberkiefer wurde herausgenommen und von den Weichteilen befreit. Er war relativ unversehrt, während der Unterkiefer nur noch in Bruchstücken gesichert werden konnte. Besonders der Oberkiefer wies einige charakteristische Merkmale auf, die für die spätere Identifizierung wichtig werden konnten: zwei Stiftzähne, einen vergoldeten Zahn und einen durch eine unverbrannte Kautschukplatte gehaltenen künstlichen Zahn.

Später wurde dann mit Hilfe der Universitäts-Zahnklinik ein genaues Zahnschema angefertigt.

Dr. Böhmer kam in seinem vorläufigen Gutachten zu folgenden Erkenntnissen:

1. Es handelt sich um eine weibliche Leiche, mit großer Wahrscheinlichkeit im Alter von 20 bis 25 Jahren.

2. Für die Persönlichkeit liegen in der Kleidung und an den Zähnen Anhaltspunkte vor.

3. Die Verstorbene hat während des Brandes, wie mit ausreichender Wahrscheinlichkeit anzunehmen ist, nicht mehr gelebt.

4. Der Tod ist nach dem Ergebnis der Obduktion und der mikroskopischen Organuntersuchung nicht aus innerer Ursache eingetreten.

5. Aus der mikroskopischen Untersuchung ist mit ausreichender Wahrscheinlichkeit anzunehmen, daß die Verstorbene durch Strangulation getötet worden ist. Besondere Merkmale lassen einen Tod durch Erwürgen vermuten.

Inzwischen hatte die Kriminalpolizei eine Vermißtenmeldung erhalten. Die Mutter der siebenundzwanzigjährigen Erna Meinhardt hatte der Polizei mitgeteilt, daß ihre Tochter am 15. Januar zu ihrem Verlobten nach Holland fahren wollte, dort aber niemals angekommen sei. Die Personenbeschreibung der Erna Meinhardt ergab, daß es sich nur um die Tote handeln konnte. Der Zahnarzt der Erna Meinhardt bestätigte, die Vermißte habe zwei Stiftzähne und einen künstlichen Zahn besessen, der mit einer Kautschukplatte befestigt war. Der Zahnarzt identifizierte

Zähne und Platte. Somit stand fest, die Tote in der Scheune war Erna Meinhardt.

Bei Durchsuchung der Wohnung der Toten fand die Polizei im Kleiderschrank zwei Briefe, die ein gewisser Peter Mergel geschrieben hatte.

Nachforschungen über Mergel ergaben, daß der Mann verheiratet war. Er wurde vernommen und gestand, daß er ein Liebesverhältnis mit Erna Meinhardt gehabt hatte. Als ihm Erna mitteilte, ihr Verlobter in Holland werde kommen und sie nach der Heirat mit nach Holland nehmen, brach er das intime Verhältnis zu Erna ab. Das war im Oktober vergangenen Jahres.

Vom Leichenfund in der Scheune wollte er in der Zeitung gelesen haben. Er kenne diese Gegend nicht. Es sei ihm unerklärlich, was Erna dort gewollt habe. In der Brandnacht sei er zu Hause gewesen. Bei einer Hausdurchsuchung fand man in Mergels Wohnung Kleidungsstücke der Toten. Man hielt ihm die Briefe vor, die er an Erna geschrieben hatte. Mergel wurde auch mit der Tatsache konfrontiert, daß Erna schwanger gewesen war. Er gab schließlich sein Leugnen auf und erklärte, er wolle die volle Wahrheit sagen. Mergel berichtete: »Ich habe von Erna erfahren, daß sie schwanger war. Sie verlangte von mir, ich solle etwa dagegen tun. Wenn ihr Verlobter käme, dürfe er nichts merken. Ich versuchte also, eine Abtreibung in die Wege zu leiten, aber ich fand niemanden dafür. Erna war völlig verzweifelt. Sie glaubte, ihr Verlobter würde sie sitzenlassen. Auch zu Hause wollte sie nicht mehr bleiben, wegen der Auseinandersetzungen mit ihren Eltern. Da bin ich nun auch in Panik geraten. Am meisten fürchtete ich, meine Beziehung zu Erna könnte bekannt werden und ich könnte meine Frau und meine Stellung verlieren. Da habe ich dann mit Erna beschlossen, gemeinsam aus dem Leben zu scheiden.

Ich besorgte mir zwei Stricke. Wir gingen zu Fuß übers Land, bis wir auf diese Scheune stießen. Sie erschien uns für unsere Absicht gut geeignet. Deshalb blieben wir dort. Wir wollten uns wie vereinbart erhängen und dabei die Scheune anzünden. Niemand sollte uns mehr erkennen und uns Übles nachreden können. Wir haben eine Weile im Stroh gesessen und schließlich eine Stelle gesucht, wo wir uns erhängen könnten. Ich entdeckte einen Querbalken, aber da gab es nur einen einzigen Nagel. Daran befestigte ich den Strick für Erna und suchte für mich selber eine andere Stelle, etwas abseits von Erna. Ich schlang meinen Strick um einen Balken, steckte den Kopf in die Schlinge und entzündete mit einem Streichholz das Stroh. Wahrscheinlich hat Erna das Feuer als Zeichen angesehen, daß es nun soweit war. Sie hatte ja die Schlinge ebenfalls schon um den Hals und sprang nun herab. Ich konnte es nicht sehen, hörte aber so furchtbare Laute, daß ich den Mut verlor, meinen Entschluß auszuführen. Ich nahm meinen Strick vom Balken, hob den Koffer auf, in dem sich Sachen von Erna und mir befanden, und lief aus der Scheune. Von weitem beobachtete ich, wie die Flammen die ganze Scheune erfaßten. Ich bin zum nächsten Bahnhof gegangen und nach Hause gefahren.

Meine Frau wunderte sich, woher ich den Koffer habe, mit Frauenkleidung darin. Ich sagte, ich hätte Koffer und Sachen beim Trödler gekauft. Meine Frau hat dann Ernas Mantel gefärbt und selber getragen.«

Mergel wiederholte diese Aussage auch im Gerichtsprozeß. Das Gericht glaubte ihm nicht und sprach ihn schuldig, seine Geliebte ermordet zu haben. Er wurde zum Tode verurteilt und hingerichtet.

Mergels Aussage stand im Widerspruch zum gerichtsmedizinischen Gutachten. Ob Mergel seine Freundin tatsächlich erwürgt hatte, wie der Obduzent ›vermutete‹, oder ob sie durch Strangulation beim Erhängen zu Tode kam, ist heute nicht mehr feststellbar. Mir scheint, daß beide Möglichkeiten offen geblieben sind.

Ein Kriminalfall wie dieser ist ein Musterbeispiel für ähnliche Fälle, die sich aus einer tödlichen Partnerbeziehung ergeben. Sie sind nicht immer aufzuklären und bleiben dann dubios.

Zwei Menschen beschließen, miteinander in den Tod zu gehen. Aus irgendwelchen Gründen funktioniert die Selbstmordhandlung nicht wie geplant. Ein Partner kommt dabei zu Tode, der andere überlebt. Damit entsteht zwangsläufig die Frage: Ist sein eigener Selbstmordversuch nur gescheitert oder war es ein vorgetäuschter Doppelselbstmord? Wollte der Überlebende selbst gar nicht sterben, hat er nur den Partner sterben lassen oder ihn sogar ohne dessen Vorwissen getötet und einen Doppelselbstmord nur zur Tarnung eines Mordes behauptet?

Ein mißglückter angeblicher Doppelselbstmord wirft also schwierige gerichtsmedizinische, kriminalistische und juristische Probleme auf. Manchmal gelingt es, sie dennoch zu klären. Manchmal aber bleiben Zweifel zurück, ob die vermeintliche Aufklärung der Wahrheit entspricht, die eigentlich nur der Überlebende wirklich kennt. Die folgenden Fälle zeigen einige Varianten eines mißglückten Doppelselbstmordes mit ihren unterschiedlichen juristischen Folgen.

Spring Du zuerst, ich folge Dir

Das Zimmer des achtzehnjährigen Lehrlings Wolfgang Krock liegt im Keller des elterlichen Hauses am Stadtrand von Rüsselsheim.

»Wir wollen jetzt packen«, sagt Wolfgang zu seiner Freundin Tina. Tina ist vierzehn und besucht die Handelsschule.

»Ja gut«, erwidert Tina.

Wolfgang bringt zwei Taschen auf den Tisch. Daneben

stellt er einen Plattenspieler, legt einige Schallplatten dazu, Hammer, Zange, Stemmeisen, eine lange Nylonschnur. Dem Schrank entnimmt er ein braunes Fläschchen und mehrere Flaschen Sekt, Wein, Magenbitter, Likör und Whisky. Als alles verstaut ist, nimmt Wolfgang die Taschen auf. Leise verlassen beide das Zimmer und das Haus. Draußen blickt sich Wolfgang nochmals um.

»Nimmst Du Abschied?« fragt Tina.

Es ist Samstag, der 13. Februar, gegen Mittag. Auf den Straßen herrscht noch lebhafter Verkehr. Wolfgang und Tina biegen bald von der Landstraße ab. An sumpfigen Wiesen vorbei erreichen sie den Horlachgraben. Seitab ragt ein kleines Holzkreuz aus der Erde. Wolfgang setzt die Taschen ab. Stumm verweilen sie vor dem Kreuz. Hier hatten sie vor einigen Wochen Tinas Meerschweinchen Felix begraben. Tina beginnt zu weinen. Schließlich nimmt Wolfgang die Taschen wieder auf und wendet sich ab. Er geht weiter, Tina folgt ihm. Sie murmelt unter Tränen: »Das kann ich ihr nie verzeihen, daß sie Felix getötet hat.«

Wolfgang nickt. Sie gehen wieder auf die Landstraße zurück. Als sie an einer Gaststätte vorbeikommen, fragt Wolfgang, ob sie jetzt essen wollten. Einverstanden, erwidert Tina.

Sie bestellen sich Suppe, ein Fleischgericht und als Nachtisch Eis. Dazu trinken sie einen Schoppen Rotwein. Dann läßt Wolfgang ein Taxi kommen. Sie fahren nur wenige Kilometer. Am Wald bei Mönchbruch läßt Wolfgang das Auto halten. Er zahlt, beide steigen aus und betreten einen Waldweg. Der Wald atmet feuchte kalte Luft aus. Nur ab und zu unterbricht ein landendes oder startendes Flugzeug die Stille. Der Frankfurter Flughafen liegt ganz nahe. Sie erreichen eine Lichtung. Hier steht das Zelt, das Wolfgang vormittags, als Tina in der Schule war, aufgebaut hatte. Sie lassen sich im Zelt auf einer Decke nieder. Wolfgang öffnet einige Flaschen. Tina trinkt Sekt, er wechselt Sekt mit Likör und Whisky. Der Alkohol läßt sie die Kälte des Wintertages nicht spüren. Wolfgang stellt den batteriebetriebenen Plattenspieler neben sich, legt eine Platte auf. Bald sind eine Flasche Sekt und ein Taschenfläschchen Jägermeister geleert. Eine andere Platte wird aufgelegt. Wolfgangs Kopf ruht auf Tinas Schoß. Sie beugt sich hinab und küßt ihn. Alles ist unwirklich, zeitlos. Als schwebten sie über Wolken.

Plötzlich ein Schatten vor dem Zelteingang.

Eine Stimme draußen: »Sie sind hier!«

Ein Kopf schiebt sich durch die Öffnung.

Wolfgang springt auf, stößt den Kopf zurück, tritt hinaus. Seine Eltern stehen vor ihm. Flüchtig geht Wolfgang die Frage durch den Sinn, wie sie ihn hier finden konnten, nach so kurzer Zeit. Ah ja, wir sind hier oft zusammen spazierengegangen.

»Sie ist auch dabei«, sagt der Vater zur Mutter. Die Mutter schüttelt bekümmert den Kopf.

»Weißt Du überhaupt, was Du Dir da einhandelst«, fragt der Vater, »sie ist noch ein Kind!«

»Tina wird fünfzehn!«

»Was Ihr da treibt, dulden Tinas Eltern genauso wenig wie wir! Packt das Zelt zusammen! Ihr kommt sofort mit nach Hause!«

»Da könnt Ihr lange warten. Ihr habt uns nichts zu befehlen!«

»Beide seid Ihr nicht volljährig. Sollen wir Euch von der Polizei zurückbringen lassen?« Der Vater rüttelt zornig am Zelt. Wolfgang stößt ihn erneut zurück. Sie starren sich schweigend an. Dann sagt der Vater: »Der Wagen steht am Waldrand. Wir warten nicht länger als eine Viertelstunde.«

Der Vater wendet sich um, nimmt die Mutter am Arm, ruft nochmals: »Nicht länger als eine Viertelstunde!« und geht mit der Mutter auf dem Waldweg zum Auto zurück.

Wolfgang tritt wieder ins Zelt. Tina sitzt noch auf der Decke. Sie hat alles mit angehört.

»Es wird Zeit, Tina.«

Tina nickt und erhebt sich.

»Tina, hier können wir nicht bleiben. Sie kommen wieder. Oder schicken die Polizei. Wir müssen es woanders tun.«

Wolfgang nimmt eine Tasche auf. Das Nylonseil ist noch darin und das braune Fläschchen, auch Sekt, Heidelbeerlikör und Whisky. Dann verlassen sie das Zelt.

In südlicher Richtung gehen sie weiter. Sie meiden die Straße und halten sich an die Waldwege. Die Wälder scheinen endlos. Sie überqueren den Schwarzbach und den Hegbach. Zuweilen bleiben sie stehen. Dann nimmt Tina einen Schluck Sekt. Wolfgang zieht Whisky vor. Schließlich, nach einem Marsch von anderthalb Stunden, erblicken sie am Rand einer Lichtung einen Hochsitz.

Sie sehen sich schweigend an.

Dann steigen sie die aus Baumstämmen gebaute Leiter empor. Sie befinden sich nun in der Jagdkanzel. Sie ist bis in Brusthöhe mit Brettern verschlagen. Sie setzen sich auf die schmale Bank.

»Was werden sie dazu sagen?« fragt Wolfgang. Es dauert manchmal lange, bis er einen Satz vollendet hat. Er stottert seit seiner Kindheit.

»Wer?« fragt Tina.

»Unsere Eltern.«

»Ist mir doch egal. Vielleicht denken sie dann endlich mal über uns nach.«

»Meine denken zu viel nach. Immer dieselben Vorwürfe. Du bist zu faul! Wenn Du deinen Abschluß nicht schaffst, ist es aus zwischen uns! Immer dasselbe!«

»Deine Eltern sorgen sich wenigstens um Dich. Aber meine – das ist doch überhaupt kein Familienleben mehr. Meine Mutter interessiert nichts anderes als ihr Schnaps. Und wenn sie dann besoffen daliegt und schnarcht und röchelt – ekelhaft! Aber das ist noch das beste, wenn sie pennt. Ist sie wieder munter, wird sie hysterisch, beschimpft mich, schlägt mich, sperrt mich in den Keller. Und der Vater setzt noch eins drauf, damit er nicht auch noch eins draufkriegt!«

»Alles beschissen. Die ganze Welt verrückt. Überall nur Frust und Haß. Auch bei mir im Betrieb. Behandeln mich wie den letzten Dreck.« Wolfgang denkt an einen Traum, der immer wiederkehrt. Er wird verfolgt, rennt einen Berg empor und fliegt den Verfolgern einfach davon. Er lacht: »Aber wir entwischen ihnen einfach.«

»Einfach. Ist es wirklich so einfach?«

»Ich habe es Dir doch erklärt. Es ist ganz einfach. Alles ausprobiert. Du springst zuerst. Ich folge Dir.«

»Und wenn es doch schiefgeht?«

»Dann helfe ich Dir, bevor ich springe.«

»Na gut.«

Es beginnt schon zu dämmern. Bald wird es dunkel sein. Wolfgang setzt die Likörflasche an und nimmt einen großen Schluck. Er legt seinen Arm um Tina und küßt sie. »Ich möchte jetzt mit Dir – na Du weißt schon.«

»Jetzt noch? Ich bin nicht in Stimmung dazu.«

»Aber ich. Das letzte Mal, Tina. Für die Ewigkeit.«

»Ich hab doch meine Tage.«

»Trotzdem.«

»Es ist so kalt.«

»Du kannst Dich auf meinen Mantel legen.«

Wolfgang breitet den Mantel über den Boden aus rohen Stämmen. Tina wendet sich ab, zieht Stiefel, Hose, Slip aus und legt sich auf den Mantel. Sie starrt empor in den sich verdunkelnden Himmel. Für die Ewigkeit, denkt sie.

Am nächsten Tag, einem Sonntag, so berichtet Kriminalbezirkskommissar Karl-Heinz Scheib, finden Fußgänger im Wald bei Groß-Gerau ein totes Mädchen. Die Leiche hängt am Fuße einer Jagdkanzel in einer Schlinge.

Kriminalbeamte besichtigen den Fundort. Sie stellen

fest, daß die Lage der Toten für einen Selbstmord durch Erhängen sehr ungewöhnlich ist. Die Tote liegt auf dem Bauch. Oberkörper und Kopf sind erhoben, der Rücken ist dadurch stark gekrümmt, der Kopf in den Nacken zurückgezogen. Der Knoten des Seils liegt vorn am Hals, das andere Ende ist um einen schräg stehenden Baumstamm geschlungen. Am selben Stamm hängt ein zweites Nylonseil mit einer offenen Schlinge.

Zwei weitere Seile hängen vom Hochsitz herab. Sie sind an einem Balken der Jagdkanzel befestigt. Eines der zwei Seile hat sich fest zwischen Balken verklemmt, das andere ist abgerissen oder ist abgeschnitten worden. Neben dem Hochsitz liegen zwei Flaschen: ein braunes Fläschchen mit dem Aufkleber CHLOROFORM und eine Taschenflasche JÄGERMEISTER.

An der Toten sind mehrere Schürfwunden sichtbar. Das Seil an ihrem Hals ist blutig.

Auf der Plattform der Jagdkanzel finden sich einige Kleidungsstücke. Im Mantel der Toten steckt ein Abschiedsbrief an ihre Eltern.

Kommissar Scheib faßt als ersten Eindruck zusammen, daß eine vorsätzliche Tötung des Mädchens nicht auszuschließen sei.

Bald kann die Tote identifiziert werden. Sie heißt Tina Olbricht und war am gestrigen Samstagabend in Rüsselsheim von ihren Eltern als vermißt gemeldet worden. Ebenfalls hatte das Ehepaar Krock seinen Sohn Wolfgang als vermißt gemeldet. Wolfgangs Eltern hatten von Selbstmordabsichten aus Liebeskummer gesprochen.

Am Sonntagmorgen dann waren Wolfgangs Mutter und Tinas Vater mit Wolfgang bei der Kriminalpolizei erschienen. Die Mutter hatte ausgesagt, Wolfgang sei am Morgen gegen Vier betrunken und blutverschmiert nach Hause gekommen. Er habe erzählt, er hätte einen Selbstmordversuch unternommen, der jedoch gescheitert sei. Daraufhin hatte die Kripo Wolfgang ärztlich untersuchen lassen. Der Arzt hatte einige Verletzungen festgestellt, und zwar eine oberflächliche Wunde an der linken Wange, vorn am Hals und im Nacken zwei parallele deutliche Rötungen, ferner Verletzungen an beiden Händen mit Unterblutungen, eine Prellung am rechten Knie und eine Hautabschürfung am rechten Oberarm.

Anschließend hatte die Kripo Wolfgang vernommen. Nach seiner Aussage war er, nachdem seine Eltern am Zelt erschienen waren, mit Tina weggelaufen und durch die Wälder geirrt. Schließlich habe er sich entschlossen, wieder heimzukehren und Tina, die das nicht wollte, zurückgelassen. Dann sei er doch wieder in den Wald zurückgegangen und habe versucht, sich mit einem Nylonseil, das er zufällig bei sich hatte, zu erhängen. Das Seil sei jedoch gerissen, er habe sich beim Sturz verletzt.

Aufgefordert, die Stelle zu zeigen, wo er sich angeblich von Tina getrennt habe, war er auch dazu bereit gewesen. Doch die Suche der Polizei in dem bezeichneten Waldstück war erfolglos geblieben. So hatte sich der Verdacht verstärkt, daß Tina nicht mehr lebe und Wolfgang etwas mit ihrem Tod zu tun haben müsse.

Die Entdeckung von Tinas Leiche und die sonderbaren Umstände am Tatort bekräftigen den Verdacht, daß Wolfgang seine Freundin getötet hatte.

Kommissar Scheib berichtet, daß Wolfgang nun, nach Auffinden von Tinas Leiche, sich bereit erklärt, die Wahrheit sagen zu wollen. Er hatte die Kriminalpolizei hinsichtlich des Tatorts belogen. Er wollte nicht, daß Tinas Leiche gefunden würde, bevor er sich nicht selbst umgebracht habe. Wolfgang äußert sich über seine Beziehung zu Tina.

Er hatte das Mädchen vor einem halben Jahr kennengelernt und vor drei Monaten zum ersten Mal mit ihr geschlafen. Beide schlossen sich eng aneinander an, weil sie beide Konflikte mit ihren Eltern hatten und Wolfgang sich auf seiner Arbeitsstelle unterfordert glaubte. Beide fühlten sich dem Druck ihrer Umwelt nicht gewachsen, der noch zunahm, als Wolfgangs wie Tinas Eltern die Beziehung zu unterbinden suchten. Als dann Tinas geliebtes Meerschweinchen plötzlich starb (Wolfgang vermutete, Tinas Mutter habe es getötet) ließ der Tod des Tieres die beiden zum ersten Mal an Selbstmord denken.

Was Wolfgang bei der Vernehmung verschweigt, aber bei den weiteren Ermittlungen bekannt wird, ist seine Angst, Tina wieder zu verlieren. Sie war seine erste Liebe gewesen. Wenn andere ihn wegen seines Sprachfehlers verspotteten oder demütigten, hatte sie zu ihm gehalten, vielleicht aus Liebe, vielleicht aber auch nur aus Mitleid. Aber eines Tages hatte sie ihm gesagt, ihre Beziehung müßte nicht unbedingt von Dauer sein. Wolfgang glaubte wohl, Tinas Verlust nicht ertragen zu können. Von da an ging er, wie Kommissar Scheib ermittelte, zielstrebig und aktiv daran, den gemeinsamen Freitod vorzubereiten. Wolfgang begann zu überlegen, wie der Selbstmord am sichersten auszuführen wäre. Er entschloß sich für den Tod durch Erhängen. Das Erhängen sollte durch einen Sprung aus der Höhe erfolgen. Und um den letzten Augenblicken den Schrecken zu nehmen, sollte der Sprung bzw. der Sturz in bewußtlosem Zustand geschehen. Chloroform sollte die Bewußtlosigkeit herbeifahren. Wolfgang beschaffte sich zwei Fläschchen Chloroform und probierte die Wirkung zuvor an sich selber aus. All diese unmittelbaren Vorbereitungen für den Sturz aus der Höhe sollten nach reichlichem Alkoholgenuß vorgenommen werden.

Die anfänglichen Bedenken und Ängste Tinas zerstreute Wolfgang dadurch, daß er sie unter Hinweis auf seine Selbstversuche vom Erfolg und der Schmerzlosigkeit des Selbstmords zu überzeugen verstand. Wolfgang gesteht, daß er mehr als zehn solcher Selbstversuche unternommen hatte.

»Quasi in Etappen«, schlußfolgert Kommissar Scheib,

»werden Verstand und Gefühl ausgeschaltet, ehe die eigentliche Tötungshandlung vorgenommen wird.«

Auch bei der direkten Vorbereitung am Tatort übernahm Wolfgang die Führung. Er knotete die ›Henkerschlinge‹ und befestigte die Seile. Er half seiner auf dem Kanzelrand sitzenden Freundin, das chloroformgetränkte Kissen ins Gesicht zu drücken, bis sie bewußtlos wurde und vornüber in die Tiefe stürzte. Dann stieg er hinunter. Tina lag bäuchlings auf der Erde. Das Seil war gerissen. Er wußte nicht, ob sie noch lebte. Er legte ihr ein anderes Stück Seil um den Hals und zog ihren Oberkörper empor und befestigte das andere Ende an einem schrägen Baumstamm. Er wollte sicher sein, daß Tina tot war. Er hatte ihr versprochen, dafür zu sorgen, daß der Selbstmord gelang.

Alle diese Aktivitäten, mit denen Wolfgang Tinas Tod gesichert hatte, hielt er nicht weiter durch, als er sich nun selbst töten wollte. Das Chloroform war verbraucht. Er trank den Rest JÄGERMEISTER, stieg wieder zur Kanzel empor, legte sich eine Schlinge um den Hals und sprang hinab. Auch diesmal riß das Seil. Aber er lebte noch. Nun befestigte er ebenfalls ein weiteres Stück Seil an einem Balken des Hochsitzes und versuchte kniend, sich zu erdrosseln. Das mißlang, weil er immer wieder reflexhaft die Hände zwischen Hals und Schlinge schob, wenn er zu ersticken drohte. Schließlich gab er sein Vorhaben auf.

Er stieg hinab, küßte die Tote und kehrte heim. Er wollte sich einen neuen Selbstmordplan ausdenken.

Die Kriminalpolizei kann keine wesentlichen Widersprüche zwischen Wolfgangs Aussage, dem Tatortbefund und dem gerichtsmedizinischen Gutachten feststellen. Die Obduktion bestätigt, daß Tina durch einen Sturz aus der Höhe den Tod durch Strangulation gefunden hatte. Als Wolfgang sie erneut unten aufhängte, war sie bereits tot.

Wolfgangs Verletzungen – die Lage der Schürfwunden und die unterbrochene Strangfurche am Hals – sprechen dafür, daß er einen wenn auch untauglichen Selbstmordversuch unternommen hatte. Die beiden angeblich gerissenen Seile wurden untersucht. Sie waren tatsächlich gerissen. Versuche am Tatort mit entsprechenden Holzkörpern, die von der Jagdkanzel hinabgeworfen wurden, bestätigten, daß das benutzte Seil reißen mußte.

Allerdings blieb ein Rest von Zweifel, ob Wolfgang nach dem Reißen des Seils noch ernsthaft versucht hatte, sich selber zu töten. Kommissar Scheib meint, »die Tatsache seines Überlebens, die unterbrochene Strangulationsfurche und die gesamte Tatschilderung sprechen dafür, daß er instinktiv – wenn auch sicherlich unbewußt – alles getan hat, um zu überleben. Sei es, daß er nicht den Mut oder nicht die Kraft fand, seinem Leben ein Ende zu setzen. Er habe«, so fügt der Kriminalist hinzu, den Eindruck, daß Wolfgang »in seinem Verhalten zugleich egozentrische Motive offenbart.«

(Der Mitverfasser dieses Berichts, Rainer Buchert, behandelt dabei auch einige juristische Fragen dieses Falles, auf die hier nicht näher eingegangen wird.)

Mißglückte Doppelselbstmorde sind für den Überlebenden auf doppelte Weise tragisch. Zwei Menschen beschließen, gemeinsam in den Tod zu gehen, weil sie sich in einer für sie ausweglosen Lebenssituation befinden. Der Tod soll sie davon befreien. Wenn aber einer der beiden die Selbstmordhandlung überlebt, fällt er wieder in die unerträgliche Lebenssituation zurück, die durch Schuldgefühle noch verstärkt wird. Hinzu kommt das Mißtrauen von Umwelt und Behörden gegen den Überlebenden. Eine kriminalistische Klärung ist in jedem Fall unumgänglich. Und wenn sich dann nicht eindeutig nachweisen läßt, daß der Überlebende tatsächlich ernsthaft versucht hat, mit dem andern in den Tod zu gehen – daß es also ein echter, nur mißglückter Versuch eines Doppelselbstmordes war – wird er in Verdacht geraten, den andern getötet zu haben. Selbst wenn alle Spuren am Toten darauf hindeuten, daß er sich freiwillig die

Schlinge um den Hals legte oder legen ließ – der Überlebende kann immer noch vor Gericht gestellt werden. Denn solange Tötung auf Verlangen strafbar ist, könnte bei dubioser Beweislage ein tatsächlicher, aber mißglückter Doppelselbstmord als Tötung auf Verlangen beurteilt werden.

Das zeigt folgender Fall.

Der Kraftfahrer Theo Schell ist geschieden, lebt aber mit seiner ehemaligen Frau noch in der gleichen Wohnung. Schell hat seit längerer Zeit ein Liebesverhältnis mit der Büroangestellten Ina. Theo und Ina wollen heiraten. Aber Inas Mutter sucht mit allen Mitteln zu verhindern, daß Ina einen geschiedenen Mann heiratet – obwohl Ina bereits ein Kind von Theo hat. Ina ist nicht stark genug, sich der Mutter zu widersetzen. Die beiden Liebenden empfinden ihre Situation als hoffnungslos.

Theo schläft zuweilen noch mit seiner Ex-Frau. Das geschieht auch in der Nacht des 5. Oktober. Als er dann aufsteht und in sein Zimmer geht, sagt er: »Ich glaube, das war das letzte Mal.«

Am nächsten Tag besorgt er sich ein mehrere Meter langes Elektrokabel.

Am übernächsten Tag holt er Ina ab. Das Kabel liegt in seiner Aktentasche. Ina weiß, wohin ihr letzter Weg führt. Seit Wochen haben sie immer wieder darüber gesprochen.

Es dämmert, als sie den Friedhof betreten. Sie biegen in einen Seitenweg ein. Hier sind sie ganz allein. Schweigend, Hand in Hand, gehen sie über welkes Laub. Theo hat schon vor Tagen den Baum ausgesucht, an dem es geschehen soll.

Nun sind sie angekommen.

»Wollen wir es wirklich tun, Ina?«

»Es gibt keinen anderen Ausweg.«

Sie umarmt ihn, küßt ihn, löst sich seufzend. Theo

nimmt das Kabel aus der Tasche. Er schwingt sich auf den niedrigsten Ast und klettert höher. Der nächste erreichbare Ast erscheint ihm kräftig genug, sie beide zu tragen. Er schlingt das Kabel zweimal um den Ast und verknotet es. Aus den beiderseits herunterhängenden Enden knüpft er Schlingen. Er steigt wieder hinunter und legt sie Ina um den Hals. Ein letzter Kuß. Dann klettert er erneut empor. Er braucht viel Kraft, um das Kabel mit Ina hochzuziehen, bis Ina über dem Erdboden schwebt. Er wartet, bis er glaubt, daß sie tot sei. Er zieht das andere Seilende zu sich empor, schiebt den Kopf in die Schlinge und gleitet langsam vom Baum hinab ...

Als Theo erwacht, findet er sich auf der Erde liegen. Ihm ist, als ob das Blut schäumend seinen ganzen Körper durchbraust. Er richtet sich mühsam auf. Neben ihm, am Baumstamm, liegt leblos Ina.

Er schleppt sich stöhnend durch den nächtlichen Friedhof. Zu Hause erzählt er seiner Ex-Frau, was geschehen ist. »Was soll ich nun tun?« fragt er verzweifelt. Sie rät ihm, sich der Polizei zu stellen.

Er geht zur nächsten Polizeiwache. Die Polizisten nehmen seine Aussage auf und lassen Theo vom Polizeiarzt untersuchen. Der ist skeptisch. Er stellt weder Verletzungen noch eine Strangulationsfurche am Hals fest.

Die Kripo beginnt zu ermitteln. Sie befragt Inas Arbeitskollegen und ihren Chef. Niemand weiß etwas von Inas Liebeskummer oder gar einem Lebensüberdruß. Es sei nicht einmal sicher, sagen die Kollegen, ob Ina den Theo heiraten wollte.

Bei der Obduktion der Toten lassen sich keine Verletzungen außer der Strangmarke und dem Bruch des Zungenbeins feststellen. Es ist ausgeschlossen, daß Ina vor ihrem Tode überwältigt oder wehrlos gemacht worden ist. Damit schließen die Gerichtsmediziner ein Tötungsverbrechen aus.

Da Theo jedoch keine Verletzungen besaß, die auch bei

einem mißglückten Selbstmord auftreten müßten, erhebt die Staatsanwaltschaft Anklage nach § 216 StGB. Theo Schell habe eine Tötung auf Verlangen vorgenommen, das sei strafbar.

Die Kriminalpolizei veranlaßt eine erneute Untersuchung Schells. Mithilfe der Quarzanalyse wird eine deutliche Strangmarke nachgewiesen, die von der Höhe des Zungenbeins schräg nach oben bis zum 2. Halswirbel verläuft. Eine Untersuchung des Kabels ergibt, daß es nur bis ca. fünfzig Kilo belastbar ist, dann reißt es. Es mußte also auch bei Schells Körpergewicht reißen.

Schließlich sagt auch eine bisher nicht befragte Zeugin aus, Ina habe ihr mehrmals gesagt, sie werde sich umbringen, weil sie die Beschimpfungen und Drohungen ihrer Mutter nicht mehr länger ertragen könne.

Aufgrund dieser Beweise lehnt das Gericht den Strafantrag des Staatsanwalts wegen Tötung auf Verlangen ab und spricht Schell frei.

Der mörderische Kurschatten

Der Elektrotechniker Alois Vilmar war zweiundfünfzig Jahre, als sein Leben eine verhängnisvolle Wende nahm. Vilmar galt in seinem Betrieb als fleißiger verläßlicher Arbeiter. Waren Überstunden notwendig, meldete er sich als erster. Immer wieder suchte er sich auch eine Nebenbeschäftigung. Er war mehr unterwegs als zu Hause. Er rauchte nicht und verschmähte Alkohol. Finanzielle Sorgen drückten ihn nicht. Er hatte ein Einfamilienhaus gebaut, das er mit seiner Frau und ihrem Cousin bewohnte. Die Ehe war kinderlos.

Seine berufliche Überlastung begann sich allmählich auszuwirken. Er fühlte sich müde und zerschlagen und fürchtete, sein Kreislauf habe Schaden genommen. Der

Arzt stellte einen schweren Erschöpfungszustand fest und schickte ihn zur Kur.

Im Mai 1968 traf er in Bad Deutsch Altenburg ein, um sich hier gründlich zu erholen. Tatsächlich wurden es glückliche Tage für ihn. Daß sie bereits den Keim des Todes in sich bargen, ahnte er nicht.

Sicherlich war es nicht der üppige Frühling allein, der ihn in eine längst vergessene Hochstimmung versetzte. Es konnte auch nicht diese stille Welt allein sein, die ihn allem Alltagstrott enthob. Es war vor allem Hilde, in die er sich verliebte und die ihm neue Lebenskraft gab.

Es geschah etwas mit ihm, das er selber nicht verstand. Eine tiefere unbewußte Seelenschicht brach in ihm auf. Vilmars Ehe war bisher eine sogenannte Josephsehe gewesen. Der biblische Joseph war von der Frau seines Dienstherrn bedrängt worden, mit ihr zu schlafen. Joseph hatte sich geweigert. Mit diesem unpassenden Begriff Josephsehe wird eine Ehe bezeichnet, in der die Ehepartner ohne Geschlechtsverkehr miteinander leben. Es mag dahingestellt bleiben, welche Gründe das Ehepaar Vilmar veranlaßten, ihre langjährige Ehe auf diese Weise zu führen. Frau Vilmar hatte keine Kinder, aber das Haus war mit Teddybären angefüllt. Jedenfalls schien es keine unglückliche Ehe zu sein. Ob nun die Initiative für diese ›Keuschheitsehe‹ von der Ehefrau ausging oder von den streng religiösen Ansichten des Ehemannes – jedenfalls brach sich Vilmars Triebstau plötzlich Bahn, als er während der Kur Hilde Finsler kennenlernte.

Auch Hilde war wegen eines Herzleidens zur Kur. Die verheiratete Hilde war eine muntere kontaktfreudige Frau, die sich seltsamerweise von dem eigenbrötlerisch wirkenden Alois angezogen fühlte. Sicherlich war es ihrerseits keine Liebe, eher ein Flirt mit dem obligaten ›Kurschatten‹. Aber für den Kurschatten war es mehr. Es war ein neues Leben. Er hatte sich verliebt, und was ihn so erregte, ja tief beunruhigte, war, daß er plötzlich sein

Keuschheitsgelübde infrage stellte und nichts dringlicher wollte, als mit dieser Frau zu schlafen.

So weit wollte Hilde aber nicht gehen. Sie wies seine schüchternen Versuche ab und hielt ihn bis zum Ende der Kur hin. Hildes Verweigerung steigerte Vilmars Verlangen. Wieder nach Hause zurückgekehrt, gab er seinen Wunsch nicht auf, Hilde umzustimmen. Er suchte sie wiederholt in Wien auf, traf sich mit ihr in Cafés, sprach ungeschickt von seiner Liebe und Verehrung und weinte, wenn sie ihm sagte, sie wolle ihn nicht wiedersehen. Einmal drohte er, er werde sich umbringen, wenn sie ihn weiterhin zurückweise. Aber die Drohung hatte nicht die erhoffte Wirkung. Hilde lachte und nannte ihn einen Spinner. Alois schrieb ihr erneut und schlug ein weiteres Treffen vor. Solche Hartnäckigkeit wurde Hilde lästig. Sie beschloß, Vilmar klarzumachen, daß sie endgültig mit ihm Schluß machen werde.

Am Vormittag des 21. Januar – Hildes Mann war außer Haus läutete es an Hildes Wohnungstür. Es war die vereinbarte Stunde für das letzte Gespräch mit Vilmar. Hilde zog sich den Mantel über und ging hinunter auf die Straße. Vilmar stieg aus seinem Wagen, begrüßte sie und fragte, wohin Hilde fahren wolle. Hilde wollte sich nicht wieder mit Vilmar in ein Café setzen und seine Bettelei um ein wenig Liebe anhören. Sie wollte es rasch hinter sich bringen und forderte ihn auf, an eine ruhige Stelle zu fahren, wo sie ungestört miteinander reden könnten. Vilmar fuhr zum Ufer der Alten Donau. Am Rand eines Parkweges hielt er an. Hier war es sehr einsam …

Am nächsten Morgen gegen neun Uhr erblickte ein Bauarbeiter an einem Parkweg nahe der Alten Donau einen abgestellten Wagen. Die linke Wagentür stand offen. Draußen vor der Tür lag ein Mann. Er lag auf dem Rükken. Sein Gesicht war blutverschmiert. Der Schwerverletzte bewegte sich noch. Mit seiner blutigen Hand tastete er den Erdboden ab. Wahrscheinlich suchte er die Pistole, die neben ihm lag. Auf dem Beifahrersitz im Wagen saß eine zusammengesunkene Frau.

Der Arbeiter nahm die Pistole an sich und rief Rettungsdienst und Polizei.

Der Rettungsdienst stellte fest, daß die Frau im Wagen tot war. Der Mann wurde ins Krankenhaus gebracht.

Die Kriminalpolizei untersuchte eingehend den Tatort. Über den Verlauf der weiteren Ermittlung berichtete Polizeioberkommissar Dr. Rafenstein u. a.:

Die rechte Wagentür des zweitürigen PkW war geschlossen, das geschlossene Fenster unbeschädigt. Die linke Wagentür war vollständig geöffnet, das Fenster zersplittert. Auf beiden Vordersitzen befand sich Blut, vor dem Fahrersitz Erbrochenes. Mit Hilfe eines Gummischlauchs, der am Auspuffrohr befestigt war, waren Auspuffgase ins Wageninnere geleitet worden.

Die Leiche der Frau auf dem Beifahrersitz war nach links zusammengesunken. Nach Lage der Totenflecke war diese Haltung der Frau nach ihrem Tod nicht verändert worden.

Der Polizeiarzt stellte fest, daß ein Geschoß durch Mantel, Ober- und Unterbekleidung den linken Oberbauch unterhalb der Brust durchschlagen hatte. Starker Pulverschmauch wies auf einen aufgesetzten Schuß hin. Ein weiterer Einschuß befand sich an der linken Halsseite. Ausschußöffnungen waren nicht vorhanden. Der Mantel war durchschossen, ohne daß eine entsprechende Einschußverletzung an der darunter liegenden Kleidung und am Körper entdeckt werden konnte. Der Mantel war nicht zugeknöpft. Die Tote hielt noch ihre Handschuhe in der rechten Hand.

Die neben dem verletzten Mann aufgefundene Waffe war eine Automatikpistole für sechs Patronen. Sie enthielt weder im Lauf noch im Magazin ein Geschoß. Im Wagen wurden vier Patronenhülsen und eine nicht abgefeuerte Patrone und draußen auf der linken Seite des Wagens eine weitere Hülse gefunden. Also waren fünf Schüsse abgegeben worden.

»Oberflächlich betrachtet«, heißt es in Dr. Rafensteins Bericht, »bot sich der Kommission das Tatbild eines gemeinsam beschlossenen Selbstmordes, der aber nur bei der Frau geglückt war. Dieser Eindruck wurde insbesondere durch den deutlich erkennbaren Umstand, daß Auspuffgase in das Wageninnere geleitet worden waren, verstärkt.«

Noch während der langwierigen Tatortuntersuchung, konnten die Tote und der Verletzte identifiziert werden. Ein Dr. Finsler hatte Vermißtenanzeige erstattet. Seine Frau sei seit gestern vormittag verschwunden. Die Personenbeschreibung entsprach der unbekannten Toten im Auto. Dr. Finsler identifizierte sie am Tatort als seine Ehefrau Hilde. Er erklärte, Hilde habe niemals Selbstmordabsichten gehabt, die Ehe sei intakt gewesen.

Der schwerverletzte Mann in der Klinik war inzwischen ebenfalls identifiziert worden. Es war der zweiundfünfzigjährige Elektrotechniker Alois Vilmar. Bei der Operation in der Klinik waren folgende Verletzungen festgestellt worden: »Der Patient hatte einen angesetzten Schuß in der Höhe der 8. Rippe links, der an der Herzspitze vorbei durch den Dickdarm an Magen und Leber vorbei bis zur vorderen Seite des rechten Rückens ging, das Projektil steckte im Körper und konnte herausoperiert werden. Weiter hatte der Patient einen Schuß unter dem Kinn, senkrecht nach oben gehend, durch Mundhöhle, Gaumen, Nasenhöhle, Stirnhöhle bis Schädeldach ungefähr in der Höhe der Fontanelle. Das Projektil steckte im Schädelknochen und konnte herausoperiert werden. Der Patient hat an sich gute Überlebenschancen, doch ist nach Art der Schädelverletzung anzunehmen, daß er sich an nichts wird erinnern können.«

Die Schußhanduntersuchung konnte erst zwanzig Stunden später vorgenommen werden. Dabei wurde festgestellt, daß sich an beiden Händen Schmauchspuren befanden, die vom Abfeuern einer Handfeuerwaffe herrühren k ö n n t e n. Möglicherweise könnten die Bleispuren auch Reste verbleiten Benzins vom Auspufftopf sein.

Die gerichtsmedizinische Obduktion Hilde Finslers ergab, daß beide Schüsse – sowohl in den Hals wie in die linke Brust – tödlich gewesen waren. Die Richtung der Schußkanäle im Körper bewies, daß Vilmar vom Fahrersitz aus auf sein Opfer geschossen hatte. Es gab keine Anzeichen für eine CO-Vergiftung. Die Frau war also schon tot, als Vilmar Auspuffgase ins Wageninnere leitete.

Diese Erkenntnis war für die Rekonstruktion des Tathergangs wichtig. Vilmar hätte die umständliche Prozedur, die mit dem Einleiten von Auspuffgasen in den Wagen verbunden war, nicht unbemerkt und auch nicht ohne Einverständnis der Frau vornehmen können. Hätte also Frau Finsler CO eingeatmet, hätte das ihr Einverständnis mit der Vergiftung vorausgesetzt, also einen gemeinsam beschlossenen Selbstmord durch CO bewiesen.

Trotzdem war ein Doppelselbstmord noch immer nicht auszuschließen. Möglicherweise hatte Vilmar die Frau mit ihrem Einverständnis erschossen und danach sich selbst umzubringen versucht – erst durch Einatmen von CO, dann durch die Kopfschüsse. Nachweislich waren diese beiden Selbstmordversuche erst nach Hildes Tod unternommen worden.

Die Kriminalpolizei hatte also nachzuweisen, ob Vilmar die Frau mit ihrem Einverständnis erschossen hatte, also ein mißglückter Doppelselbstmord vorlag, oder ob er sie ohne ihre Zustimmung getötet hatte und dem entsprechend ein Mord mit anschließendem Selbstmordversuch, also ein erweiterter Selbstmord vorlag.

Unter Berücksichtigung der Tatortbefunde, der gerichtsmedizinischen Gutachten und weiterer Ermittlungsergebnisse wurde der Tathergang rekonstruiert:

Vilmar hatte fünf Schüsse abgegeben. Zwei Patronen

waren in seinem Schädel, zwei im Körper der Toten gefunden worden. Das fünfte Geschoß wurde nicht gefunden, hatte aber nachweislich den offenen Mantel des Opfers durchschlagen. Da Vilmar vom Fahrersitz aus geschossen hatte, mußte das Geschoß also durch die rechte Tür oder das rechte Fenster den Wagen verlassen haben. Dafür gab es keine Spuren. Tür und Fenster mußten in diesem Augenblick also offen gewesen sein. Daß nur das Fenster offen gewesen war, konnte ausgeschlossen werden. Entsprechend dem Schußloch im Mantel hätte Vilmar vom Wagenboden aus nach oben schießen müssen. Also war anzunehmen, daß die ganze rechte Vordertür geöffnet war.

Warum sie offenstand, erklärte Dr. Rafenstein so: Hilde Finsler hatte, als Vilmar die Waffe gegen sie erhob, aus dem PkW zu fliehen versucht. Um die Wagentür zu öffnen, mußte sie sich vorbeugen, wodurch der offene Mantel nach vorn rutschte, so daß er durch das eine Projektil durchlöchert wurde. Der Fluchtversuch war ein weiterer Beweis, daß die Frau mit ihrer Tötung nicht einverstanden war, also ein Mord vorlag.

Diese Schlußfolgerungen der Kriminalpolizei sind einleuchtend.

Allerdings läßt sich ein Detail mit dieser Rekonstruktionshypothese nicht in Einklang bringen: die Tote hielt beide Handschuhe in der rechten Hand. Wie konnte sie die Tür öffnen, ohne die Handschuhe hinzuwerfen oder sie beim Öffnen zu verlieren? Stand die Tür vielleicht schon offen, bevor Vilmar überhaupt die Waffe gezogen hatte? Schoß er erst, als er sah, daß sie ihn verlassen wollte? Nur Vilmar weiß es, aber er hatte keine Erinnerung mehr.

Die Geschworenen des Wiener Landgerichts verurteilten Vilmar zu fünf Jahren Kerker. Ausschlaggebend für die anläßlich eines Mordes verhältnismäßig geringe Strafe, bemerkte Dr. Rafenstein, waren sicher der ernsthafte

Selbstmordversuch Vilmars und die psychologischen Hintergründe der Tat. Wahrscheinlich sei er bei Begehung der Tat vermindert zurechnungsfähig gewesen.

Mord im Bordell

Josef Jarosch war 29 Jahre alt. Er wohnte in Graz und arbeitete als Gehilfe in einer Schuhmacherwerkstatt. Jarosch war unverheiratet. Er wußte, daß er für Frauen wenig anziehend war. Er haßte seine eigene windige Gestalt und sein bleiches Gesicht. Seine Schwerhörigkeit verunsicherte ihn ständig. Daß er stotterte, erschwerte den Kontakt mit andern Menschen. In dem hinfälligen Körper wohnte eine traurige Seele. Jarosch verachtete sich selbst und empfand schon als Kind den Hohn und Spott seiner Mitschüler als gerecht. So schleppte er sich durch die Jahre, immer wieder von Depressionen heimgesucht, die ihn immer öfter an Selbstmord denken ließen. Aber Schwermut und Lebensüberdruß waren nur die eine Seite seines Wesens, die schwächlich passive, die sich defensiv vor den Härten des Daseins zurückzog. Daneben gab es noch eine andere, die sich immer mehr zu einem offensiven brennenden Haß steigerte. Es war der Haß gegen Frauen. Frauen hatten ihn immer wieder zurückgestoßen, dafür mußten sie bestraft werden. Irgendwann einmal kam der Augenblick, wo sich sein Todeswunsch und sein Frauenhaß zu tödlicher Aggression vereinten.

Dieser Augenblick war in einer Julinacht gekommen, als Jarosch ein Bordell aufsuchte ...

Gegen 23 Uhr schrillten spitze Schreie durch das Bordell. Sie kamen aus einem verschlossenen Zimmer. Der Bordellwirt donnerte gegen die Tür. Die Schreie drinnen erstarben. Der Hausvater rief die Polizei und einen Arzt.

Polizisten brachen die Tür auf. Auf dem Sofa lag blutüberströmt eine Frau. Ein Mann versuchte gerade, sich aus dem offenen Fenster zu schwingen und zu flüchten. Er wurde festgenommen.

Der Arzt bemühte sich um die Verletzte, die aus einer klaffenden Halswunde blutete. Auch auf der Brust befanden sich Wunden. Der Blutverlust war so hoch, daß der Arzt kaum Hoffnung hatte, die Frau zu retten. Sie versuchte, sich trotz ihrer Halswunde verständlich zu machen. Sie flüsterte, der Mann habe während des Geschlechtsverkehrs auf sie eingestochen.

Wenige Minuten später starb die Prostituierte.

Der Verhaftete saß währenddem zusammengesunken auf dem Stuhl und starrte vor sich hin. Er zitterte, manchmal schluchzte er auf. Mit Mühe konnten die Polizisten seinen Namen erfahren. Er hieß Josef Jarosch und war Schuhmachergehilfe.

Jarosch wurde zur Polizeiwache mitgenommen. Als er sich etwas beruhigt hatte, begannen ihn Kriminalbeamte zu vernehmen.

Bereits vor einigen Monaten war in Graz eine Prostituierte ermordet worden. Die Kriminalisten vermuteten, Jarosch könne der Täter auch in jenem Fall gewesen sein. Die grausame Art der Tötung könnte auf einen Lustmord deuten.

Lustmörder finden ihre sexuelle Befriedigung, indem sie ihr Opfer, meist auf sehr blutige Weise, töten. Der Lustmord ist meist ein Ersatz für den Geschlechtsverkehr. Deshalb kommt es beim Lustmord selten zum Koitus.

Nach Aussage des Opfers hatte Jarosch während des Geschlechtsverkehrs auf sie eingestochen. Das sprach nicht unbedingt für einen Lustmord. Trotzdem gingen die Kriminalbeamten anfangs von der Hypothese eines Lustmordes aus. Jarosch widersprach entschieden dieser Vermutung. Als er aufgefordert wurde, das Motiv für seine Bluttat zu nennen, fragte er, was damit gemeint sei.

»Warum haben Sie die Frau getötet?«

»Warum, warum«, wiederholte Jarosch, »warum.« Er dachte nach. »Ich wollte mich umbringen«, sagte er schließlich.

»Sie haben aber nicht sich, sondern einen andern Menschen umgebracht!«

»Danach wollte ich mich ja selber umbringen. Aber Ihr habt mich daran gehindert. Ehrlich, ich wollte mich umbringen. Aber zuvor – also zuvor wollte ich noch mal, na also wollte ich nochmal bumsen. Und danach wollte ich das Mensch mitnehmen.«

»Wohin mitnehmen?«

»Na, mitnehmen, ins Jenseits!«

»Aber warum? Was hat Ihnen die Frau getan?«

»Die? Die gar nichts. Alle Weiber! Ich hasse sie alle!«

Jarosch wurde psychiatrisch untersucht. Er war nicht geisteskrank. Er hatte keine Wahnideen. Seine Intelligenz war durchschnittlich. Eine Psychose konnte nicht festgestellt werden. Der psychiatrische Gutachter war überzeugt, ›daß die auf den ersten Blick merkwürdig und unglaubwürdig erscheinende Motivierung der Tat psychologisch begründet war.‹ Die körperlichen Gebrechen hätten zu Depressionen geführt, die sich zu Selbstmordabsichten steigerten. Im Zusammenhang mit dem Haß gegen das weibliche Geschlecht sei es dann zum erweiterten Selbstmord gekommen.

Die gerichtsmedizinische Obduktion des Opfers vermochte m. E. kein eindeutiges Bild vom Tatablauf zu geben.

Prof. Dr. Reuter fand an der Leiche 22 Verletzungen, u.a. drei große Schnittverletzungen an Hals und Nacken. Auf der rechten Seite von Hals und Nacken verliefen zwei tiefe parallele Schnitte vom Ohrläppchen abwärts in offenem Bogen um das Hinterhaupt. Einer dieser beiden Schnitte hatte die rechte innere Halsvene, die das Blut des Körpers und Halses sammelt, durchtrennt. Auf der linken

Halsseite zog sich ein dritter Schnitt vom Ohrläppchen zum Hinterhaupt; er hatte ebenfalls eine Vene, die innere linke, glatt durchschnitten. Eine weitere, 23 cm lange Schnittverletzung zeigte sich am linken Oberschenkel. Die Wunde verlief von der Außenseite des Oberschenkels schräg in offenem Bogen bis zur Gesäßfalte.

Von den sieben Bruststichen drang der eine in den linken Brustkorb ein. Er führte in die linke Brusthöhle, durchstach den linken Lungenlappen und den Herzbeutel, so daß Blut in den linken Brustfellraum floß. An den Händen gab es sechs Abwehrverletzungen. Als Todesursache wurde Luftembolie festgestellt. Die Luft war durch die beiden eröffneten Halsvenen in die rechte Herzkammer gelangt.

Die Obduzenten versuchten, anhand des Obduktionsbefundes den Tathergang zu rekonstruieren. Sie meinten, alle Verletzungen mit Ausnahme der tiefen Schnitte auf der linken Halsseite seien dem Opfer in der Rückenlage, die tödlichen beiden Schnitte jedoch in der Bauchlage zugefügt worden. Dies seien die ersten Schnitte gewesen, weil sie ›tief eindrangen und bei deren Setzung mit der Überraschung des Opfers gerechnet werden mußte. So machte man ursprünglich die Annahme, daß der Geschlechtsakt in nicht normaler Stellung (Rückenlage der Getöteten) sondern à la vache (Bauchlage der Getöteten), erfolgt war.‹

Diese Hypothese der Obduzenten erweckt Zweifel. Das Opfer hatte eindringlich um Hilfe gerufen und bei Erscheinen der Polizei noch gelebt. Da die Halsschnitte die tödliche Luftembolie bewirkt hatten, ist es eher denkbar, daß die Halsschnitte nicht die ersten, sondern die letzten Verletzungen waren. Ferner sind die Schnitte am Hals, die sich bis zum Hinterhaupt hinzogen, und der Oberschenkelschnitt, der bis zur Gesäßfalte reichte, nur in der Bauchlage des Opfers setzbar. Geht man also davon aus, daß die nicht tödlichen – Stiche die ersten Verletzungen waren, die dem Opfer in Rückenlage beigebracht wurden, so wäre damit erklärt, daß das Opfer mit diesen Verletzungen noch um Hilfe rufen konnte. Erst im Verlauf der Abwehr gegen ihren Mörder hat sich dann die Lage der Frau verändert, so daß der Täter nun die tödlichen Halsschnittverletzungen vornehmen konnte. Daß der Angriff während des Koitus erfolgte, wird noch dadurch erhärtet, daß sich in der Scheide der Toten ein spermagetränkter Wattetampon befand. Jarosch erhielt wegen Mordes eine langjährige Kerkerstrafe.

Zwei unvereinbare Gutachten

»Ich sollte künftig als Sachverständiger für die Verteidigung auftreten. Der erste Fall, in dem ich in dieser Eigenschaft vor Gericht erschien, gehört zu den Causes célèbres des Jahrhunderts. Für die Krone trat Sir Bernhard Spilsbury als sachverständiger Zeuge auf. Damit war die Arena frei für unseren ersten großen Zusammenstoß.«

Mit diesen Worten leitete Sir Sidney Smith, der wegen seiner wissenschaftlichen Verdienste geadelte britische Gerichtsmediziner, den Bericht über seine erste Konfrontation mit dem Gerichtsmediziner Sir Spilsbury ein.

Smith hatte 1928 den Lehrstuhl für Gerichtliche Medizin an der Universität Edinburgh übernommen. Damit war seine Pflicht verbunden, als Sachverständiger der Krone, also der Anklage, tätig zu werden. Bereits damals galt Sidney Smith als einer der kompetentesten britischen Gerichtsmediziner. Er hatte sich durch die Aufklärung einer Reihe aufsehenerregender Verbrechen einen Namen gemacht. Dabei blieb er immer kritisch sich selbst gegenüber. Es komme, so sagte er einmal, höchst selten vor, daß ein Arzt oder ein anderer Naturwissenschaftler, der allein in seinem Labor arbeitet, ein Verbrechen aufklärt. Im

Grunde gebe er der Polizei lediglich Informationen über Sachverhalte aus seinem speziellen Fachgebiet. Verglichen mit der Tätigkeit anderer Naturwissenschaftler ist nach der Meinung von Smith die Arbeit des Gerichtsmediziners umfassender. »Er sieht den Fall als Ganzes, nicht ausschließlich von seinen medizinischen Aspekten her. Er beobachtet, folgert, stellt sogar Theorien auf. Auf Grund seiner Spezialkenntnisse kann ihm ein medizinisches Phänomen einen Anhaltspunkt bieten, der selbst dem gewitzten Kriminalbeamten entgangen ist. So kann es vorkommen, daß er, allein dank seinem Talent und seinen Erfahrungen, in der Lage ist, die Fakten richtig zu interpretieren.«

Der Anwalt Lord Cameron, der Smith in vielen Kriminalprozessen erlebt und achten gelernt hatte, schrieb über ihn: »Er war kein schwacher Zeuge – im Gegenteil, keiner konnte so unerbittlich sein wie er. Aber auch keiner so fair.«

Nun also sollte Sidney Smith zum ersten Mal nicht als Anwalt der Anklage, sondern der Verteidigung tätig werden, und zwar im Fall Sidney Fox.

Sicherlich war dieser Fall kein ›Jahrhundertfall‹. Aber es war sein erster Fall als Sachverständiger der Verteidigung und zudem auch sein erstes erbittertes Duell mit dem damals berühmtesten Gerichtsmediziner Sir Spilsbury.

Der Fall Sidney Fox barg, was die Person des Täters und seines Opfers betraf, keine Rätsel.

Der dreiundzwanzigjährige Sidney Fox war Berufsverbrecher – Erpresser, Betrüger, Fälscher, Dieb, Hochstapler. Ohne festen Wohnsitz reiste er von Hotel zu Hotel und suchte dort nach Gelegenheiten für seine Gaunereien, unter denen Scheckbetrug noch die harmloseste war. Aber er war kein erfolgreicher Gauner. Reichtümer sammelte er nicht. Was er ergaunerte, reichte gerade fürs tägliche Leben. Als er einmal eine Unfallversicherung für seine Mutter abschloß, fehlten ihm die zwei Schilling für die erste Prämie. Die Mutter begleitete Fox auf allen seinen Reisen. Niemand sah der hilflos wirkenden alten Dame an, daß sie die Komplizin bei allen Untaten ihres Sohnes war.

»Die liebe alte Dame mit dem schlurfenden Gang (sie hatte Schüttellähmung) und der hingebungsvolle Sohn« – so beschrieb Sidney Smith die beiden.

Die Tat selber jedoch gab ein Rätsel auf. Es betraf die Todesursache der alten Dame.

Mutter und Sohn waren am 16. Oktober 1929 im Seebad Margate eingetroffen und hatten zwei Zimmer im Hotel Metropol gemietet. Einige Tage später sagte Fox zu seiner Mutter: »Morgen fahre ich nach London. Deine zwei Unfallversicherungen sind abgelaufen, ich will sie verlängern lassen.«

Und Fox ließ sie verlängern – bis Mitternacht des nächsten Tages.

Am nächsten Tage, nachts um halb zwölf, kam ein Mann im Nachthemd die Hoteltreppe herabgerannt. Es war Fox. Er rief: »Feuer, Feuer! Meine Mutter verbrennt!«

Einem Angestellten gelang es, durch den Rauch im Schlafzimmer bis zu der alten Dame vorzudringen und sie hinauszutragen. Inzwischen waren zwei Ärzte gerufen worden. Bis sie eintrafen, wurden Wiederbelebungsversuche gemacht, aber sie blieben erfolglos.

Die Ärzte konnten nur noch den Tod feststellen. Als Todesursache einigten sich die zwei Ärzte auf Nervenschock und Ersticken im Rauch. Die Leichenschauverhandlung am nächsten Tag stützte sich auf die gerichtsmedizinische Bestätigung des Erstickungstodes. Der Leichenbeschauer erkannte auf Unfalltod an und gab die Leiche zur Bestattung frei. Als dann aber Fox die Auszahlung der Unfallversicherung forderte, stellte die Versicherung fest, daß Mrs. Fox eine halbe Stunde vor Ablauf der Versicherung zu Tode gekommen war. Noch verdächtiger erschien, daß

Fox die Versicherung kurzfristig nur um diesen einen Tag verlängert hatte. Die Versicherung sah darin eine ›äußerst trübe Angelegenheit.‹ Sie informierte Scotland Yard, der die Exhumierung der Toten anordnete und Sir Spilsbury mit der Obduktion beauftragte.

Spilsbury stellte Blutungen im Kehldeckel und drei Quetschungen fest: an der Zunge, an der Rückseite des Kehlkopfes und an der Schilddrüse. Er präparierte die betreffenden Gewebe heraus und konservierte sie. Als Todesursache nannte er Ersticken infolge Würgens.

Fox wurde verhaftet. Die Verteidigung bat Sidney Smith, als ihr Sachverständiger tätig zu werden.

Smith prüfte die Akten. Als möglicher wissenschaftlicher Zeuge interessierte ihn das Vorleben des Angeklagten nicht. Er mußte objektiv sein, durfte sich nicht von Gefühlen leiten lassen. Ein wissenschaftlicher Zeuge, so war sein Prinzip, hat einzig die Fakten zu prüfen, die in sein Spezialgebiet fallen, und hat zu entscheiden, was daran wahr ist, oder dem Gericht die Deutung mit dem höchsten Wahrscheinlichkeitsgrad zu geben.

Smith sah sich zuerst Spilsburys Sektionsprotokoll an. Der Befund machte ihn stutzig. Die von Spilsbury festgestellten Symptome entsprachen in keiner Weise einem Erstickungstod.

Wenn jemand erwürgt wird, sagte sich Smith, kämpft er wie ein Irrer, selbst wenn das Opfer eine schwache Frau ist. Die Natur stattet sie mit unvermuteten zusätzlichen Kräften aus, um ihr bei ihrem Kampf ums Leben zu helfen. Sie kämpft wie eine Wilde, um die Hände des Würgers von ihrem Hals loszureißen. Auch wenn ihr das nicht gelingt, werden stets ein paar Spuren von dem Kampf bleiben; es geht fast nie ohne Kratzer um den Hals herum ab.

Aber in Spilsburys Obduktionsprotokoll war nirgends von einer Kratzspur die Rede – nirgends Zeichen sich einkrallender Fingernägel oder Fingerspitzen. Auch fehlten die üblichen Zeichen von Strangulation unter der Haut oder in den Geweben, wie Quetschungen in den Nackenmuskeln und im Kehlkopf. Am meisten aber fiel Smith auf, ›daß weder der Schilddrüsenknorpel noch der Zungenbeinknochen gebrochen waren. Bei älteren Menschen wird das Zungenbein spröde und bricht leicht. Dies ist eines der typischsten Zeichen für Strangulation. Mrs. Fox Zungenbein aber war intakt – bis Spilsbury es unbeabsichtigt beim Herausnehmen selbst zerbrach. Bei aller Vorsicht konnte er nicht vermeiden, es an zwei Stellen zu verletzen, so spröde war es.‹

Das Opfer eines Würgers ist kein erfreulicher Anblick. Meist findet man das Gesicht gedunsen und bläulich verfärbt, findet Schaumspuren und Blut an Mund und Nase und Würgespuren am Hals. Nichts dergleichen bei Mrs. Fox. Nichts aber auch von den üblichen inneren Anzeichen … Dagegen fand Spilsbury beim Öffnen der Leiche natürliche Störungen, die einen anderen Schluß nahelegten. Die Nieren waren geschrumpft, die Arterien verkalkt und das Herz in einem Zustand fortgeschrittener Degeneration. Allein der Zustand des Herzens, wie ihn Spilsbury in seinem Gutachten beschrieb, hätte meiner Auffassung nach jederzeit den Tod erklärt.

So bezweifelte Smith von Anfang an Spilsburys Diagnose. Er war gänzlich anderer Ansicht über die Todesursache von Mrs. Fox. Er erklärte sich bereit, als Sachverständiger für die Verteidigung zu arbeiten.

Diese Entscheidung bedeutete aber nicht, daß Smith den Angeklagten für unschuldig hielt. Seiner Meinung nach hatte Fox tatsächlich beabsichtigt, seine Mutter umzubringen, um die Unfallversicherung zu kassieren. Smith nahm an, Fox habe auch das Feuer gelegt. Nur sei nicht das Feuer die Todesursache gewesen, sondern Herzschlag infolge des Erschreckens, als das Feuer ausbrach. Liest man diese Überlegungen von Smith, möchte man fragen, ob dieser Unterschied so wichtig sei – Fox habe auf jeden Fall den Tod seiner Mutter verschuldet.

Für einen Gerichtsmediziner ist das aber ein bedeutender Unterschied. Er urteilt nicht nach juristischen oder moralischen Gesichtspunkten, sondern er hat die eigentliche Todesursache festzustellen, und Ersticken infolge Würgens ist eben eine andere Todesursache als Herzversagen durch einen Schreck.

Nach Smiths Meinung hatte sich Spilsbury hinsichtlich der Todesursache geirrt. Das forderte Smiths wissenschaftlichen Ehrgeiz geradezu heraus. Er fühlte sich aufgerufen, die ethischen Grundsätze seines Berufes öffentlich zu verteidigen. Es war ihm gleichgültig, ob der Angeklagte schuldig oder unschuldig schien. »Fox«, so schrieb Smith später, »war ein übler Bursche und nicht einmal einen Strick wert. Von Anfang an stand fest, daß die Indizienbeweise so stichhaltig waren, daß er ihn verdient hätte. Aber das ging mich nichts an. Mein Interesse beschränkte sich auf das medizinische Gutachten, das mir zu denken gab.«

Zusammen mit dem früheren Kron-Pathologen Dr. Bronte, der als zweiter Sachverständiger für die Verteidigung arbeitete, suchte Smith nun Spilsbury auf.

Spilsbury, seit vielen Jahren ehrenamtlicher Gutachter des Innenministeriums, war eine weltbekannte gerichtsmedizinische Autorität. Diesem Mann sollte Smith als Gegner in der Arena des Gerichtssaals gegenübertreten. Spilsbury empfing seine Besucher sehr höflich und gab sich äußerst hilfsbereit. Er zeigte seinen Besuchern alle von der Leiche hergestellten Präparate. Smith interessierte besonders der Kehlkopf. Denn die Kehlkopfquetschung ergab das Hauptargument für Spilsburys Erwürgungstheorie. Smith untersuchte das Präparat. Es war nicht besonders gut gelungen, wie ihm schien. Er suchte die Quetschung, von der Spilsbury geschrieben hatte, sie sei von der Größe einer Halbkronenmünze und läge hinter dem

Kehlkopf. Smith konnte sich nicht vorstellen, wie eine so große Quetschung zustandegekommen sein sollte, ohne daß die Gewebeteile um den Kehlkopf und den Hals verletzt worden wären. Während Spilsbury wortlos danebenstand, betrachtete Smith den Kehlkopf und suchte nach der Quetschung. Er konnte sie nicht entdecken.

Smith stellte zwar eine Verfärbung fest. Das war eine Folge der Verwesung. Aber von einer Quetschung in der Größe einer Halbkronenmünze keine Spur. Auch Bronte überprüfte den Kehlkopf und schüttelte nach einer Weile den Kopf.

Auf Smiths Frage, wo sich denn die Quetschung befinde, erklärte Spilsbury, er habe sie deutlich gesehen. Sie sei jedoch nach der Präparation in Formalin undeutlich geworden und schließlich völlig verschwunden.

Smith hielt das für unmöglich. Das bei einer Quetschung ins Gewebe gepreßte Blut kann nach dem Tode nicht mehr resorbiert werden. Aber auch diesem Einwand begegnete Spilsbury wiederum hartnäckig mit der Behauptung, er habe mit eigenen Augen die Quetschung gesehen. Smith konterte, daß sei höchstens eine Verwesungsspur. Spilsbury blieb Gentleman. Er war viel zu sehr von seiner Meinung überzeugt, als daß er sich zu einer streitbaren Auseinandersetzung mit Smith und Bronte hätte hinreißen lassen. Höflich, aber entschieden beharrte er auf seiner Behauptung. Smith hatte den Eindruck, daß jedes Gespräch sinnlos war: »Hätte ich Spilsbury damals schon so gut gekannt wie später, ich hätte sofort gemerkt, daß ich meine Zeit vergeudete. Er konnte seine Meinung nicht mehr ändern, da sie einmal ausgesprochen war.«

Der Prozeß sollte Smiths Eindruck bestätigen. Zwar war er sich mit Spilsbury darin einig, daß das Fehlen von Ruß in den Luftwegen und das Fehlen von Kohlenoxid im Blut ausschlossen, daß Mrs. Fox am Rauch erstickt sei. Aber hinsichtlich der Todesursache blieb Spilsbury bei seinem Standpunkt. Smith dagegen legte dar, Mrs. Fox sei an einem Herzschlag gestorben.

Über dieses Gutachten hatte Smith dem Kronanwalt, dem Vertreter der Anklage, Rede und Antwort zu stehen.

»Sie erklärten in Ihrer Zeugenaussage«, eröffnete der Kronanwalt das Kreuzverhör, »daß Sie in Erwürgungsfällen große Erfahrungen hätten. Waren das Fälle, wo eine alte Frau im Bett von einem jungen Mann erwürgt wurde?«

»Ich hatte viele Fälle, wo ältere Männer und ältere Frauen erwürgt worden sind.«

»Wollen Sie versuchen, meine Frage zu beantworten?«

»Ja, ich hatte einen.«

»Wollen Sie damit sagen, Sie hätten diese Frage nicht in Betracht gezogen, bevor Sie in diesem Fall Zeugnis ablegten?«

»Ich habe die Frage erwogen.«

»Dann haben Sie sich sicher über einen Fall, wo eine Frau im Bett erwürgt wurde, Notizen gemacht?«

»Nein, das habe ich nicht.«

»War es ein Fall oder waren es mehrere?«

»Mehrere ähnliche Fälle. Dürfte ich das erklären?«

»Nein! Beantworten Sie meine Frage.«

So fing es an, berichtete Smith, so ging es weiter, barsch, scharf, drohend, einschüchternd, haarspalterisch.

»Sie sagten, daß Sie bei der Ausbildung von Assistenten in der Obduktion von Leichen nachdrücklichst auf den Unterschied von Quetschungen und postmortalen Veränderungen hinweisen müßten. Stellen Sie Sir Spilsbury einem Ihrer Assistenten gleich?«

Smith erkannte das Ziel dieser Frage. Der Kronanwalt wollte erreichen, daß Smith die wissenschaftliche Qualifikation Spilsburys bezweifelte. Und schon stieß der Kronanwalt nach:

»Glauben Sie, Sir Spilsbury könne das eine nicht vom anderen unterscheiden?«

»Meiner Meinung nach sollte niemand sagen, eine

Quetschung sei eine Quetschung, wenn er es nicht beweisen kann!«

»Also hat Sir Spilsbury Ihrer Meinung nach diesen Beweis nicht geliefert?«

»Nein. Er hat keinen mikroskopischen Schnitt angefertigt.«

»Wenn Sie jemanden mit einem blauen Auge sehen, würden Sie da sagen: Ich muß mir das erst mal unterm Mikroskop ansehen, bevor ich sage, es ist ein blaues Auge?«

Und bevor Smith noch antworten konnte, fuhr der Kronanwalt fort:

»Glauben Sie also, Sir Spilsbury habe sich getäuscht und es war eine nach dem Tod eingetretene Veränderung? Das wäre doch ein sehr elementarer Fehler, ein Fehler, vor dem jeder Laborassistent gewarnt wird!«

Obwohl Smith und nach ihm Dr. Bronte diese Frage entschieden bejahten, schlossen sich die Geschworenen ihren Beweisen nicht an. Sie glaubten der Autorität Spilsburys und erklärten Fox für schuldig, seine Mutter erwürgt zu haben.

Fox wurde zum Tode verurteilt und gehängt.

Als Sir Sidney Smith dreißig Jahre später seine Erinnerungen an diesen Fall niederschrieb, war er noch immer der Meinung, daß sich Spilsbury geirrt habe. Fox sei zwar gerechterweise für die Schuld am Tod seiner Mutter verurteilt worden, aber diesen Mord, den Spilsbury benannt habe, habe er nicht begangen. Smith schrieb am Schluß: »Vielleicht war sich der Richter nicht ganz über die gefährlich hohe Achtung, die dieser eine fähige Mann genoß, im klaren. Vielleicht erkannte Spilsbury nicht ganz, daß Ruhm ebenso viel Verantwortung wie Ehre mit sich bringt. Ich glaube nicht, daß die Geschworenen das Urteil gefällt hätten, wenn irgend jemand anderes an Stelle von Spilsbury sein Zeugnis abgelegt hätte.«

III

DIE SPUREN
DER TOTEN KINDER

Zu den ›Spuren der Toten‹ gehören auch die Spuren der toten Kinder. Selbst dem kühlsten Berichterstatter fällt es schwer, die seelischen Demütigungen und körperlichen Grausamkeiten, die an Kindern und jungen Menschen begangen werden, zu schildern. Die hier dargestellten Selbstmorde von Kindern und Jugendlichen, die tödlichen Mißhandlungen und Morde an ihnen lassen erahnen, daß die jährlich bekannt gewordenen Hunderte von Fällen nur die Spitze eines Eisberges sind, der die allenthalben anzutreffende Eiseskälte in unserer Gesellschaft auch im Umgang mit dem Kind kennzeichnet. Solange Eltern ihren Frust über ihre eigene unerträgliche soziale oder familiäre Situation und über scheinbar unlösbare Konflikte an den Unschuldigsten, an ihren Kindern, auslassen, solange mittelalterliche Erziehungsprinzipien wie Prügelstrafe und andere körperliche Züchtigungen herrschen, solange Öffentlichkeit und Umwelt Kindesmißhandlungen dulden, solange Ärzte unwissend oder fahrlässig die Augen vor untrüglichen Anzeichen für seelische und körperliche Schäden der Kinder verschließen, solange wird dieser Eisberg nicht schmelzen, sondern weiter wachsen.

1. Des Lebens überdrüssig
(Junge Selbstmörder)

Nach klassischem Vorbild

Petra Höppner war noch nicht sechzehn, als sie ihr Leben plötzlich beendete. Sie ging in die zehnte Klasse einer Polytechnischen Oberschule in einer sächsischen Großstadt.

Es war im Juni 1987. Das kräftig gewachsene Mädchen wartete sehnsüchtig auf den Tag der Schulentlassung. Dann könnte sie bald im Internat wohnen. Sie hatte einen Lehrvertrag als Tierzüchterin erhalten. Heute war die Nachricht eingetroffen, daß sie im Internat einer landwirtschaftlichen Betriebsberufsschule wohnen könne.

Das wird dann ein Leben! Freiheit! Petra wünschte sich nichts dringlicher, als von zu Hause wegzukommen. Zu Hause war es unerträglich geworden. Jeden Tag gab es Streit mit den Eltern um dies und das, um Nichtigkeiten. Aber ich kenne ja den Grund für all den Zank, sagte sich Petra – weil ich Udo liebe! Die Eltern wollten nichts von Udo wissen, sie möchten uns auseinanderbringen, sie hassen ihn. Bloß weil Udo seine Ausbildung als Former nicht beendet hat und sich mit Gelegenheitsarbeit durchschlägt. Und daß er wegen der Einbrüche gesessen hat, was kann ich dafür, das war, bevor wir uns kennenlernten, da können sie doch nicht mich dafür verantwortlich machen. Udo ist ein prima Kerl, wo der ist, da ist Stimmung im Laden. Bei Udo, da bin ich sicher, seine Faust ist nicht von Pappe. Und wenn Udo kein Fett hat, der besorgt sich schon welches, der hat seine Beziehungen, jedenfalls ist immer genug Fett da, wenn wir in die Disco gehen, was brauche ich mehr. Aber für Vater ist Udo ein Gammler und für Mutter ein Assi. Das bekomme ich täglich zu hören. Mal in jammervollem Ton: »Du Ärmste, Du, Du tust uns leid. Nur Du!« oder watend, höhnisch: »Dann geh doch zu ihm! Nehmt gleich ein Dauerabonnement im Knast! Rumsumpfen, ist das Dein Lebensziel? Noch nicht mal sechszehn, was sollen die Leute bloß von uns denken!«

Jeden Tag dieselbe Predigt. Petra hatte es satt.

Als sie Udo abholte, teilte sie ihm als erstes die Neuigkeit mit:

»Der Internatsplatz ist sicher, Udo! Hab heute Nachricht bekommen. Endlich weg von daheim!«

Aber Udo zeigte wenig Begeisterung. Das Dorf war weit entfernt. Und sich bloß mal am Wochenende sehen, davon hielt er nichts. Petra hatte einen Vorschlag. »Du hast doch sowieso keine feste Stelle. Auf dem Dorf findest Du bestimmt Arbeit. In der Genossenschaft oder so. Und wir sind dann immer zusammen.«

»Ich gehe doch nicht in so'n Kaff! Hier habe ich meine Kumpels. Ich bleibe hier. Und Du bleibst auch. Sonst ist es aus zwischen uns!«

Petra war völlig verstört. Weggehen hieß Udo verlieren. Hierbleiben hieß ewiger Streit mit den Eltern, und daß der Lehrvertrag gelöst wird. Nicht auszudenken, was dann der Vater tun wird.

Sie begann zu weinen. »Hör auf!« schrie Udo, »hör auf, die glotzen Dich alle schon an. Hau ab! Und komm erst wieder, wenn Du die Sache geklärt hast!«

Petra lief davon. Die Sache klären! Wie denn? Aber irgendeinen Entschluß mußte sie fassen, irgendetwas mußte geschehen.

Daheim, beim Abendessen, sagte sie plötzlich: »Ich geh nicht aufs Dorf. Ich bleibe hier. Ich suche mir was anderes.«

Sie hat einen Zornausbruch des Vaters erwartet. Aber sie hat ihn nicht in dieser Heftigkeit erwartet. Der Vater sprang auf. Er stand da und starrte sie an. Dann riß er den

Bambusstab heraus, der den Gummibaum stützte, und schlug damit auf Petra ein, auf die Arme, den Rücken, immer wieder. Und stieß immer wieder dieselben Worte hervor: »Willst Du auch vergammeln wie der? Willst Du auch so vergammeln?«

Die Mutter griff nach seinem Arm, er sollte jetzt aufhören, Petra zu schlagen. Kein Vorwurf gegenüber dem Vater. Kein Trost für Petra. Der Vater legte den Bambusstock auf die Kommode, als müßte er gleich wieder danach greifen. Petras Rücken brannte. Aber um nichts in der Welt würde sie ihn das merken lassen. Sie setzte sich wieder an den Tisch und blickte stumm vor sich hin. Nicht einmal Zorn empfand sie gegen den Vater, sie empfand gar nichts, nur dumpfe Leere.

Sie saß und wartete. Auch der Vater saß da und wartete und die Mutter. Niemand sagte ein Wort.

Dann stand die Mutter plötzlich auf und räumte den Tisch ab. Sie rückte damit alles anscheinend wieder ins Gewohnte und Normale zurück. Petra stand auch auf und half, das Geschirr in die Küche zu bringen.

Als sie zurückkam, hatte der Vater den Fernsehapparat eingeschaltet. Auch das ein gewohntes Bild, wie an jedem Abend. Es war gerade zwanzig Uhr. Die Ansagerin kündigte einen Archivfilm an, die Verfilmung irgendeines bekannten russischen Romans. Der Film hatte auch einen russischen Namen. Der Vorname Anna kam darin vor. Petra hörte nicht hin, was sollte sie mit Anna, sie saß ja nur hier, weil sie nicht wußte, was da noch zu klären war. Die Filmmusik war laut, aufregend und traurig. Sie war noch unerträglicher als die Schläge des Vaters. Petra hätte am liebsten den Aschenbecher an den Bildschirm geschleudert. Nur daß diese Musik aufhörte! Alles tat weh, der Rücken, die Musik, die eigene Verzweiflung.

Hierbleiben oder fortgehen. Hierbleiben wäre: Udo behalten. Und vergammeln. Ja, sie wußte es ja: es würde so weit kommen. Und fortgehen hieße: nicht vergammeln.

Aber Udo verlieren. Das eine war unmöglich und das andere auch, es gab keine Lösung. Was sie auch tat, es wäre falsch und richtete sich gegen sie, würde sie kaputtmachen.

Manchmal hob sie den Kopf und blickte nach alter Gewohnheit auf den Bildschirm. Anna schien auch nicht glücklich zu sein, obwohl sie alles hatte, einen reichen Mann, ein Kind, eine schöne Wohnung. Petra stellte sich vor, sie wäre mit Udo verheiratet. Eigene Wohnung, Kinder. Ob sie das schaffen würde, aus Udo einen Mann zu machen, mit dem sie leben konnte? Anna hat das wohl nicht geschafft, wie's aussieht, sie ist ziemlich unzufrieden. Verliebt sich da in diesen Bronski und haut mit dem sogar ab nach Italien. Kann sich's ja leisten. Wie dieser Bronski aber auch rangeht! Udo käme nie so ein Wort über die Lippen: Ich liebe dich! Wozu auch, war eine andere Zeit, ist wohl schon hundert Jahre her. Und so lange wiederum auch nicht. Die Anna weiß auch keinen Ausweg, will vom Mann weg zu Bronski, aber der Mann verlangt das Kind. Und bekäme es auch, der setzt das schon durch. Was machst du jetzt, Anna? Genauso eine beschissene Lage wie bei mir. Was du auch machst, eins behältst du, das andere verlierst du, und was du behältst, ist auch nicht das Gelbe vom Ei.

Der Vater holte sich eine neue Flasche Bier. Die Mutter steckte sich eine Zigarette an. Beide glotzten in die Glotze. Und Anna sucht einen Ausweg.

Petra ging den Weg mit, bis er auf den Eisenbahnschienen endete. Was mag Anna gedacht haben, überlegte Petra, ehe sie sich vor den Zug warf? Ob man da überhaupt noch an etwas denkt? Anna hat's gut, die hat ihr Problem gelöst.

Groß der Abspann: »Anna Karenina, ein Film nach dem gleichnamigen Roman von Leo Tolstoi.« Wieder diese unerträgliche Musik. Die Bierflaschen auf dem Tisch. Der Aschenbecher voller Kippen. Der Bambusstock.

Petra stand auf. Wohin bloß, wohin? Zu Udo und seinen Kumpels? Bierflaschen, Zigaretten wie hier. Statt Bambusstock die Faust.

Der Vater sagt, du vergammelst. Udo sagt, du verspießerst. Ich bin nicht vergammelt. Ich bin nicht verspießert. Ich will leben, wie i c h es will. Aber sie lassen mich nicht. Der Vater läßt mich nicht. Und Udo läßt mich auch nicht.

Wohin?

Petra ging in die Küche und schaltete das Licht überm Waschbecken an. Aus der Handtasche nahm sie den Lippenstift und zog sich vorm Spiegel die Lippen nach. Sie legte den Stift in die Tasche zurück, ging in den Korridor, horchte nach drin, der Fernseher lief laut. Sie öffnete leise die Tür, ging hinaus und ließ die Tür ebenso leise ins Schloß schnappen.

Petra trat auf die Straße. Eine Turmuhr schlug Zehn.

Petra ging durch die menschenleere Vorstadtstraße. Bogenlampen und Vollmond gaben genug Licht. Auch die Schaufenster waren erleuchtet: Konsum Lebensmittel, VEB Dienstleistungskombinat, HO Fleischwaren, die Drogerie von Herrn Halske um die Ecke.

Petra bog jetzt in eine Seitenstraße ein. Am Rand des Gehwegs stehen Linden, die blühten gerade. Die Straße endet an einer Böschung.

Petra stieg die steile Böschung empor. Die Schuhspitze stieß an Schottersteine. Sie setzte sich an den Rand einer Eisenbahnschwelle, legte eine Hand auf die Schiene und wartete. Komisch, dachte sie, das hätte ich mir vor einer halben Stunde nicht träumen lassen, als sich Anna vor den Zug warf.

Wie soll ich's machen? Einfach so springen wie Anna? Oder den Hals auf die Schienen? Oder sich einfach mitten auf die Gleise legen und überfahren lassen? Es muß sicher sein, soll nicht wehtun. Was geht denn schneller? Den Hals auf die Schienen. Da ist gleich der Kopf ab, das geht am schnellsten.

Jetzt hieß es einfach nur warten.

Die Turmuhr hatte schon halb Elf geschlagen, als Petra den Zug kommen hörte.

Sie stellte die Handtasche auf die Erde und legte den Oberkörper auf die Schwelle. Der Hals ruhte auf der Eisenbahnschiene. Das Metall drückte ihr fast den Atem ab.

Sie hob den Kopf, bis der Zug ganz nahe war. Dann umklammerte sie mit beiden Händen die Schiene. Kinn und Hals ruhten auf den Händen wie auf einem Polster.

Unter Nr. C 9 /214/87 trug Dr. Walthari ein: ›Selbstmord durch Überfahrenlassen (Eisenbahn).‹

Petras Leiche war erst am nächsten Morgen gefunden worden. Der Kopf lag abgetrennt zwischen den Gleisen, mehr als fünfzig Meter vom Körper entfernt.

Dr. Walthari war mit der Obduktion beauftragt worden.

Beim Tod auf den Schienen gilt es für den Obduzenten, einige besondere Fragestellungen zu beachten. Es muß geprüft werden, ob der Tote etwa Verletzungen aufweist, die nicht durch das Überfahren entstanden sind. Finden sich solche Verletzungen, ist zu vermuten, daß der Tote vorher bewußtlos gemacht oder getötet und erst dann auf die Schiene gelegt worden ist, um einen Selbstmord vorzutäuschen. Solche Verletzungen sind nicht immer leicht von den Verletzungen zu unterscheiden, die beim Überrollen durch den Zug entstanden sind. Walthari erinnerte sich an einen Fall, da auch eine Tote mit abgetrenntem Kopf auf den Schienen gefunden worden war. Er hatte nachgewiesen, daß das Nasenbein vor ihrem Tode gebrochen war. Das bewies, daß die Tote noch zu Lebzeiten brutal geschlagen und erst dann auf die Schienen gelegt worden war.

Bei der Obduktion Petras stellte Dr. Walthari fest, daß nicht nur der Kopf, sondern auch die Finger beider Hände nach Zerschmetterung der Mittelhandknochen abgetrennt worden waren. Daraus schloß er, daß auch Petra die für einen Selbstmörder typische Haltung – die Hände auf die Schienen und den Hals auf die Hände zu legen – eingenommen hatte.

In der Lunge fand Dr. Walthari Bluteinatmungsherde. Auch dieser Befund gehört zu den vitalen Zeichen und deutet in der Regel darauf hin, daß der Überfahrene noch lebte, als die Eisenbahnräder seinen Kopf abtrennten. In diesem Augenblick nämlich gelangt das aus den Halsgefäßen herausschießende Blut in die eröffnete Luftröhre und wird eingeatmet. Auch nach Abtrennung des Kopfes sind noch einige Atembewegungen möglich, die durch Nervenzentren im verlängerten Mark gesteuert werden.

Auf Rücken und Armen stellte Dr. Walthari Unterblutungen fest. Sie wiesen auf eine vorangegangene körperliche Mißhandlung des Mädchens hin. Diese Verletzungen standen zwar in keinem ursächlichen Zusammenhang mit dem Tode des Mädchens, konnten aber möglicherweise einen Anhaltspunkt für das Motiv des Selbstmordes geben.

Petra Höppner hat im Sektions-Hauptregister die Nummer C 9 / 214/87. Unter C 9 sind die Selbstmordfälle erfaßt. Unter diesen ist Petra nicht die einzige jugendliche Selbstmörderin.

Ein Zwölfjähriger erhängte sich im Keller und hinterließ auf dem Löschblatt eines Schulheftes die Nachricht: ›Ich wollte das Leben nicht mehr mitmachen, weil ich es nicht richtig angefangen habe.‹ Motiv: Schulbummelei und Schwierigkeiten mit den Eltern.

Ein Fünfzehnjähriger erhängte sich. Motiv: Er vermißte die Elternliebe.

Ein Achtzehnjähriger stürzte sich vom Völkerschlachtdenkmal. Motiv: Seine Freundin hat ihn verlassen.

Ein Vierzehnjähriger erschießt sich. Motiv: ›Aus verschiedenen Gründen‹.

Ein Zwölfjähriger erschießt sich. Motiv: Ungerechtfertigter Verweis in der Schule.

Die Ursachen klingen oft banal. Sie klingen noch banaler, faßt man sie in einem einzigen dürren Satz zusammen. Dahinter verbergen sich Konflikte, Angst und Verzweiflung, die ein Außenstehender meist nicht ahnt. Oft sind sie nur dem Selbstmörder selber bekannt oder nur undeutlich bewußt. Oft hat die Umwelt aber auch die ersten kleine Signale nicht verstanden, die diesem Entschluß vorausgingen. Mancher Selbstmord geschieht auch spontan, ohne Überlegung, als Kurzschlußhandlung. Meist aber spitzt sich der Konflikt allmählich zu, ehe der Betreffende den letzten unwiderruflichen Schritt geht.

Die Ursachen eines Selbstmordes sind vielschichtig. Subjektive und objektive Gründe überkreuzen sich. Die subjektiven Bedingungen, die in der besonderen psychischen Labilität eines Menschen liegen, kann der Außenstehende kaum beeinflussen. Vor allem bei Kindern und Jugendlichen gibt es entwicklungsbedingte Konflikte und Komplexe, auf die Eltern und Erzieher nur selten einwirken können. Beeinflussen kann die Umwelt immer nur die objektiven, also die letzthin auslösenden Faktoren.

Dafür ein Beispiel aus einem sächsischen Dorf Mitte der achtziger Jahre.

Als die Genossenschaftsbäuerin Christa Dottermusch eines Abends von der Arbeit heimkam, fand sie ihren zwölfjährigen Sohn Thomas an der Stallwand erhängt.

Die Kriminalpolizei ermittelte, daß Frau Dottermusch geschieden war. Sie hatte sechs Kinder zu versorgen und erwartete ein siebentes. Die familiäre und finanzielle Lage war unter diesen Umständen höchst angespannt. Die Mutter verlangte von Thomas nicht nur die Erledigung häuslicher Arbeiten wie Einkaufen, Kochen, Windelwaschen, Saubermachen, er mußte auch noch zusätzlich Geld verdienen, im Sommer beispielsweise durch Sammeln von Heilkräutern. Der Junge hatte keine Zeit für die

Schularbeiten, seine Leistungen sanken immer mehr ab. An Spielen war überhaupt nicht zu denken.

Bei der Obduktion fand Dr. Walthari Fingernagelabdrücke an der linken Halsseite, dicht über der Strangmarke. Der Junge hatte versucht, sich von der tödlichen Umschlingung zu befreien.

Die Ermittlung ergab ferner, daß der Junge sich genau zu der Zeit erhängte, als der Bus eintraf, mit dem die Mutter heimkommen mußte. In Verbindung mit dem Tatortbefund kam Dr. Walthari zur Schlußfolgerung, daß der Junge sich nicht wirklich hatte erhängen wollen. Seine Mutter sollte erschreckt und eine Änderung seiner Situation erzwungen werden. Das Kind konnte nicht wissen, daß bei einer Strangulation sofort Bewußtlosigkeit eintrat und eine Befreiung aus der Schlinge unmöglich wird.

Dieser Fall zeigt, wie sich beim Selbstmord objektive und subjektive Gründe überlagern. Subjektiv war das Kind der übermäßigen Belastung nicht gewachsen. Objektive Ursache waren die zu hohen Anforderungen der Mutter. Aber man kann auch die Mutter nicht allein für den Selbstmord ihres Kindes verantwortlich machen. Auch sie stand hinwiederum unter dem Druck von Zwängen, die sie selbst nicht bewältigen konnte. Und niemand, der ihr geholfen hätte. Gemeinde, Betrieb, Schule hatten versagt.

Oft sind die vielschichtigen Ursachen eines Selbstmordes, seine objektiven und subjektiven Gründe schwer durchschaubar. Denn manchmal scheint ein Selbstmord durch einen geringfügigen Anlaß ausgelöst worden zu sein – ein unbedachtes Wort, eine Kränkung, eine schlechte Zensur. Aber das auslösende Moment darf nicht mit den eigentlichen Ursachen verwechselt werden. In Wirklichkeit sind bereits tiefere seelische Verletzungen vorhanden, vernarbt oft, die dann bei einer scheinbar unbedeutenden Berührung plötzlich aufbrechen. Die seelische Belastbarkeit hat ihre Grenze erreicht, das Leben ist nicht mehr zu ertragen.

Dafür ist der folgende Fall ein charakteristisches Beispiel.

›Modegift‹ E 605

»Was mag in einer Kinderseele – innerlich zerrissen und verzweifelt – vor diesem letzten Schritt wohl vorgegangen sein?« fragte Kriminalhauptkommissar Schäfer am Ende seines Berichts über den Selbstmord eines Zehnjährigen.

Peter Karmann war zehn Jahre alt. Er hatte noch drei Schwestern im Alter von sechs, neun und zwölf Jahren. Mittags, am 30. Januar, schickte ihn die Mutter ins Milchgeschäft. Er nahm Kanne und Geld an sich und kehrte nicht mehr zurück.

Gegen Abend meldete die Mutter bei der Kriminalpolizei ihr Kind als vermißt. Der Junge sei noch niemals stundenlang weggeblieben. Die Kriminalpolizei mußte ein Verbrechen in Betracht ziehen und nahm die Fahndung nach dem Verschwundenen auf. Zugleich suchte sie sich über Peters familiäres Umfeld zu orientieren. Dabei stellte sie fest, daß das Familienleben gar nicht so intakt war, wie es die Mutter geschildert hatte. Peters Vater war mehrfach vorbestraft, u.a. wegen Diebstahls, Unterschlagung, gefährlicher Körperverletzung und fahrlässiger Tötung. Er war bereits viermal wegen Kindesmißhandlung zur Rechenschaft gezogen worden. Peter gehörte zu den Opfern seiner Gewalttätigkeiten. Der Vater hatte auch einige Jahre in einer Heil- und Pflegeanstalt verbracht. Das Gericht hatte ihn schon vor längerer Zeit wegen Geistesschwäche entmündigt.

Bei einem solchen Sachverhalt lag der Verdacht nahe, der Vater könnte etwas mit dem Verschwinden des Jungen zu tun haben. Möglicherweise war das Kind bei einer schweren Mißhandlung zu Tode gekommen und seine Leiche versteckt worden.

Eine Hausdurchsuchung ergab nichts, was diesen Verdacht verstärkt hätte. Aber es wurde auch nichts gefunden, was einen Hinweis über den Verbleib des Kindes geben konnte. Als einziges war sicher, daß er noch im Milchgeschäft eingekauft hatte.

Die Suchaktion wurde ausgeweitet, Gartenhäuser und Grundstücke in der Nachbarschaft wurden abgesucht und die Streifentätigkeit im weiteren Umkreis ausgedehnt.

Zwei Tage nach Peters Verschwinden erhielt die Kriminalpolizei die Mitteilung, unter dem Vordach eines Kesselhauses sei eine Kinderleiche entdeckt worden. Das Kesselhaus stand auf einem Industriegelände, das nur einige hundert Meter von Peters Wohnung entfernt war.

Als die Kriminalpolizei den Fundort der Leiche besichtigte, konnte sie keine Anzeichen für ein Verbrechen feststellen. Der Tote wies keine Verletzungen auf. Möglicherweise war das Kind an Unterkühlung gestorben. Die Identität des toten Jungen mit Peter Karmann wurde von der Mutter bestätigt. Eine Obduktion sollte die Todesursache klären.

Bei der Obduktion wurde im Magen das Gift E 605 gefunden, und zwar in einer solchen Menge, daß es ausgeschlossen war, das Gift sei dem Kind von fremder Hand verabreicht worden. Alles deutete auf einen Selbstmord hin.

Das Pflanzenschutzmittel E 605 begann in der zweiten Hälfte der fünfziger Jahre eine düstere Rolle zu spielen, sowohl als Mord- wie als Selbstmordgift. Dieses chemische Pflanzenschutz- und Insektenvertilgungsmittel – eine organische Phosphorverbindung – war gegen Ende des Zweiten Weltkriegs in den Bayer-Werken entwickelt, 1945 von den Amerikanern übernommen und in den USA in großer Menge produziert und angewendet worden. 1948 lief dann die Produktion in Deutschland an. E 605 war in Drogerien, Samen- und Düngemittelgeschäften erhältlich.

Die Giftwirkung des E 605 läßt sich mit der von Zyankali vergleichen. Der Tod tritt durch Atemlähmung ein.

Mehrere unfallbedingte Vergiftungsfälle in den USA und in Deutschland führten dazu, Tests zum Nachweis des Giftes im Blut und im Körpergewebe zu entwickeln. Aber erst 1954 nahm die bis dahin nur als Randgebiet der Toxikologie betriebene Erforschung des E 605 einen rasanten Aufschwung. Ein rätselhafter Todesfall in Worms, der durch ein Gift mit Krampfwirkung erfolgt war, blieb vorerst ungeklärt. Keines der bekannten Gifte konnte in der Leiche festgestellt werden. Schließlich gelang es, E 605 nachzuweisen. Das Pflanzenschutzmittel schien zum ersten Mal als Mordgift benutzt worden zu sein. Nun wurde es, wie J. Thorwald sagte, eines der »Modegifte, die sich unter Mördern und Selbstmördern ausbreiteten wie die Bakterien einer ansteckenden Krankheit.«

Daß E 605 ein Modegift wurde, macht trotzdem nicht begreiflich, wie ein zehnjähriges Kind auf den Gedanken kam, sich damit das Leben zu nehmen. Die Kriminalpolizei durchsuchte nochmals die Wohnung und schließlich auch das Gartenhaus der Familie. Das Gartenhaus stand auf einem entfernteren Gelände. Im Garten lag die Milchkanne. Peter mußte vor seinem Tode noch hier gewesen sein. Das Gartenhaus war unverschlossen. In einem Regal standen verschiedene Pflanzenschutzmittel, darunter auch E 605.

Auf einem Handwagen befand sich ein Fleck, der sich als E 605 erwies. Anscheinend war hier das Gift in einen kleineren Behälter umgefüllt worden. Bei einer gründlichen Überprüfung des Fundortes der Leiche konnten die Kriminalbeamten schließlich auch ein Tablettenröhrchen entdecken, das noch Spuren von E 605 enthielt.

Die Kriminalpolizei klärte auch das Motiv des Selbstmordes auf. Der Vater hatte Peter ständig mißhandelt. Einige Wochen vor seinem Tode hatten Peter und seine Schwestern eine heftige Auseinandersetzung der Eltern miterlebt. Sie hörten, daß sie sich scheiden lassen wollten. Die Kinder fürchteten, sie könnten dann voneinander getrennt werden. Peter sagte, wenn er bei seinem Vater bleiben müßte, würde er sich umbringen, und zwar mit dem Pflanzenschutzmittel im Gartenhaus. Seine neunjährige Schwester versprach ihm, sie würde das gleiche tun.

Objektive und subjektive Gründe werden auch an diesem Fall deutlich sichtbar. Peters Vater war ein asozialer, triebhafter und geistig primitiver Mensch, der seine Kinder ständig schlug. Peters Angst vor dem Vater war zu einem Dauerzustand geworden. Seine seelische Kraft reichte gerade noch aus, zusammen mit seinen Leidensgenossinnen, den Schwestern, die Mißhandlungen zu ertragen. Die Angst, nach der Scheidung der Eltern dem Vater allein und für immer ausgeliefert zu sein, überstieg Peters Widerstandskraft. Diese bedrohliche Aussicht löste den Entschluß zum Selbstmord aus.

Daß ein Zehnjähriger seinen Selbstmord wochenlang bedenkt, das Mittel dazu auswählt und die Handlung dann auch zielgerichtet ausführt, ist sicherlich ungewöhnlich. Man könnte sich damit beruhigen, ein Zehnjähriger wisse noch nicht, was Tod ist, er sei sich also nicht über das Endgültige, Unwiderrufliche seines Handelns bewußt. Manche Forscher meinen, erst mit elf bis zwölf Jahren habe das Kind eine klarere Vorstellung vom Tode. Andere sind der Ansicht, ein Kind in einer konflikthaften Situation mit ernsthaften Selbstmordgedanken könne in seiner Todesvorstellung seinem Alter voraussein. Träfe das auch auf den zehnjährigen Peter zu?

Konflikte mit den Eltern sind eines der Hauptmotive für Selbstmorde von Kindern und Jugendlichen.

Die Forschung ergibt jedoch kein übereinstimmendes Bild, ob sich in dieser Altersstufe mehr Mädchen oder mehr Jungen das Leben nehmen. Die statistischen Angaben weichen stark voneinander ab. So wird beispielsweise in der einen Untersuchung der Anteil jugendlicher weiblicher Selbstmörder mit ca. 70 %, in einer anderen mit 20 % angegeben. Auf einem solchen ungenügend abgesicherten statistischen Hintergrund erwachsen dann zwangsläufig spekulative Erklärungen, wie etwa, daß ›Frauen ein stärkerer Lebensmut und auch eine größere Belastbarkeit innezuwohnen scheint‹ oder, im Gegensatz dazu, daß Mädchen in der Pubertät ›sensibler, seelisch anfälliger und empfindlicher‹ und damit mehr als Jungen selbstmordgefährdet seien.

Der Wiener Psychiater Dr. E. Ringel wies darauf hin, daß beim Selbstmord zwischen Ursache und Motiv unterschieden werden sollte: Das Motiv sind die Faktoren, die der Betreffende selbst verstandesgemäß als Grund für seinen Selbstmord ansieht. Die Ursache ist nicht mit dem Motiv identisch, sondern ›in jedem Fall in der betreffenden Persönlichkeit gelegen‹ und damit ihrer seelischen Verfassung gleichzusetzen. ›Keine Situation, und sei sie noch so entsetzlich, kann als solche zum Selbstmord zwingen; die Tragfähigkeit des seelisch gesunden Menschen ist … viel größer, als man es sich gemeiniglich vorstellt.‹ E. Ringel drückt damit aus, daß der Selbstmörder immer auch ein seelisch Kranker sei. Je stärker die seelische Fehlentwicklung eines Menschen sei, desto geringere Anlässe trieben ihn zum Selbstmord. Auch Ringel spricht vom Zusammenhang objektiver und subjektiver Gründe und betont, ›daß in jedem Fall Außen- und Innenfaktoren zusammenwirken, um den tragischen Effekt Selbstmord zu bewirken.‹

Was nun die Motive – also die dem Selbstmörder bewußte Veranlassung zu seinem Entschluß – betrifft, so gibt es auch hierüber unterschiedliche Erkenntnisse. In einigen Untersuchungen stehen Schulschwierigkeiten, in anderen familiäre Konflikte an erster Stelle. Unser gegenwärtiges Schulsystem und die soziale Situation, in der sich viele Kinder und Jugendliche befinden, begünstigen seelische Fehlentwicklungen. Wo vorzeigbare und mit Noten bewertete Leistungen überbewertet werden, wo die jungen Menschen bereits hartem Konkurrenzdruck ausgesetzt sind, wo Lehrstellen fehlen, frühzeitige Arbeitslosigkeit die einzige Zukunftsperspektive darstellt, kommt es bei leistungsschwächeren oder sensiblen Kindern und Jugendlichen zu depressiver Lebensstimmung. Deshalb sind zwei der Hauptgründe ›Schulschwierigkeiten‹ und ›familiäre Spannungen‹ nicht voneinander abzugrenzen. Eines bedingt das andere. Hohe Erwartungen und Anforderungen der Eltern geraten in Widerspruch zur Leistungsfähigkeit des Kindes, das sich nun einem doppelten Leistungsdruck, dem durch die Eltern und dem durch die Schule, ausgesetzt fühlt. Ist das Kind psychisch nicht robust genug, wird es eines Tages diesem Druck nicht mehr gewachsen sein.

So schrieb eine zwölfjährige Schülerin, die sich mit Tabletten vergiftete, im Abschiedsbrief an ihre Eltern:

›Liebe Mam! Lieber Paps! Ich glaube ihr werdet mich nicht verstehen, und werdet sagen, wie konnte sie uns das nur antun. Ich hatte ein paar Gründe: 1) Ich hielt es hier nicht mehr aus. Ich kam mir vor wie in einem Gefängnis. Es fehlen nur die Gitter vor dem Fenster. Und wenn ich zur Schule ging war das wie Urlaub auf Ehrenwort. 2) Ich hatte vor der nächsten Mathearbeit Angst ...‹

Kriminalkommissar Schiermeyer berichtete über den Selbstmord des siebzehnjährigen Manfred Glimm. Mit vierzehn aus der Schule entlassen, hatte Manfred eine Schlosserlehre begonnen, aber nicht abgeschlossen. Sein Vater besorgte ihm eine andere Lehrstelle. Es gab Schwierigkeiten mit den Eltern. Manfred war mit Lutz und Gitta, den Kindern eines benachbarten Ehepaares, befreundet. Bezeichnenderweise nannte er die Mutter seiner Freunde Mami und ihren Vater ebenfalls Vater. Eines Nachts übernachtete er bei seinen Freunden, ohne vorher seinen eigenen Vater darüber zu verständigen. Als er morgens heimkehrte, machte ihm der Vater heftige Vorwürfe. Ohne zu antworten, ging Manfred in sein Zimmer, schloß sich ein und verdunkelte die Fenster.

Zwei Stunden später drang Brandgeruch aus Manfreds Zimmer. Die Rufe des Vaters beantwortete Manfred nicht. Der Vater brach die Tür auf. Manfred lag bewußtlos auf dem Bett. Im Aschenbecher auf dem Tisch befand sich verbranntes Papier. Ein Trinkglas war über zur Hälfte mit einer bläulichen Flüssigkeit gefüllt. Daneben lagen einige Zigaretten und eine blutige Rasierklinge. Auf dem Fußboden neben dem Bett stand ein noch laufendes Tonbandgerät, an das ein Mikrofon angeschlossen war. Der Abschiedsbrief auf dem Gerät war kurz: ›Es tut mir leid, aber ich kann nur Ihm, Herrn Glimm (Vater) die Schuld geben. In vorzüglicher Hochachtung M. G.‹

Als Manfred ins Krankenhaus eingeliefert wurde, war er bereits tot. Die mit der Rasierklinge beigebrachten Schnitte an den Handgelenken waren nur oberflächlich. Eigentliche Todesursache: Vergiftung durch E 605.

Aber nicht wegen dieses Modegiftes berichtete Kriminalkommissar Schiermeyer über Manfred Glimms Selbstmord. Er erschien ihm deshalb bemerkenswert, weil der jugendliche Selbstmörder seine letzten Lebensminuten auf Tonband festgehalten hatte. 35 Minuten dauerte Manfreds Todeskampf, den er in all seinen Einzelheiten schilderte. Darüber hinaus enthielt der Tonbandtext auch wichtige Informationen über das Motiv des Selbstmordes: ›Mein lieber Vater, meine liebe Mutter! Ihr habt es von Anfang an so gewollt, daß ich sterben werde. Ich glaube kaum, daß Ihr es irgendwie gut mit mir gemeint habt, aber es ist jetzt zu spät für alles. Ich habe die Nase jetzt voll, voll von allem, was die Familie Glimm betrifft … Ich wünsche Euch nur noch Gutes im Leben, einen ruhigen Lebensabend. Und mir persönlich wünsche ich, daß ich nie wieder mit meinen Eltern zusammenkomme, obwohl ich weiß, es steht in einem Gebote Gottes, daß man seine Eltern ehren und lieben soll. Es tut mir leid, ich kann dieses Gebot leider nicht befolgen ...‹

Kurz bevor Manfred bewußtlos wurde, wandte er sich noch ein mal an die Eltern seiner Freunde: »Fritz, Du warst in meinem Leben mein Vater, Mami meine beste Mutter. Ich habe Dich so geliebt, wie ich Euch immer geliebt habe, Euer Manfred, Euer Manfred ...«

Dieser Selbstmordfall mit dem Tonbandbericht über die Sterbestunde schien für Kriminalkommissar Schiermeyer noch ein einmaliger Fall zu sein.

Dem ist nicht so. Die immer vertrautere Erfahrung mit technischen Geräten begleitet Kinder und Jugendliche bis zu ihrem frühen Tode. Da ist ein Dreizehnjähriger, der seinen Selbstmord aus Liebeskummer minutiös auf Band aufzeichnete. Der Junge hatte sich mit 22 Schlaftabletten vergiftet. Er begann seinen Bericht:

2^{00}: Ich werde jetzt alle mir zur Verfügung stehenden Schlaftabletten schlucken, ich hoffe, sie reichen, mich ins Jenseits zu befördern.

Der Junge beschrieb dann mit Zeitangabe die einzelnen Stadien seiner Bewußtseinstrübung und der körperlichen Ausfallserscheinungen und endet um 2^{25}: Es ist herrlich, so schlaftrunken war ich noch nie.

Kinder und Jugendliche wählen meist Gift für den Selbstmord. Tabletten stehen an erster Stelle, Pflanzenschutzmittel wie E 605 an dritter Stelle. Das ergab eine territoriale Statistik, die deshalb auch nicht ganz repräsentativ ist. Absolute Zahlen über Selbstmorde von Kindern und Jugendlichen sind fragwürdig. Sie geben kein genaues Bild über Selbstmorde und Selbstmordgefährdung (bzw. Selbstmordversuche) im Alter von zehn bis achtzehn Jahren. Professor Dr. V. Schneider von der Freien Universität Berlin schrieb bereits Ende der siebziger Jahre, daß die

Dunkelziffer bei mißglückten Selbstmorden bzw. bei Selbstmordversuchen schwer abzuschätzen sei. Bei Suicidversuchen bestehe keine Meldepflicht. Die Anzahl der Selbstmordversuche sei acht- bis zehnmal so hoch wie beim vollendeten Suicid.

Kein Zweifel besteht jedoch daran, daß die Selbstmorde von Kindern und Jugendlichen weiter zunehmen. In der Bundesrepublik Deutschland hat sich in nur 25 Jahren diese Selbstmordrate mehr als verdreifacht.

Mit durchschnittener Kehle

Wird ein junges Mädchen mit durchschnittener Kehle und emporgestreiftem Rock im Wald aufgefunden, liegt der Verdacht auf ein Sexualverbrechen und Mord nahe. So war es auch, als zwei Jäger an einem Novembertag in einem Fichtenwald die Leiche eines jungen Mädchens entdeckten.

Die Tote lag auf dem Rücken. Mund und Augen waren geöffnet. Der Hals war vorn rechts durch eine etwa zehn Zentimeter lange klaffende Wunde durchtrennt. Die Handgelenke wiesen ebenfalls Schnittverletzungen auf. Tierfraß hatte die rechte Gesichtshälfte so tief zerstört, daß der blanke Wangenknochen hervortrat. Der Rock der Toten war über den Slip bis zum Bauch hinauf emporgestreift. Am linken Bein der Leiche hing ein angefrorener Zehnmarkschein. Neben der Toten lagen eine Kollegmappe mit Schulheften, Rasierklingen, Pfefferminzpapier, ein Kamm, ein blutiges Taschentuch und die Schuhe des Mädchens. Der Waldboden war blutdurchtränkt.

Für die am Fundort der Leiche eingetroffenen Kriminalisten ergab sich aus alledem anfangs der Verdacht eines Sexualverbrechens. Dann aber fand sich in der Kollegmappe ein Abschiedsbrief an die Eltern. Darin schrieb das Mädchen u. a.:

›Es hat keinen Zweck mehr, darum mach ich nun Schluß. Ihr seid so gemein, ich hasse Euch! Von der heutigen Jugend versteht Ihr überhaupt nichts mehr. Eure Ansichten sind schauderhaft. Solche Eltern wie Euch findet man nicht so schnell wieder. Jeder junge Mensch verliebt sich mal und macht Fehler. Ihr seht so was nicht ein. Mein ganzes Leben habt Ihr zerstört …‹.

Die Tote wurde identifiziert. Es war eine fünfzehnjährige Handelsschülerin. Ihre Eltern hatten sie vor zwei Wochen als vermißt gemeldet. Der Abschiedsbrief ließ kaum Zweifel an einem Selbstmord zu. Trotzdem gab die klaffende Halsschnittwunde zu denken. Konnte sich das Mädchen eine solche Wunde selbst beigebracht haben? Andererseits sprachen die vielen Schnitte an Handgelenken und Ellenbogenbeuge wiederum für einen Selbstmord. Es war schwer vorstellbar, daß sich das Mädchen die zahlreichen Schnitte ohne Gegenwehr hätte zufügen lassen. Es gab keine Abwehrverletzungen. Obwohl also alles für einen Selbstmord sprach, wollte die Staatsanwaltschaft sichergehen, daß kein Tötungsverbrechen vorlag. Sie veranlaßte eine gerichtsmedizinische Obduktion.

Die Obduktion bestätigte, daß die Art der Verletzungen fremde Gewalteinwirkung ausschloß. Über die klaffende Halswunde hieß es im Gutachten:

›Es fanden sich auch mehrere oberflächliche Einschnitte in der Vorderwand des Schildknorpelkörpers. Der größte Teil einer halb bogenförmigen Halswunde zeigt aber keine Zeichen einer vitalen Reaktion (Blutung) in der Umgebung. Offensichtlich handelte es sich um eine Erweiterung der ursprünglichen Halsschnittwunden durch Tierfraß, der auch in der rechten Backenseite erheblich vorhanden war. Hier fand sich auch Mäusekot. Die inneren Organe zeigten Zeichen von starker Blutarmut … Der Tod ist durch Verbluten nach außen eingetreten.‹

Der gerichtsmedizinische Befund sprach also für einen Selbstmord. Er widerlegte auch den Zweifel, ob sich das

Mädchen die klaffende Wunde selbst beigebracht haben könnte. Der Schnitt sei nur oberflächlich gewesen und erst durch Tierfraß so erweitert worden. Kriminalobermeister Hackl konnte sich mit der Vermutung, daß Mäuse am Werk gewesen wären, nicht befreunden. Denn Mäusebisse hinterlassen seiner Meinung nach charakteristische Nagemerkmale, für die es am Hals der Toten keine Spuren gab. Hackl sagte in seinem Bericht: ›Als Jäger konnte ich in der freien Wildbahn wiederholt beobachten, daß Füchse und Marder Fallwild an der Halsgegend (Trägergegend) so anfraßen (anschneiden), daß es den Eindruck erweckte, als hätte jemand mit einem Messer ein Stück Wildbret herausgeschnitten ... als wäre dies mit einem Rasiermesser geschehen. Mäusefraß konnte ich an den Fallwildstücken erst dann beobachten, wenn das Wildbret bereits in Verwesung übergegangen war. In diesen Fällen waren dann auch Mäusezähne abgebildet.‹

Im Gegensatz zur Vermutung der Gerichtsmediziner, Mäuse hätten die an sich oberflächliche Halsschnittwunde erweitert, kam Hackl zur Ansicht, daß sich die Fünfzehnjährige die klaffende Wunde am Hals selbst beigebracht haben könnte. Das ist vorstellbar. Immer wieder wird berichtet, welche erstaunlich tiefen Halsschnitte Selbstmörder sich selbst zugefügt haben.

2. Mißhandelt und ermordet (Kindesmorde)

›Skalpiert‹

Gerber gibt es in dieser sächsischen Kleinstadt nahe Leipzigs heute nicht mehr. Nur der Name der Gasse ist von damals übriggeblieben.

Die Häuser in der Gerbergasse stehen schief und dichtgedrängt. Das Haus Nr. 8 mit seiner fliehenden grünnarbigen Stirnwand liegt einige Schritt weiter zurück als seine Nachbarn. In diesem Haus wohnen drei Mieter: unten, links und rechts vom Eingang, jeweils eine alte Frau und im oberen Stockwerk die Familie Kaltenborn. Zu ihr gehören fünf Personen: der Hilfsarbeiter Kaltenborn, seine Frau Hella, die als Reinemachefrau in einer Schule arbeitet, zwei halbwüchsige Söhne und neuerdings der siebenjährige Bernd, der nach jahrelangem Aufenthalt in einem Kinderheim wieder der Mutter zurückgegeben worden ist.

Am 6. Februar 1967 kommt Hella Kaltenborn gegen siebzehn Uhr von der Arbeit nach Hause. Die vierundvierzigjährige Frau mit dem mageren verlebten Gesicht steigt die Treppe empor, öffnet die Tür, die geradewegs ins Wohnzimmer führt, und legt den Einkaufsbeutel auf den Tisch. Sie ruft: »Bernd! Wo steckst Du denn schon wieder!« Die Tür aus dem Schlafzimmer öffnet sich. Ein Junge schiebt sich auf die Schwelle. Er läßt die Tür hinter sich offen und lehnt den Kopf an den Pfosten. In seiner Haltung liegt etwas Furchtsames. So kommt ein Hund näher, der Prügel erwartet.

»Hast Du schon was gegessen?« fragt die Mutter.

Bernd schüttelt den Kopf.

»Kannst Du nicht reden? Muß ich erst wieder jedes Wort aus Dir rauspressen? So was Mundfaules! Los, hol das Brot aus der Küche!«

Bernd huscht an der Mutter vorbei. Er zieht den Kopf ein, als könnten Schläge auf ihn niederprasseln. Er holt das Brot und legt es auf den Tisch.

»Glaubst Du, ich kann mit den Fingern schneiden? Ein Messer! Aber dalli dalli!«

Während Bernd nochmals in die Küche läuft, leert die Mutter den Einkaufsbeutel. Sie packt ein Stück Butter aus, einen Ring Bratwurst, Stangenkäse, ein Päckchen Kaffee und eine Flasche Weinbrandverschnitt ›Goldbrand‹. Sie scheint die Anwesenheit des Kindes vergessen zu haben. Erst als der Junge ihr das Messer vors Gesicht hält, blickt sie auf. Sie schneidet einen Kanten Brot ab, bestreicht ihn mit Butter und gibt ihn dem Kind.

Bernd beißt hinein. Anscheinend hat er nicht viel Hunger. Er steht mitten im Zimmer, unschlüssig, als warte er auf den nächsten Befehl oder das nächste Schimpfwort.

»Schaff das Zeug in die Küche!« sagt die Mutter. Bernd greift zuerst nach der Flasche. »Die bleibt hier!« Die Mutter nimmt sie ihm aus der Hand.

Jetzt sind draußen auf der Treppe Schritte zu hören. Bernd versucht, Brot, Butter, Käse, Wurst und das Kaffeepäckchen in beide Hände zu nehmen. Das gelingt ihm auch. Inzwischen wird die Tür geöffnet, Helmut Kaltenborn tritt ein. Bernd verschwindet in der Küche, Kaltenborn murmelt einen Gruß. Man sieht ihm nicht an, daß er dreizehn Jahre jünger ist als seine Frau. Sein stumpfer verdrossener Blick bleibt an der Flasche hängen.

»Bernd!« ruft die Mutter.

Der Junge kommt mit ängstlich gebogenem Rücken heraus.

»Hier liegt Dreck!« Die Mutter zeigt auf den Fußboden. Bernd holt Kehrschaufel und Handfeger und kehrt die Brotkrümel auf. Helmut Kaltenborn öffnet gerade die Weinbrandflasche. »Glotz nicht so blöd!« sagt er zu Bernd und hebt die Hand. Aber das Kind ist schneller und entwischt in die Küche.

Kaltenborn trinkt einige Schluck, dann reicht er die Flasche seiner Frau. Sie holt ein leeres Senfglas und gießt es viertel voll. Nach dem ersten Schluck setzt sie nur einen Atemzug ab, dann trinkt sie das Glas aus. Ein wohliger Seufzer folgt. Sie schiebt Helmut die Flasche wieder zu.

Gegen Sechs kommen die beiden großen Jungen heim, der fünfzehnjährige Rolf und der sechzehnjährige Dieter. Hella Kaltenborn läßt Bernd die Eßwaren wieder aus der Küche holen, dazu Teller und Besteck. Das Abendessen läuft hastig und stumm ab. Danach gehen die beiden Jungen gleich wieder fort. Niemand fragt wohin. Hella befiehlt Bernd, sich zu waschen. Dann entkleidet sie ihn und bringt ihn ins Schlafzimmer, wo seine Liege neben dem Bett der Eltern steht.

Kaltenborn sitzt in einer Art unruhiger Reglosigkeit am Tisch und starrt auf das schmutzige Geschirr. Hella setzt sich neben ihn und gießt sich den Rest aus der Flasche ins Glas. Kaltenborn blickt auf die leere Flasche.

»Warum hast Du bloß eine halbe Flasche mitgebracht?«

»Hast Du noch Geld?« fragt Hella zurück.

Der Mann steht auf. »Ich hole noch eine Flasche im Stadtcafé.«

Er setzt sich die Mütze auf und geht ohne Mantel in die Kälte hinaus. Hella bleibt sitzen. Sie schiebt ihren Teller in die Mitte des Tisches. Wieder kein Geld, denkt sie. Es kommt schon noch soweit, daß mich Helmut sitzenläßt. Kann ich ihm auch nicht krummnehmen. Denn wenn ich mit der Arbeit aufhöre, ist überhaupt kein Geld mehr da. Helmut kann eben nicht regelmäßig arbeiten, er kann's einfach nicht, weiß der Teufel, warum. Armes Schwein. Ich darf meine Arbeit nicht aufgeben. Aber wenn ich weiter arbeiten gehe, kann ich mich nicht so um Bernd kümmern, wie ich soll. Was denken die sich bloß. Warum haben die den Jungen zurückgeschickt aus dem Heim. Dort war er doch gut aufgehoben. Die machen sich's leicht, und ich habe ihn nun auf'm Hals. Aber die wissen schon, warum sie ihn abgeschoben haben. Weil er blöd ist, geistig minderwertig. Bescheuert wie er ist. Der hat doch einen Dachschaden, der Bernd. Hat ihnen sicher dauernd die Matratze vollgepißt, das Mistvieh, wie zu Hause. Ich soll mich um das Miststück kümmern. Wie komme ich dazu. Der gehört in ein Heim, was soll der hier, was soll ich mit dem anfangen, der hat doch nicht alle Tassen im Schrank, dem kann man's reinprügeln, der kapiert nichts. Und Helmut läuft mir noch davon. Kann ich ihm nicht verdenken, mit so einem Idioten im Haus. Seit der Junge da ist, gibt's dauernd Krach mit Helmut. Klar, ist ja auch nicht sein Junge. Und die Fürsorge hängt sich auch dauernd mit rein. Was soll ich bloß machen. Seit der Bernd wieder zurück ist, geht alles drunter und drüber. Ein richtiger Teufel ist das. Der muß weg. Nicht schade um ihn, der ist doch unterbelichtet. Totmachen, das wäre das einzig Richtige. Man muß es gleich erledigen. Morgen trau ich mich's schon wieder nicht, da tut mir das Mistvieh wieder leid …

Hella Kaltenborn steht auf. Sie blickt sich suchend um. Dann geht sie zum Kohlenkasten und nimmt den Handfeger heraus, der auf den Briketts liegt. Sie hört Helmut zurückkommen und wirft den Handfeger wieder in den Kasten.

Kaltenborn kommt mit einer Flasche ›Hirschblut‹ zurück. Er kratzt den Plastverschluß ab und drückt den Kork gleich in den Flaschenhals hinein. Hella holt ein zweites Senfglas. Helmut schenkt ein. Beide setzen sich wieder an den Tisch. Das schmutzige Geschirr steht noch immer da. Kaltenborn schneidet sich ein Stück Bratwurst ab und schiebt es in den Mund. Noch kauend, hebt er das Glas und trinkt.

Es ist inzwischen einundzwanzig Uhr geworden. Hella und Helmut sitzen am Tisch wie Puppen, die plötzlich für einen Augenblick in Bewegung geraten, wenn sie das Glas in die Hand nehmen.

Dann kommen die beiden Jungen heim und verschwinden in ihrem Zimmer.

Um halb Zehn ist auch die Flasche ›Hirschblut‹ leer.

»Gib mir Geld«, sagt Helmut.

»Hab keins mehr.«

»Du hast noch.«

Sie rafft sich auf und holt die Geldbörse. Sie öffnet sie und schüttet einige Markstücke heraus. Kaltenborn nimmt sie und verläßt das Zimmer.

Wieder sitzt Hella da, wieder holpern die gleichen Gedanken über die ausgefahrenen Gleise, wieder machen sie halt an derselben Stelle. Wieder steht Hella auf, geht zum Kohlenkasten und ergreift den Handfeger. Dann geht sie ins dunkle Schlafzimmer. Sie schaltet das Licht nicht ein, läßt aber die Tür einen Spalt breit offen.

Dann ist die Stille zu Ende.

Dann folgen dumpf klatschende Schläge. Dann setzen zögernde Schreie ein, die bald in ein pausenloses Wimmern übergehen.

Dann ein neuer Laut: das schrille Läuten der Türklingel.

Hella kommt aus dem Schlafzimmer, legt den Handfeger auf den Tisch und öffnet die Wohnzimmertür. Draußen steht die alte Frau Michel von unten. Sie hat einen verwaschenen Morgenrock an und fragt: »Was ist denn los bei Ihnen, Frau Kaltenborn? Das ist doch wirklich ein bißchen zu viel, was da bei Ihnen wieder los ist.«

»Das sind die beiden Großen, Frau Michel. Sie wissen ja, wie das in dem Alter ist.«

»Und in meinem Alter will man nachts seine Ruhe haben.«

»Ich geh hinein, ich schaffe schon Ordnung, Frau Michel.«

Frau Michel nickt und wendet sich der Treppe zu. Hella schließt die Tür, nimmt den Handfeger und geht zurück ins Schlafzimmer ...

Bald danach kehrt Kaltenborn zurück.

Im Verlauf der nächsten halben Stunde trinken die beiden die zweite Flasche ›Hirschblut‹. Irgendwann wird Kaltenborn auf die gurgelnden Geräusche aus dem Schlafzimmer aufmerksam. Hella sagt: »Also ich habe angefangen, den Bernd totzumachen. Es ist am besten so, für alle, denk ich.«

Kaltenborn stimmt zu. »Den Rest kannst Du mir überlassen. Wenn es rauskommt, weiß ich wenigstens, warum ich wieder in den Knast soll.«

Hella überreicht ihm den Handfeger und geht voran. Wieder bleibt die Tür ein wenig offen. Drinnen fallen zwei wuchtige Schläge. Ein einziger Schrei folgt, dann ist es still. In die Stille hinein sagt Helga: »Hör auf. Jetzt reicht's. Hör auf, sag ich!«

Kaltenborn kommt heraus, setzt sich nochmals an den Tisch, trinkt den letzten Schluck. Als Hella nach einer Weile das Schlafzimmer verläßt, fragt er: »Was hast Du da drin noch gemacht?«

»Eine Binde um den Kopf gewickelt.«

»Wozu das denn?«

»Nur so. Der erlebt den Morgen sowieso nicht mehr.«

Hella gähnt. Es ist bald dreiundzwanzig Uhr. »So müde war ich lange nicht. Gehn wir schlafen?«

Kaltenborn hat nichts dagegen. Beide gehen ins Schlafzimmer …

Der nächste Morgen beginnt wie jeder Tag. Die Jungen müssen zuerst weg. Hella macht ihnen Frühstück. Als sie aus dem Haus sind, legt sie sich noch mal ins Bett, ihr Dienst beginnt erst am späten Vormittag. Der Mann schläft noch.

Gegen Neun rappelt sich Kaltenborn hoch, zieht sich grunzend an, ißt ein paar Bissen, entdeckt in Hellas Kittelschürze noch ein Zweimarkstück, nimmt es an sich und verläßt die Wohnung. Hella steht bald danach ebenfalls auf und stellt zuerst fest, daß Bernd immer noch lebt. Sie sucht einen Lappen, tränkt ihn mit Wasser und legt ihn auf den blauschwarz verschwollenen Kopf des Kindes. Dann deckt sie ihm ein weißes Laken über den Körper, so wie man einen Toten verhüllt.

Nachdem sie gefrühstückt hat, geht sie zur Arbeit.

Es wird Mittag.

Gegen dreizehn Uhr schlägt die Türglocke an. Draußen steht Frau Gottschall, die Erzieherin. Sie hatte heut in der Vorschule festgestellt, daß Bernd schon wieder fehlte. Frau Gottschall ist in diesem Fall sehr mißtrauisch. Schon zweimal hatte sie Spuren schwerer Mißhandlungen an dem Kind entdeckt und es ärztlich untersuchen lassen. Es waren Unterblutungen an Schulter und Armen festgestellt worden. Der Arzt hatte sich allerdings mit Hellas Erklärung zufriedengegeben, Bernd hätte sich mit seinen älteren Brüdern geschlagen.

Als niemand auf ihr Läuten öffnet, drückt Frau Gottschall die Türklinke nieder. Die Wohnung ist nicht abgeschlossen. Sie bleibt zögernd stehen, aber dann stößt sie die Tür auf und tritt ins Wohnzimmer.

Durch die Stille hört sie einen unbestimmten Laut, der bereits von der Grenze des Lebens herkommt. Im Schlafzimmer entdeckt sie das Kind unter dem weißen Tuch ...

Wenig später fährt der Krankenwagen vor.

Mit heulender Sirene jagt der Wagen ins Kreiskrankenhaus. Dort erwartet bereits der Chefarzt der Chirurgischen Abteilung mit seinem Operationsstab das Kind.

Die Operation dauert Stunden. Als sie beendet ist, atmen die Ärzte erleichtert auf. Es besteht noch Hoffnung, daß das Kind überleben wird.

Am nächsten Tag diktiert der Chefarzt seinen Befund: »... Schädelbasisbruch, Hirnreizung mit Krämpfen der Gesichtsmuskulatur, Abhebung der Kopfschwarte, was einer Skalpierung gleichkommt, ein Bluterguß zwischen Kopfschwarte und knöchernem Schädeldach. Abwehrverletzungen an beiden Unterarmen und Händen in Form von zahlreichen Blutergüssen. Bewußtlosigkeit ... Lungenentzündung als Folge langen Liegens in unbekleidetem Zustand in einem ungeheizten Raum ...«

Ein Durchschlag des Befundes geht an den Kreisarzt, ein anderer an das Volkspolizei-Kreisamt.

Die Ermittlungen laufen an. Hella und Helmut Kaltenborn werden verhaftet. Zwei Monate später erhebt der Staatsanwalt gegen das Ehepaar Anklage wegen versuchten Mordes. In den Plädoyers des Anklägers und des Verteidigers werden die unterschiedlichen Aspekte dieses

Verbrechens deutlich. Der objektive Tatbestand ist mit der subjektiven Motivation eng verbunden. Die subjektive Motivation der Täterin entschuldigt sie nicht, läßt aber zumindest das Unbegreifliche ihrer Handlung erkennbar werden.

Der Staatsanwalt beantragt lebenslange Freiheitsstrafe. Das Verbrechen zeige nicht nur besondere Grausamkeit, sondern sei auch aus niedrigen Beweggründen begangen worden. Die Täter hätten sich des Kindes entledigen wollen, um ungestört ihr asoziales Leben weiterführen zu können. Die Mutter des Kindes habe bewußt und überlegt gehandelt, als sie, von krassem Egoismus getrieben, alles tat, um den Tod des Kindes herbeizuführen. Für Helmut Kaltenborn beantragt der Staatsanwalt eine Freiheitsstrafe von fünf Jahren mit einer Einweisung in eine Heil- und Pflegeanstalt, weil nach Meinung des Gutachters der Angeklagte eine Gefahr für die öffentliche Sicherheit bedeute.

Der Verteidiger verurteilt das Verbrechen entschieden. Aber er wendet sich dagegen, die Tat als Mordversuch zu werten. Die Angeklagte habe nicht aus niedrigen Beweggründen gehandelt, sondern aus dem für sie unlösbaren Konflikt heraus, entweder ihren Mann oder das Kind zu verlieren.

Das Gericht verurteilt Hella Kaltenborn zu lebenslänglicher, Helmut Kaltenborn zu achtjähriger Freiheitsstrafe.

In den Plädoyers von Staatsanwalt und Verteidiger wird deutlich, wie schwierig es in der Praxis oft ist, Gewalt gegen das Kind juristisch zu bewerten. Die Sicht von Staatsanwalt und Verteidiger sind naturgemäß unterschiedlich, oft gegensätzlich. Trube-Becker schreibt, rechtlich könne bei einer Tötung auf Mord, Totschlag, Körperverletzung mit Todesfolge, Tötung im Affekt und sogar fahrlässige Tötung erkannt werden. Die Entscheidung bleibe dem Verlauf der Hauptverhandlung und dem Gericht überlassen. Und Würtenberger meint sogar, daß sich die Strafzumessung weitgehend auf unkontrollierbaren Wegen im Raum des Irrationalen bewege. Deshalb, so belegt Trube-Becker anhand zahlreicher Gerichtsurteile, reichten die Urteile bei Kindestötung von der Einstellung des Verfahrens über Freispruch bis zu lebenslanger Freiheitsstrafe.

Das Motiv, das Hella Kaltenborn zu ihrer Tat trieb, läßt sich aus dem Plädoyer des Verteidigers erahnen. Das Kind stand der Beziehung zu ihrem Mann im Wege – wie immer sie auch zu dieser Überzeugung gelangt sein mag. Dieser Konflikt zwischen Mann und Kind ist ein gar nicht so seltenes Motiv für Kindestötung.

Erdrosselt

Fall Nr. 1

In der Klinik einer Großstadt im Ruhrgebiet erschien das Ehepaar Lorenz mit seinem zehn Monate alten Kind Dirk. Das Kind war tot, eine Wiederbelebung zwecklos. Die Mutter des Kindes sagte, sie habe Dirk leblos in seinem Bettchen gefunden. Um den Hals sei eine Gardinenschnur geschlungen gewesen.

Die Klinikärzte stellten fest, daß das Kind unterernährt und verwahrlost war. Sie sahen auch die Strangulationsfurche am Hals. Die Aussage der Mutter kam ihnen verdächtig vor. Die Klinik ließ die Kindesleiche ins Institut für Rechtsmedizin überführen, das hinwiederum die Kriminalpolizei informierte.

Eine gerichtsmedizinische Obduktion wurde veranlaßt. Die den Hals umlaufende Strangulationsmarke, Stauungsblutungen in den Augenbindehäuten und Lungenblähung sowie weitere Symptome ergaben als Todesursache gewaltsame äußere Erstickung als Folge einer Strangulation.

Inzwischen, so berichtete Kriminalhauptkommissar Mätzler, ermittelte die Kriminalpolizei die näheren Umstände des angeblichen Unfalls.

Die Familie Lorenz lebte in dürftigen Verhältnissen. In den acht Jahren ihrer Ehe hatte die neunundzwanzigjährige Frau sieben Kinder geboren. Dirk war das jüngste Kind. Jetzt war Frau Lorenz erneut schwanger. Der Haushalt mit den sieben Kindern überforderte sie völlig. Ihr Mann war wegen Notzucht, Betrug und anderer Delikte vorbestraft und hatte sich, so Mätzler, im letzten Jahr ›selbständig‹ gemacht: »Er war Subunternehmer, einer dieser modernen Sklavenhalter, geworden.«

Über den Unfallhergang sagte Frau Lorenz, sie habe das Kind gegen vierzehn Uhr gefüttert, wieder in sein Bett gelegt und das Kinderzimmer von außen verschlossen. Das Zimmer liegt im Erdgeschoß. Das Fenster habe offengestanden. Einige Stunden später sei ihre achtjährige Tochter Elvira ins Kinderzimmer gegangen und habe ihr mitgeteilt, Dirk schlafe noch. Kurz darauf habe sie Dirk wecken wollen. Er habe, mit einer Gardinenschnur um den Hals, tot im Bett gelegen. Daraufhin habe sie mit ihrem Mann das Kind in die Klinik gebracht.

Die Kriminalpolizei besichtigte das Kinderzimmer. Das Bett, in dem Dirk zu Tode gekommen war, stand neben dem Fenster. Von der Gardine hing eine Schnur herab. Sie bildete den unteren Saum der Gardine und war mit kleinen zylinderförmigen Bleistückchen durchsetzt. Diese bleigefüllten Schnüre dienen dazu, die Gardine straff zu halten.

Die Bleischnur hatte sich teilweise von der Gardine gelöst.

Frau Lorenz wiederholte, sie habe das Kind mit der Gardinenschnur um den Hals vorgefunden. Sie stritt energisch ab, das Kind mit der Schnur erdrosselt zu haben. Es war jedoch schwer vorstellbar, daß sich der Säugling die Schnur selbst um den Hals gelegt hatte. Noch verworrener erschien die Situation, als die achtjährige Tochter Lisa behauptete, sie habe gesehen, wie die vierjährige Anita durchs offene Fenster eingestiegen sei und dem Dirk die Schnur ›umgewurschtelt‹ habe. Anita sagte, das sei nicht wahr. Sie sei zwar manchmal durchs offene Fenster eingestiegen. Aber sie habe die Schnur nicht angefaßt.

Nun war lt. Obduktionsbefund die Gardinenschnur das wahrscheinliche Drosselwerkzeug gewesen. Deshalb wollte die Kriminalpolizei überprüfen, ob ein Unfall mit der Gardinenschnur tatsächlich ausgeschlossen werden konnte.

Eine entsprechend große Puppe wurde in das Kinderbett gelegt und die Gardinenschnur um ihren Hals geschlungen. Sobald die Puppe bewegt wurde, glitt die Schnur vom Hals. Verknotete man jedoch die Schnur, konnte sie sich nicht mehr von allein lösen. Die Gerichtsmediziner hatten jedoch am Hals des Kindes keine Spur gefunden, die auf eine Verknotung hingewiesen hätte. Und da es auch undenkbar war, daß der Säugling die Schnur selber verknotet hatte, konnte der Verdacht auf eine Erdrosselung durch die Mutter nicht ausgeräumt werden.

Bis die Kriminalisten den Einfall hatten, die Rekonstruktion unter ›lebensechten‹ Bedingungen zu wiederholen – nämlich das Verhalten der Bleischnur nicht an einer Puppe, sondern am Hals eines Menschen zu überprüfen. Und das verblüffende Ergebnis: sobald sich Teile der Schnur überlagerten, glitten sie nicht mehr wie am Puppenhals ab, sondern verknoteten sich unlösbar.

Nun konnte der Unfallhergang rekonstruiert werden. Das Kind hatte sich in sitzende Stellung gebracht und durch die Gitterstäbe des Bettes nach der herabhängenden Gardinenschnur gegriffen, sie etwa in der Mitte gepackt und ins Bett hineingezogen. So war eine noch offene Schlinge entstanden, die sich dann bei einer Bewegung des Kindes um seinen Hals schlang. Die Bleikörper verfitzten sich miteinander, die Schnur zog sich zusammen

Ein tödlicher Unfall also durch Selbsterdrosselung.

Kriminalhauptkommissar Mätzler, der über diesen Fall berichtete, schrieb, hier zeige sich wieder einmal, vor welche ausgefallene Situationen sich Kriminalisten gestellt sähen – Situationen, wie sie kein Kriminalschriftsteller zu erfinden wagte.

Auch wenn es hier um einen tödlichen Unfall ging und nicht um Kindesmord, wurde er ausgewählt und in Beziehung zu einem ähnlich erscheinenden Fall gesetzt, wobei ebenfalls ein Kind durch eine Schnur erdrosselt wurde.

Fall Nr. 2

Der neunundzwanzigjährige Straßenbauarbeiter Raimund Glowna war seit zwei Jahren verheiratet. Im ersten Ehejahr hatte seine Frau ein Mädchen geboren, das bald nach der Geburt an einer Virusinfektion gestorben war. Das zweite Kind, wieder ein Mädchen, war ein Siebenmonatskind, das nach der Geburt fünf Monate in der Kinderklinik versorgt werden mußte.

Als dann das Kind nach Hause entlassen werden konnte, glaubte die Mutter, sich besonders intensiv um das Kind kümmern zu müssen. Raimund Glowna sah das mit wachsendem Unbehagen. Er liebte seine Frau und wünschte, daß sie mehr Zeit für ihn hätte. Schuld an der Entfremdung war das Kind. Das sprach er auch offen aus. Seine Frau warf ihm vor, eifersüchtig auf das Kind zu sein. Es kam immer öfter zum Streit zwischen den beiden. Beide litten auch unter dieser Situation, die sie weder durch Gespräche noch anderswie zu ändern vermochten. Die Ehekrise verschärfte sich noch, als Raimund während einer erneuten heftigen Auseinandersetzung mit seiner Frau die Beherrschung verlor, das Kind aus dem Wagen riß und auf den Fußboden warf. Das Kind war verletzt. Glowna brachte es in die Klinik. Dort sagte er, es sei aus dem Bett gefallen.

Die Ärzte stellten einen Schädelbruch mit doppelseitiger Gehirnblutung fest. Das Hämatom mußte operativ entfernt werden.

Zwei Monate später fand die Mutter das Kind tot im Bett. Sie rief sofort einen Arzt. Der Arzt entdeckte am Hals des Kindes eine Strangulationsfurche und benachrichtigte die Kriminalpolizei.

Wenige Stunden später fand die gerichtsmedizinische Obduktion statt. Dr. Patscheider vom Institut für Gerichtliche Medizin in St. Gallen schrieb in seinem Obduktionsbefund u. a.:

›An der Gesichtshaut des normal entwickelten, gut gepflegten Kindes fanden sich zahlreiche feine Punktblutungen, die in ihrer Gesamtheit deutlich den Abdruck eines Textilmusters wiedergaben. In der Umgebung des rechten Auges und auf die angrenzenden Partien der Wange übergreifend, lagen Hautabschürfungen. Die Haut des Nackens zeigte drei schräg zur Längsachse liegende Blutunterlaufungen. Um den Hals verlief nahezu zirkulär eine Strangfurche von vier bis fünf Millimetern Breite, die keinen Musterabdruck erkennen ließ. In ihrem Bereich lagen in der Unterhaut und in den Außenschichten der vorderen Halsmuskulatur mehrere kleine, nicht abspülbare Blutungen. Die Kopfschwarte wies in der linken Scheitelregion eine jüngere Operationsnarbe auf. Die weichen Hirnhäute waren an der Vorderfläche der Brücke und der rechten Kleinhirnhälfte frisch kleinflächig blutunterlaufen. Diagnose: Typisches Erhängen nach vorangegangenen Schlägen gegen den Kopf.‹

Der im Obduktionsbericht enthaltene Hinweis auf eine frühere Schädelverletzung und die Operation verstärkte den Verdacht, daß das Kind getötet worden war. Glowna wurde verhaftet und gestand das Verbrechen.

In der Hauptverhandlung schilderte Glowna kalt und unbewegt den Tathergang. Er hatte das Kind aus dem Bett genommen und in den Stall gebracht. Zuerst versetzte er ihm mehrere Handkantenschläge in den Nacken. Dann schlug er es mit dem Gesicht gegen sein Knie. Das Kind war noch immer nicht tot. Er nahm eine Schnur von der Stallwand, fertigte eine Schlinge, legte sie dem Kind um den Hals und ließ es fallen. Als es sich nach mehreren Minuten nicht mehr bewegte, brachte er die Leiche ins Bett, deckte sie zu und ging zur Arbeit.

Der psychiatrische Gutachter stellte bei Glowna Schwachsinn leichten bis mittleren Grades, Verflachung des Gefühlslebens mit Verlust höherer Persönlichkeitswerte, Kritikarmut und Urteilsschwäche fest.

Wegen verminderter Zurechnungsfähigkeit zur Zeit der Tat wurde Glowna zu fünf Jahren Freiheitsentzug verurteilt.

Auch in diesem Fall war wie im Fall Hella und Helmut Kaltenborn eine gestörte Partnerbeziehung der Antrieb zum Mord – diesmal aus der Sicht des Vaters. Statistischen Angaben zufolge sind Väter wie Mütter in gleicher Häufigkeit die Täter.

Sechs Jahre danach

Die unendliche Vielfalt der Erscheinungen ist nur die eine Seite der Realität. Die andere ist die immer wieder auftretende Gleichförmigkeit von Vorgängen. Das ist auch so bei tödlichen Kindesmißhandlungen. Meist ist ein Elternteil der Täter. Die Mißhandlungen wiederholen sich und eskalieren, bis schließlich der Tod des mißhandelten Kindes in Kauf genommen, ja beabsichtigt wird. Die Grenzen von unbeabsichtigter und vorsätzlicher Körperverletzung bis zum Totschlag und Mord sind fließend.

Eine wichtige Spur für fortgesetzte und tödlich endende Kindesmißhandlung sind beispielsweise Narben von länger zurückliegenden Verletzungen. Das hatte sich im Mordfall Glowna gezeigt.

Seltener ist die fortgesetzte Mißhandlung mehrerer Kinder. Aber auch in einem solchen Fall deutet eine zuletzt festgestellte Verletzung an einem Kind auf ungeklärte frühere Verletzungen eines andern Kindes hin. So konnte im folgenden Fall ein Kindesmord sogar noch nach sechs Jahren aufgeklärt werden.

In der Universitätsklinik Jena wurde ein Kleinkind im Alter von vierzehn Monaten eingeliefert. Das Kind war ungepflegt, abgemagert und sehr ängstlich. Es zeigte Spuren schwerer Mißhandlungen. Die Klinik benachrichtigte die Kriminalpolizei. Der ärztliche Befund und die kriminalistischen Ermittlungen ergaben, daß das Kind mindestens seit einem Jahr von seiner Mutter fortgesetzt mißhandelt worden war. Auch stellte sich heraus, daß in der gleichen Familie vor sechs Jahren ein neun Monate alter Säugling an ›Gehirnerschütterung‹ verstorben war. Der Säugling hatte sich, so behauptete die Mutter, die Kopfverletzung bei einem Sturz vom Tisch zugezogen. Die Mutter hatte eine Ärztin kommen lassen, die das Kind aber nicht mehr retten konnte. Es verstarb. Die Mutter erzählte in der Öffentlichkeit, die Ärztin habe dem Kind eine zu große Spritze gegeben. Die Ärztin wehrte sich gegen diese Beschuldigung und setzte durch, daß das zuständige Pathologische Institut eine Verwaltungssektion vornahm. Im Gutachten hieß es u. a.: ›... Hautblutungen an der rechten Wange. Flächenhafte Unterblutungen unter der weichen Hirnhaut der Großhirnhalbkugel, besonders rechts. Älterer Prellungsherd in der Großhirnrinde des linken Scheitellappens. Massive Einatmung von Mageninhalt mit Ausfüllung der Atemwege. Zeichen der Erstickung und des akuten Todes mit Erweiterung beider Herzkammern. Bruch des Oberschenkelknochens ...‹

Dieses Gutachten entlastete zwar die Ärztin von dem von der Mutter verbreiteten Verdacht, sie habe das Kind falsch behandelt und seinen Tod verschuldet. Unbegreiflich ist jedoch, daß dieses Gutachten damals folgenlos blieb. Wenn sich schon der Obduzent nicht in der Lage sah, einen Unfall von einer tödlichen Mißhandlung zu unterscheiden, hätte zumindest die Kriminalpolizei bei einem solchen Befund hellhörig werden müssen, statt die Aussage der Mutter ungeprüft hinzunehmen.

Nun also, sechs Jahre später, war erneut ein Kind zu Tode gekommen, bezeichnenderweise wiederum durch einen angeblichen Sturz. Die Mutter sagte aus, das Kind habe danach öfter gewimmert. Einen Arzt hatte sie nicht gerufen, das hätte sie nicht für nötig gehalten. Sie besäße selbst genügend Kenntnisse, da sie an einem Rot-Kreuz-Lehrgang teilgenommen hätte. Sie wies entschieden zurück, ihr Kind mißhandelt zu haben. Die Doppelung eines angeblich gleichen Unfalls und der Zustand des in die Universitätsklinik eingelieferten Säuglings veranlaßten den Staatsanwalt, das Gutachten von der Verwaltungssektion vor sechs Jahren überprüfen zu lassen. Damit wurde das Gerichtsmedizinische Institut der Universität Jena beauftragt. Es sollte festgestellt werden, ob der Tod des Säuglings Folge einer körperlichen Mißhandlung sein könnte.

Jetzt kam Bewegung in den Fall. Jenes Protokoll der Verwaltungssektion, das damals keinerlei Mißtrauen erweckt hatte, lieferte den Jenenser Gerichtsmedizinern den Beweis, daß das Kind gewaltsam getötet worden war: ›Auffallend ist jedoch, daß der Säugling einen Bruch des Beines erlitt, angeblich durch Sturz vom Tisch. Diese Angabe ist völlig unglaubhaft, da erfahrungsgemäß bei den elastischen Knochen eines Säuglings ein Sturz vom Tisch keinen Bruch der Gliedmaßen bewirkt. Noch unglaubwürdiger ist die Behauptung, das Kind sei aus dem Bett gefallen, um die bei der Sektion gefundenen Veränderungen zu erklären. Bei der Sektion fand sich eine ausgedehnte Blutung unter den weichen Hirnhäuten und daneben die Spur einer älteren schweren Schädigung der Hirnsubstanz. Sowohl dieser ältere Befund als auch die frische Blutung sind mit einem Sturz aus dem Bett nicht zu erklären. Sie müssen ihre Ursache, wie auch der Beinbruch, in groben Gewalteinwirkungen haben.‹

Dieses Gutachten gab der weiteren kriminalpolizeilichen Ermittlung die Richtung an. Es galt, die Behauptung der Kindesmutter zu widerlegen, daß ihre zwei Kinder einen Unfall erlitten hätten. In beiden Fällen deuteten die Verletzungen auf fortgesetzte schwere Mißhandlungen. Auf Wunsch der Kriminalisten nahm ein Gerichtsmediziner an den Vernehmungen der Mutter teil. So konnten ihre Schutzbehauptungen auch medizinisch widerlegt werden. Schließlich sah die Frau ein, daß sie den Beweisen für ihre Schuld nichts mehr entgegenzusetzen hatte. Sie gestand, den Säugling oft geschlagen zu haben, weil er ihr beim Füttern Schwierigkeiten bereitete. Einmal sei sie darüber so in Wut geraten, daß sie das Kind bewußtlos schlug. Als die Ärztin eintraf, lag es bereits im Sterben. Die Mutter konnte auch nicht leugnen, ihr zweites Kind fortgesetzt mißhandelt zu haben.

Die Staatsanwaltschaft erhob Anklage wegen Totschlags. Sie ging davon aus, daß die Angeklagte den Tod des Kindes bewußt einkalkuliert hatte. Obwohl das Kind bereits sichtbar schwer verletzt war, setzte sie die Mißhandlungen, vor allem durch Schläge auf den Kopf, fort. Sie war fähig, die Folgen ihrer Handlungen einzuschätzen. Sie klärte die Ärztin nicht über den wirklichen Sachverhalt auf und verhinderte damit eine noch mögliche Hilfe für das Kind. Sie beschuldigte sogar die Ärztin, schuld am Tode des Kindes zu sein.

Das Bezirksgericht verurteilte die Angeklagte wegen

Totschlags und fortgesetzter Mißhandlung Abhängiger zu zehn Jahren Freiheitsentzug.

Bei diesem Fall erhebt sich nochmals die Frage, warum die Tötung des ersten Kindes, des Säuglings, nicht als Folge schwerster Mißhandlung erkannt worden war. Die Frage erweitert sich, wenn wir fragen, warum Ärzte immer wieder Mißhandlungen von Kindern nicht erkennen. Der Gerichtsmediziner Dr. Patscheider meint, ›in den meisten Fällen kommen dem Arzt erst die Endstadien des Delikts in Form schwerer oder tödlich endender Verletzungen zu Gesicht.‹ Selbst dann aber sei ein solches Verbrechen nicht immer auf den ersten Blick auszumachen. Die Schwierigkeit einer sicheren Diagnose, erklärt Patscheider, beginne schon, wenn ein verletztes Kind dem Arzt vorgestellt wird. Ist die Verletzung eine Folge von Mißhandlungen – meist durch die Eltern oder ein Elternteil – so erfinden diese Schutzbehauptungen, um die Verletzungen zu erklären: das Kind sei vom Tisch oder aus dem Bett gefallen oder die Treppe hinuntergestürzt, habe einen Topf kochendes Wasser umgeworfen oder sei der heißen Ofenplatte zu nahe gekommen und dgl. mehr. Manche Ärzte glauben diese Lügen, weil sie sich nicht vorstellen können, daß gerade diese Eltern fähig sein sollten, ihr Kind zu mißhandeln. Mancher Arzt unterläßt auch eine Anzeige, weil er Unannehmlichkeiten fürchtet oder eine amtliche Untersuchung lästig findet. Manchem Arzt fehlt auch die Erfahrung, Mißhandlungen zu erkennen.

Aber es gibt ein Leitsystem, Kindesmißhandlungen aufzudecken: nämlich dann, wenn an einem verletzten Kind Spuren zeitlich zurückliegender Verletzungen festzustellen sind. Im letzten Fall war es die ältere schwere Schädigung der Hirnsubstanz gewesen, die den Pathologen hätte stutzig machen müssen.

Die Symptome für schwerste körperliche Mißhandlungen sind für den Arzt unschwer zu erkennen: Es sind oft

Folgen durch stumpfe Gewalt, häufig Kopfverletzungen in Form von Blutunterlaufungen, Schädelbrüchen und Hirnblutungen. Es sind Bauchverletzungen, Knochen- und Rippenbrüche, Verbrühungen, Verbrennungen, Unterkühlungen, Strangulation.

All das zeigt die Verantwortung des Arztes, der ein verletztes oder totes Kind zu Gesicht bekommt. Wo nicht unzweifelhaft ein Unfall, etwa ein Verkehrsunfall o. ä. vorliegt, ist an eine Mißhandlung zu denken und entsprechend zu reagieren.

Der Stricknadel-Fall

Das ist eine alte Geschichte. Und ein schauriger Fall, unglaublich fast. Eine Mutter ermordet auf grausamste Weise ihr Kind, niemand weiß, warum. Dieses Verbrechen entzieht sich jeder rationalen Erklärung.

Antonia Civetta wurde 1888 in Venezien geboren. Als sie achtzehn Jahre alt war, suchte sie sich in Deutschland Arbeit und wurde Spinnerin in einer Baumwollfabrik. Dort lernte sie unter den Arbeitern einen Landsmann kennen. Ein Jahr später gebar sie ihm eine Tochter, die sie Franceschina nannte. Wiederum ein Jahr danach heiratete Antonia, jedoch nicht den Vater des Kindes, sondern den Venezianer Luigi. Dieser erkannte Franceschina als sein eigenes Kind an.

Kurz nach der Heirat zog die Familie in die Schweiz, nach Basel. Antonia gebar dort zwei weitere Kinder. Um ihre Arbeit nicht aufgeben zu müssen, brachte sie Franceschina nach Italien zu ihren Schwiegereltern, mußte aber auf deren Drängen im Mai 1910 das Mädchen wieder zu sich nehmen. Von da an wachs die äußere und innere Unordnung dieser Familie. Antonia war der schweren Fabrikarbeit und dem Haushalt nicht gewachsen. Sie war nicht fähig, Wohnung und Kinder sauberzuhalten. Die Kinder schienen ihr gleichgültig, sogar eine Last zu sein. Sie entfloh der Misere und begann, sich mit anderen Männern abzugeben. Es kam immer häufiger zu Streit mit ihrem Mann. Mehrmals drohte sie ihm, sie werde ihn mit seinen beiden Kindern allein lassen und nach Frankreich gehen. Von Franceschina war dabei nie die Rede.

Am 23. Juni holte Antonia einen Arzt zu der nun dreijährigen Franceschina. Als der Doktor kam, lag das Kind im Bett. Es weinte und wimmerte und preßte seine Hände auf den Leib. Der Arzt war sich über die Krankheit nicht im klaren. Bei der Untersuchung stellte er fest, daß das Mädchen aus der Scheide blutete. Als der Stiefvater abends heimkam, sah er, daß Franceschina auch Blut erbrach.

Hausbewohner besuchten das Kind. Sie bemerkten, daß es Schaum vor dem Mund hatte und von Krämpfen geschüttelt wurde. Am nächsten Morgen kam der Arzt wieder. Er war bestürzt, daß sich Franceschinas Zustand rapide verschlechtert hatte. Sie war bereits ohne Bewußtsein. Er ließ das Kind sofort in eine Kinderklinik bringen. Dort verstarb es einen Tag später.

Franceschina war wegen Verdachts auf Lungenentzündung eingeliefert worden. Doch mit dieser Diagnose paßte das Krankheitsbild nicht zusammen. Deshalb nahm der Erste Assistent des Pathologischen Instituts der Kinderklinik eine Obduktion vor. Er fand in Herz, Magen, Leber und Milz zahlreiche Stichverletzungen. Der Institutsdirektor und ein Gerichtsmediziner bestätigten die Feststellungen des Assistenzarztes. Der Gerichtsmediziner benachrichtigte das Polizeidepartement. Er wies darauf hin, daß das Kind vorsätzlich mit einer Nadel getötet worden sein müsse. Die Polizeibehörde ordnete eine sog. Große Wundschau an, die vom Gerichtsarzt und drei Professoren der Medizinischen Fakultät vorzunehmen war.

Die Große Wundschau erbrachte u.a.: ›Die Leiche weist eine große Anzahl feiner Stichwunden der Brustwand, des Herzens, der Leber, des Darms und der Scheide auf. Sie haben durch Verletzung der rechten Lunge und konsekutive Luftansammlung im rechten Brustfellsack den Tod herbeigeführt.

Die Stichverletzungen zeigten sämtlich vitale Reaktion. Sie sind somit zweifellos während des Lebens beigebracht worden und können wohl drei bis vier Tage vor dem Tode entstanden sein. Sie sind zurückzuführen auf das vielfache Eindringen eines feinen, relativ langen nadelförmigen Werkzeuges. Im Körper hat sich ein solches nicht befunden; es muß also wieder herausgezogen worden sein. Auch Röntgendurchleuchtung hat nirgends ein solches nachweisen lassen. Die Stichverletzungen müssen von außen her erzeugt worden sein. Der Befund weist also auf absichtliche, durch Einstechen feiner Werkzeuge bewirkte Tötung hin.‹

Obwohl die gerichtsmedizinische Untersuchung einen Mord bejahte, konnten sich die Obduzenten nicht erklären, auf welche Weise dem Kind die Stichverletzungen beigebracht worden waren. Es gab keine Einstichstellen in der Körperhaut. Das erklärten sie damit, daß sich die Haut über den Einstichstellen wieder geschlossen haben könnte.

Die Polizei nahm eine Haussuchung vor. Dabei wurden Blutflecke auf der Diele entdeckt. Man fand auch eine Menge langer Nadeln, darunter mehrere Stricknadeln. Mutter und Stiefvater leugneten, dem Kind Stichverletzungen zugefügt zu haben.

Der Stiefvater schied bald als tatverdächtig aus, während sich der Verdacht gegen die Mutter verstärkte. Um bei der Vernehmung der Verdächtigen handfeste Beweise zu haben, bat der Untersuchungsrichter die Große Wundschau um genauere Angaben über Art und Richtung der Stichverletzungen.

Die Große Wundschau fertigte einen zusätzlichen Bericht an. Daraus ging hervor, daß sie insgesamt 72 Stichwunden festgestellt hatte, im Herzen allein 4, in der Leber 22. Die Richtung der Stichkanäle deutete darauf hin, daß viele von einem einzigen Punkt aus geführt worden sein mußten. Die bei der Haussuchung gefundenen Nadeln könnten durchaus das Tatwerkzeug gewesen sein.

Was aber selbst die Kommission von vier medizinischen Spezialisten nicht erklären konnte, nämlich auf welche Weise die Stiche ausgeführt worden waren, gab schließlich Franceschinas Mutter nach wochenlangen zermürbenden Verhören zu Protokoll. Sie hatte sich am Morgen des 23. Juni entschlossen, Franceschina zu töten. Warum, blieb in allen Vernehmungen unklar. Einmal behauptete sie, sie habe nach Frankreich gehen wollen, dabei wäre ihr das Kind hinderlich gewesen. Dann wieder erklärte sie, sie habe sich selbst das Leben nehmen und zuvor Franceschina töten wollen, aus Mitleid, um sie nicht beim Stiefvater zurückzulassen.

Antonia gestand, sie habe eine Stricknadel spitz zugeschliffen, sie dem Mädchen durch die Scheide in das Körperinnere eingeführt, bis hinauf ins Herz gestochen und auf diese Weise die vielen Stiche auch in andere Organe zustandegebracht.

Der zeitgenössische Bericht sagte nichts darüber aus, welche Strafe Antonia erhielt.

Auffällig ist, daß zu Anfang des Jahrhunderts Kindesmord sehr mild beurteilt wurde. Obwohl 1912 besondere Schutzbestimmungen für Kinder in das Deutsche Strafgesetzbuch aufgenommen wurden, kamen die Schuldigen immer wieder mit niedrigen Gefängnisstrafen davon – bei tödlicher Kindesmißhandlung oft mit ein bis zwei Jahren Gefängnisstrafe, manchmal auch nur von wenigen Monaten Freiheitsentzug. Die damalige bürgerliche Gesellschaft zeigte sich trotz entsprechender gesetzlicher Bestimmungen wenig am Schicksal ihrer Kinder interessiert, zumal diese Kinder oft zu Proletarierfamilien gehörten, die dem Druck der harten Lebensbedingungen unterlagen und ins Asoziale abglitten.

Auch das damals ungelöste Problem des unehelichen Kindes, dem ebenso wie seiner Mutter die gesellschaftliche Gleichstellung versagt blieb, war eine der sozialen Ursachen der Kindesmißhandlung. Verachtete oder gedemütigte ›ledige Mütter‹ übertrugen ihren Frust oft genug auf das Kind, in dem sie die Ursache ihrer Probleme sahen. In einem Untersuchungsbericht aus dem Jahre 1928 wurde nachgewiesen, daß unter den schwer mißhandelten Kindern sechsmal so viel uneheliche Kinder waren wie eheliche.

Heute hat sich dieses Verhältnis geändert. Nach gegenwärtigen Erkenntnissen werden ehelich aufwachsende Kinder wesentlich häufiger als nichteheliche Kinder mißhandelt.

Professor Ernst Ziemke sprach im selben Jahr auf der Tagung der Deutschen Gesellschaft für Gerichtliche und Soziale Medizin über Kindesmißhandlungen mit tödlichem Ausgang. Er forderte vom Staat, ›energisch und umsichtig den Kampf gegen die Kindesmißhandlungen aufzunehmen, damit solche menschenunwürdigen Grausamkeiten allmählich zu den Seltenheiten gehören.‹

Er hat in den Wind gesprochen. Heute gehört die Kindesmißhandlung noch immer zu den unbewältigten Krankheiten unserer Gesellschaft. Frau Professor Nau wies schon vor Jahren auf einem Kongreß der Deutschen Gesellschaft für Kinderheilkunde darauf hin, daß sich die Kindesmißhandlungen bedrohlich häufen. Vor allem haben die Elterntäter stark zugenommen. So stiegen die bekannt gewordenen Fälle von ernsten Kindesmißhandlungen um das Dreifache an. Frau Professor Nau erinnerte ferner daran, daß es bei kaum einem anderen Verbrechen eine so hohe Dunkelziffer gibt. Nur etwa fünf Prozent aller schweren Kindesmißhandlungen werden bekannt. Die Kinder schweigen aus Angst vor neuen Schmerzen. Der Kongreß nannte diese Situation einen Eisberg der Kriminalität.

Die hohe Dunkelziffer hat noch eine andere Ursache: das Versagen der Umwelt. Oft wissen Hausbewohner und Nachbarn, daß ein Kind von seinen Eltern mißhandelt wird. Sie schweigen, aus Gleichgültigkeit, aus Angst vor Auseinandersetzungen mit den Tätern. Je mehr sich die Menschen von ihrer Umwelt abschließen und in die eigenen vier Wände zurückziehen, desto mehr verzichten sie auf ihre soziale Verantwortung und liefern Kinder schutzlos ihren Mißhandlern aus.

Proletarische Tragödie

Patrick Higgins war ein Trinker. Der Gin vergoldete ihm das graue Leben eines obdachlosen Ziegeleiarbeiters. Manchmal, wenn er einige Pennys übrig hatte, mietete er sich einige Tage in einem billigen Nachtlogis ein. Meistens jedoch hauste er in einem verfallenen Gebäude der Ziegelei. Seine Arbeit war eintönig. Er bereitete sich nach Feierabend eine warme Mahlzeit auf der Feuerstelle der Ruine. Sein Spaten diente ihm als Bratpfanne, ein Eimer als Suppenschüssel. Sein Wochenlohn im Jahre 1911 betrug 24 Schilling. Er setzte ihn meist in Alkohol um.

Eines Abends erschien der Fürsorge-Inspektor aus Broborn bei Higgins.

»Higgins«, sagte der Inspektor, »Sie wissen, warum ich komme.«

»Ja, Sir, ich glaube schon.«

»Seit wann haben Sie ihre beiden Jungen bei Mrs. Hynes untergebracht?«

»Seit einem Vierteljahr, schätze ich.«

»Aber Sie haben ihr bisher nichts dafür bezahlt. Ist das so?«

»Ja, Sir, das ist so. Sehen Sie, ich habe bisher keinen Penny erübrigen können.«

»Aber für Gin reicht es allemal. Sie riechen meilenweit gegen den Wind.«

»Das ist wahr, Sir. Ich bin ein schwacher Mensch.«

»Also Higgins, wenn Sie sich wiederum weigern, Unterhaltskosten für die Jungen zu zahlen, wandern Sie wieder ins Gefängnis. Aber diesmal geht das nicht mit zwei Monaten ab. Haben Sie mich verstanden?«

»Ja, Sir.«

Der Inspektor schüttelte bekümmert den Kopf. »Das nimmt noch ein schlimmes Ende mit Ihnen.«

Higgins ahnte es auch. Er wußte es. Er konnte sich nicht dagegen wehren. Er wurde mit dem Leben nicht fertig. Vor acht Jahren hatte er ein Mädchen geheiratet, das ebenfalls in der Ziegelei arbeitete; zwei Jungen wurden geboren, John und William. Im vergangenen Jahr war Mrs. Higgins gestorben. Higgins verlor seinen letzten Halt. Er war ständig betrunken. Ein Wunder noch, daß er seine Arbeit nicht verlor, er hielt sich einigermaßen aufrecht. Die Fürsorge nahm ihm die Kinder weg und steckte sie ins Armenhaus. Higgins zahlte den geforderten Unterhalt nicht. Er mußte zwei Monate ins Gefängnis. Als er herauskam, nahm er die Jungen zu sich. Er beschwatzte eine Bekannte, Mrs. Hynes, die beiden aufzunehmen. Das war vor einem Vierteljahr. Aber bisher hatte Mrs. Hynes noch keinen Penny für den Unterhalt der Jungen gesehen.

Nun also drohte der Inspektor Higgins erneut mit dem Knast.

Higgins setzte sich auf den zerbrochenen Stuhl, nahm die Flasche zur Hand und dachte nach ...

Wenige Tage später, an einem Novemberabend, betrat Higgins eine Gaststube nahe der Ziegelei. Der Sturm warf

Regenschwaden an die Fenster. An einem Ecktisch saßen die Grubenarbeiter Shields und Daly. Higgins setzte sich zu ihnen und bestellte seinen Gin.

»Na, Higgins«, fragte Shields, »schon zurück? Wo sind Deine Jungen?«

»Meine Jungen?«

»Du bist doch heut früh mit ihnen weggegangen«

»Ah ja, die Jungen. Bin mit ihnen weggegangen. Hab sie von Mrs. Hynes weggeholt. Haben jetzt eine bessere Bleibe. Für immer.«

»Im Waisenhaus?«

»Wo denkst Du hin. Nicht im Waisenhaus. Die verlangen acht Schilling die Woche. Woher nehme ich acht Schilling? Die Jungen haben es jetzt besser. Bin heute früh mit ihnen nach Edinburgh gefahren. Ja, und im selben Abteil saßen zwei Damen. Ich hatte ihnen erzählt, daß die Jungen keine Mutter mehr haben. Und die eine Dame sah immerzu William an und sagte, das ist aber ein hübscher Kerl. Den möchte ich zu mir nehmen, ich habe keine Kinder. Nichts da, sagte ich, die Jungen gehören zusammen. Da sagte die andere Dame, ich nehme John.«

»Da hast Du aber Glück gehabt«, bemerkte Shields, »und Deine Jungen noch mehr. Da sind sie jetzt also in Edinburgh. Wirst Du sie manchmal besuchen?«

»Habe die Adresse der Damen nicht.«

»Wie? Du weißt nicht, wo Deine Jungen sind?«

»Die Damen haben meine Adresse.«

Shields lachte: »Die Ziegeleiruine, was?«

Anderthalb Jahre später gingen zwei Landarbeiter spazieren. Sie bogen von der Edinburgher Landstraße ab und gingen einen Feldweg entlang, der sich zwischen Büschen und Bäumen bis zu einem verlassenen Steinbruch hinzog. Als sie den Steinbruch erreicht hatten, setzten sie sich oben auf den Felsrand, um sich auszuruhen. Sie blickten auf den Steinbruchsee hinab.

»Sieh mal«, sagte der eine, »dort schwimmt eine Vogelscheuche.«

Der andere sah jetzt das Bündel auch, das auf dem Wasser trieb. »Das ist keine Vogelscheuche«, sagte er. Sie gingen den Weg hinab bis ans Ufer des Sees. Mit einem Ast zogen sie das Bündel zu sich heran und erkannten zwei kleine Leichen, die mit einer Schnur aneinandergebunden waren. Sie beließen das Paket im Wasser und riefen die Polizei.

Polizisten zogen die Leichen an Land. Es waren unzweifelhaft tote Kinder. Die Polizisten ließen aus dem nächsten Ort einen Arzt kommen. Der Arzt sagte: »Da ist nichts mehr zu erkennen. Obduktion nutzlos.«

Damit gab sich die Polizei nicht zufrieden. Sie forderte eine gerichtsmedizinische Obduktion.

Dr. Littlejohn und sein Assistent, der später berühmte Gerichtsmediziner Sidney Smith, sezierten die Toten in der Leichenhalle von Linlithgow. Darüber berichtete Smith später in seinen Memoiren.

Niemand wußte, wer die Toten waren. Eine Vermißtenmeldung lag nicht vor. Aber ohne Identifizierung der Kinder konnte die Polizei nicht weiter ermitteln.

Die Kleidung der Toten lieferte den ersten Anhaltspunkt. An einem Hemd entdeckte Smith den verblaßten Stempel des Armenhauses von Dysart.

Der Zustand der Leichen selbst versprach wenig Aufschluß. Sie hatten sich fast völlig in Adipocire verwandelt. Leichen, die lange im Wasser liegen, verändern sich, indem das halbflüssige Körperfett sich zu einer Art Talg verfestigt, zu Leichenwachs (Adipocire). ›Ausgedehnte Leichenwachsbildungen kommen nur selten vor‹, schrieb Smith, ›und diese beiden Exemplare stellten eine ziemliche Ausnahme dar. Bei beiden Leichen war die Umsetzung in Leichenwachs bis auf die Füße – sie steckten in Schuhen – abgeschlossen.‹ Daraus schlußfolgerten die Obduzenten, daß die Leichen 18 – 24 Monate im Wasser gelegen hatten.

Dr. Littlejohn überließ die Autopsie seinem Assistenten. Smith gewann dabei einige wichtige Erkenntnisse für die Identifizierung. Zuerst bestimmte er Geschlecht und Alter. Es handelte sich um zwei Jungen. Der eine war 109, der andere 96 cm groß. Das entsprach der Durchschnittsgröße eines sechs- bis siebenjährigen und der eines vierjährigen Jungen.

Das Gebiß des größeren Jungen und die Wachstumszone der langen Röhrenknochen bestätigte, daß er sechs bis sieben Jahre alt gewesen war. Ebenso konnte das Alter des Kleineren durch Gebiß und Knochen auf etwa vier Jahre verifiziert werden.

Über die inneren Organe, die gut erhalten waren, gewann Smith wider Erwarten einige wichtige Erkenntnisse für die weitere Identifizierung: Der Mageninhalt ›bestand aus einigen hundert Gramm unverdauter Gemüsereste – aus grünen Erbsen, Graupen, Kartoffeln, Möhren und Lauch, den traditionellen Zutaten zu Scotch broth. Durch die fortgeschrittene Leichenwachsbildung hatte sich dieses wertvolle Beweismaterial über eine so unglaublich lange Zeit erhalten. Seine Bedeutung lag darin, daß es die Zeit des Todes bestimmen half. Die Adipocire ließ vermuten, daß der Tod achtzehn Monate bis zwei Jahre zurücklag. Wenn das Gemüse beim Verzehr frisch gewesen war, hätten die Jungen ihre letzte Mahlzeit im Spätsommer oder Herbst 1911 zu sich genommen. Meiner Schätzung nach aßen sie das Gemüsegericht eine Stunde vor ihrem Tod. Sie wohnten also vermutlich in der Gegend, oder ihr Mörder brachte sie aus der näheren Umgebung an den Steinbruch. Der Steinbruch lag fern jeglicher Behausung ... (Wahrscheinlich) waren die Jungen zu Fuß hierher gegangen, ohne zu ahnen, daß es für sie keinen Weg zurück gab. Ihr Mörder ging mit ihnen. Sie mußten ihn also gut gekannt haben. Vermutlich war es ein Verwandter. Vielleicht sogar einer ihrer Eltern?

Wir konnten also der Polizei eine ganze Reihe von Daten liefern. Wir konnten ihnen Geschlecht, Alter und Größe der Opfer bezeichnen, die Farbe des Haares, die Bestandteile und den ungefähren Zeitpunkt ihrer letzten Mahlzeit. Wir konnten ihnen mitteilen, daß die Opfer arm waren und kurz vor ihrem Tod im Armenhaus lebten. Und schließlich, in welchem Kreis die Person zu suchen war, die mit ihnen zu dem Steinbruch ging.

Fast zur gleichen Zeit brachte die Polizei in Erfahrung, daß im November 1911 zwei Knaben aus der näheren Umgebung verschwunden waren, der eine fast sieben, der andere vier Jahre alt.‹

Ihr Vater hieß Patrick Higgins. Rasch und zielgerichtet sammelte die Polizei Beweise gegen Higgins. Sie fand die zwei Bergarbeiter, denen Higgins von der angeblichen Adoption seiner Söhne erzählt hatte. Das Hemd mit dem Stempel des Armenhauses konnte dort identifiziert werden. Sogar die letzte Mahlzeit, die tatsächlich aus Scotch broth bestanden hatte, wurde nachgewiesen.

Als Higgins verhaftet und nach seinen Söhnen gefragt wurde, antwortete er ruhig, er wisse nicht, wo sie seien.

Am Prozeß gegen Higgins in Edinburgh nahm auch Sidney Smith teil. Smith hatte den Eindruck, für einen des Mordes Angeklagten verhielte sich Higgins auffallend gleichgültig. Teilnahmslos sei er auch zum Galgen gegangen. Kurz vor seinem Tode habe er noch erklärt, er empfinde seine Verurteilung als gerecht, der Alkohol habe ihn zum Mörder gemacht.

Am Schluß seines Berichtes schrieb Smith, es sei das erste Mal gewesen, daß er an der Hinrichtung eines Mannes teilnahm: ›Ich empfand es als ziemlich unangenehm, zumal ich ihn mit an den Galgen gebracht hatte.‹ Noch aus einem andern Grund erlebte Smith die Hinrichtung mit tiefer Skepsis: daß der Tod am Galgen kein schneller blitzartiger Tod sei. Smith fügte hinzu: ›Der Gefängnisarzt hatte erklärt, der Tod sei sofort eingetreten. Doch als ich dem

Hingerichteten den Puls fühlte, merkte ich, daß er noch schwach schlug … Ich frage mich, wann das Leben als Ganzes aufhört. Wenn ein Mensch gehängt wird, schlägt das Herz für gewöhnlich noch einige Zeit nach dem Tode, und Biologen haben oft die Frage diskutiert, ob das Bewußtsein, solange das Blut zirkuliert, auch bei gebrochenem Nacken nicht noch einen flüchtigen Augenblick gegenwärtig ist. Auch bei Enthauptungen wäre noch zu entscheiden, ob der Kopf in dem Moment, in dem er fällt, nicht genügend Bewußtsein besitzt, um mit Verwunderung zu registrieren, was mit ihm geschieht …‹

Der Kopf im Müll

Stinkende Rauchschwaden wabern über der Müllhalde. Der Schwelbrand hat sich bis in die Tiefe hinabgefressen. Am Boden der Freideponie Berlin Wannsee hebt der Greifer eines Baggers Müll ab und breitet ihn in dünner Schicht auf einer freien Bodenfläche aus. Einige Männer harken den Müll Zentimeter für Zentimeter durch. Andere öffnen jeden der Müllsäcke, schütten den Inhalt aus, durchkämmen ihn.

So geht das schon seit sieben Tagen. Und an jedem Tag durchsuchen diese zehn Leute etwa tausend Kubikmeter Müll.

Endlich, am achten Tag, als die Suche schon ergebnislos abgebrochen werden soll, öffnet einer einen Plastikbeutel. Ein Kopf fällt heraus, in einzelnen Teilen. Ein kleiner Kopf. Der Kopf eines Kindes …

Die Schädelknochen bleiben auf dem Erdboden liegen, bis Gerichtsmediziner vom Institut für Rechtsmedizin der Freien Universität Berlin am Fundort eintreffen.

Bei der ersten Besichtigung stellen sie fest, daß die Schädelknochen fast völlig skelettiert und die Schädelnähte gelöst sind. Das Hirn hat sich zu schmierigen Klumpen zusammengeballt. Auch der obere Teil der Halswirbelsäule ist noch vorhanden. Der fünfte Halswirbelkörper ist glatt durchtrennt. Der rechte Wirbelbogen zeigt stufige Einschnitte, die von einer Säge herrühren könnten.

Die spätere Rekonstruktion des Schädels bestätigt, daß es ein kindlicher Schädel ist. Die Röntgenaufnahme des Unterkiefers läßt das Stadium des Zahnwechsels genau erkennen. Das ermöglicht eine ziemlich sichere Altersangabe. Das Kind stand etwa am Ende des sechsten Lebensjahres, als es getötet wurde. Der vierte obere Zahn rechts ist kariös. Blutproben aus Muskeln und Hirnhaut ergeben die Blutgruppe A. Bei der chemisch-toxikologischen Untersuchung der Unterkiefermuskulatur und des Hirnbreis findet sich eine stärkere Konzentration des Schlafmittels Diazepam.

Aufgrund dieser Ergebnisse läßt sich also sagen, der Schädel gehörte einem Kind, das etwa sechs Jahre und zehn Monate alt war und die Blutgruppe A besaß, das von seiner Mutter getötet, zerstückelt und in den Müll verbracht worden war.

Die Mutter hatte den Mord bereits gestanden. Die Suche nach der zerstückelten Leiche und die Identifizierung durch den Schädel (andere Leichenteile wurden nicht gefunden) diente dazu, die Aussage der Täterin zu verifizieren und einen Sachbeweis für das Gerichtsverfahren zu erbringen.

Zuvor hatte sich Folgendes ereignet:

An einem Februartag 1972 meldete eine Frau, die als Stationshilfe in einer Berliner Privatklinik arbeitete, ihr habe eine Arbeitskollegin – ebenfalls dort als Stationshilfe tätig – erzählt, sie hätte ihren sechsjährigen Sohn getötet, die Leiche zerstückelt und in Mülltonnen versteckt.

Die einunddreißigjährige Renate Frisch war in unglückseligen Verhältnissen aufgewachsen. Ihre Mutter war früh verstorben. Im Kinderheim fand sie keine Heimat. Als der

Vater wieder heiratete, kehrte sie in die Familie zurück. Mit der Stiefmutter verstand sie sich nicht. Ihre Schulzeit endete mit der sechsten Klasse. Sie schlug sich mit Hilfsarbeiten in Haushalten, Krankenhäusern, Altersheimen durch. Mit achtzehn wurde sie vergewaltigt. Trotz des dadurch entstandenen Mißtrauens gegen Männer kam es zu einer Beziehung mit einem Mann. Er hatte ihr geschworen, zeugungsunfähig zu sein. Sie wurde schwanger. Ihre Enttäuschung war grenzenlos. Sie hatte kein Kind gewollt und fühlte sich den Anforderungen des Kindes nicht gewachsen. Sie dachte an Abtreibung. Der Mann drohte ihr mit einer Anzeige. Das Kind, ein Junge, wurde geboren. Danach heiratete sie den Vater des Kindes und ließ sich drei Jahre später wieder scheiden. Sie behielt das Kind, das sie als Last empfand. Sie hatte keine gefühlsmäßige Bindung an das Kind, es wuchs freudlos auf wie einst sie selber.

Renate Frisch wohnte in der Klinik, in der sie als Stationshilfe arbeitete. Männer waren ihr endgültig verhaßt. Sie suchte Halt und Liebe bei Frauen. Aber auch die lesbischen Beziehungen hielten nicht stand und wechselten öfter. Schließlich kam es zur Freundschaft mit einer farbigen Kollegin. Beide erwogen, in die USA auszuwandern. Aber das Kind wollte Renate nicht mitnehmen. Sie fand niemanden, der bereit gewesen wäre, den Jungen aufzunehmen. Deshalb beschloß sie, sich von dieser Last zu befreien und das Kind zu töten.

Sie entnahm der Stationsapotheke achtzehn Tabletten Valium und löste sie in gesüßtem Pfefferminztee auf. Nachdem das Kind den Tee getrunken hatte, brachte sie es ins Bett. Dann ging sie zu ihrer Freundin. Diese lag schon im Bett. Renate erzählte, sie habe ihr Kind vergiftet. »Ich will es noch in dieser Nacht klein machen. Hilfst Du mir dabei?«

»Ich habe die Grippe«, erwiderte die Freundin, »ich habe Fieber. Ich kann jetzt nicht mitkommen.«

»Aber Du verrätst mich doch nicht?«

»Du bist meine Freundin, Du kannst Dich auf mich verlassen.«

»Jetzt wird alles gut. Bald sind wir von hier verschwunden.«

Renate kehrte in ihre Wohnung zurück. Seit sie dem Kind den Schlaftrunk gegeben hatte, waren fast fünf Stunden vergangen. Das Kind lebte aber noch. Sie holte eine Schnur und schlang sie dem Schlafenden um den Hals. Dann zog sie die Schnur so fest zusammen, daß diese sich in ihre Fingerhaut eingrub. Zehn Minuten hielt die Drosselung an. Dann war die Mutter überzeugt, daß das Kind tot war.

Nachts nach ein Uhr legte sie die Leiche in die Badewanne und begann, sie mit einer Säge zu zerstückeln. Sie arbeitete zielbewußt und sicher. Zuerst sägte sie die Unterschenkel oberhalb des Knies ab, dann die Oberschenkel. Dann folgten die Arme und schließlich der Kopf. Auch den Rumpf wollte sie noch zerteilen. Sie setzte die Säge an der linken Hüfte an. Als Därme aus der Öffnung hervortraten, hörte sie auf, weiter zu sägen. Mit der Handbrause entfernte sie das Blut von den Leichenteilen und aus der Badewanne. Dann richtete sie sich zufrieden auf. Sie hatte sich diese Arbeit schwieriger vorgestellt.

Nun holte sie Zellstoff, wickelte die Unterschenkel, dann die Oberschenkel, schließlich die Arme, den Rumpf und den Kopf jeweils in dicke Lagen Zellstoff und steckte diese in Müllsäcke.

Jetzt suchte sie die Müllsäcke zu verbergen. Den Rumpf warf sie in eine Mülltonne auf dem Hinterhof, einen zweiten Beutel in eine andere Tonne.

Jetzt fühlte sie sich doch müde. Sie nahm ein Bad in der gleichen Wanne, in der sie vorhin die Leiche zerstückelt hatte. Dann legte sie sich schlafen.

Am nächsten Tag verbrachte sie die drei restlichen Pakete in eine große Einkaufstasche, befestigte diese auf dem

Gepäckträger ihres Fahrrads und fuhr damit zur Freundin. Die Freundin erlaubte ihr, die Pakete vorläufig in ihrem Keller zu deponieren.

Dann fuhr Renate zum Ausstellungsgelände der ›Grünen Woche‹. Sie hatte einen Beutel bei sich, in dem sich der Mantel des Kindes befand. Sie kaufte eine Eintrittskarte für einen Erwachsenen und ein Kind. Sie besuchte eine Anzahl Stände, nahm einen Imbiß zu sich und meldete schließlich, ihr Kind sei verschwunden. Das Kind wurde ausgerufen, erschien aber nicht. Die Mutter wurde aufgefordert, auf der zuständigen Polizeiwache eine Vermißtenmeldung aufzugeben. Sie tat das noch am gleichen Abend.

Die Suchaktion der Polizei blieb erfolglos.

In der nächsten Nacht fuhr Renate wieder zu ihrer Freundin. Beide verbargen gemeinsam die drei Leichenpakete in Mülltonnen in der Nachbarschaft.

Die Gerichtsmedizinerin Dr. Meike Smerling, die über diesen Fall berichtete, schrieb abschließend, ›daß trotz Auffindens einzelner Leichenteile die Todesursache bzw. Todesart nicht nachgewiesen werden konnte. Die erhobenen Befunde stimmten aber mit dem Geständnis der Täterin soweit überein, daß an dessen Richtigkeit nicht zu zweifeln war.‹ Dr. Smerling fügte hinzu, es sei relativ selten, daß Frauen Leichen (ausgenommen die Leichen Neugeborener) zerstückeln.

Renate Frisch erhielt wegen Mordes eine lebenslängliche Freiheitsstrafe, ihre Freundin zwei Jahre wegen Begünstigung.

Dieser Fall zeigt ein Mordmotiv bei Müttern, das gar nicht so selten ist. Die Mutter sieht sich vor einer Situation, in der sie das Kind als Last, besser noch als Hindernis für ihr weiteres Leben ansieht. Diese Situation ergibt sich beispielsweise bei sehr jungen Müttern. Irgendwann machen sie ihr Kleinkind oder ihre Kinder dafür verantwortlich, auf manch bisher gewohntes Vergnügen verzichten zu müssen. Die Beseitigung des Kindes soll ihnen die verlorene Freiheit und Freizügigkeit wiederbringen.

Es gibt Mütter, die in ihrem Kind den Mann hassen, seinen Vater, von dem sie verlassen wurden. Mißhandeln und töten sie das Kind, wollen sie unbewußt den Mann vernichten, der sie enttäuscht hat.

Noch drastischer zeigt sich die Bereitschaft zum Mord, wenn eine Frau eine neue Beziehung zu einem Mann aufnimmt, der Vorbehalte gegen das Kind hat. Im Konflikt zwischen Kind und Mann kann dann die Entscheidung gegen das Kind fallen. So ließ die 25jährige Charlotte Jünemann ihre drei Kinder im Alter von drei und zwei Jahren und das Jüngste von vier Monaten allein in der Wohnung zurück und trieb sich mit einem Mann herum, ohne sich um die Kinder zu kümmern. Alle drei Kinder verhungerten und verdursteten. Vor Gericht erklärte sie, sie hätte sich, während ihre Kinder qualvoll starben, frei von allen Sorgen gefühlt. Sie habe nur für ihren Freund gelebt, mit dem sie durch die Gaststätten zog. In ihrem Schuldbekenntnis schrieb sie in ihrem schwer lesbaren Deutsch:

›Da plötzlich trat unerwartet ein Mann in meinen Leben der mich verstand der alles merkte was mich bedrückte so das ich ganz Kopflos wurde und ich keinen andern Gedanken mehr als nur immer bei ihn zu sein ich war mit allem einverstanden was er von mir verlangte seitdem hatte ich für meine Kinder nichts mehr übrig. Meine Kinder waren mir von diesem Zeitpunkt an eine Last und wollte mich meiner Kinder entledigen. Ich weis das kein Tier an seinen Kindern so gehandelt hätte wie ich eine Mutter von drei Kindern ...‹

Den Füchsen zum Fraß

Der Tatort wirkte durchaus idyllisch. Da ist die Bergwelt der Schweizer Alpen in der Ferne. Da sind die Tannenwälder im Hintergrund. Da ist das alte einsame Haus auf dem Hügel, der Vorgarten, da sind die Wiesen ringsum. Ein zehnjähriges Mädchen, das mit einem Hund herumtollt. Ein sorgender Vater, der gerade von der Arbeit heimkehrt und sein Kind liebevoll begrüßt.

Und niemand ahnte, daß sich hinter dieser Idylle ein Mordnest verbarg.

Staatsanwalt Dr. Müller aus Aargau nannte in seinem Bericht die Mordserie, die sich in diesem Haus abspielte, einen ungeheuerlichen Kriminalfall.

Anfang Mai 1954 hatte ein Gemeindeförster auf seiner zuständigen Polizeistation eine Anzeige erstattet. Der Förster war der Vorgesetzte des Waldarbeiters Guggenbichler. Guggenbichler war verwitwet und lebte mit seinen sechs Kindern zusammen. Seine älteste Tochter Reni war jetzt 23 Jahre. Der Förster erklärte, er beobachte seit Jahren immer wiederkehrende Veränderungen an Reni. Er kannte das Mädchen aus dem einsamen Haus gut, denn Reni holte regelmäßig die Milch bei ihm. Es gab Zeiten, so erinnerte sich der Förster, da wurde Reni immer dicker. Dann war sie bedrückt und einsilbig, bis sie sich schließlich mehrere Tage überhaupt nicht mehr blicken ließ. Erschien sie dann wieder, hatte sie auch wieder ihre normale Figur, war zutraulich und fröhlich wie immer. Auch andere Dorfbewohner hätten die gleiche Beobachtung gemacht. Ferner konnte der Förster aufgrund seiner Unterlagen noch berichten, daß Renis Vater zur gleichen Zeit, wenn das Mädchen verschwand, ebenfalls tagelang nicht zur Arbeit erschien.

»Offensichtlich«, sagte der Förster, »ist Reni jetzt wieder schwanger. Ich schätze, so etwa im achten Monat.

Man sieht sie nicht mehr. Ihre kleine Schwester holt jetzt die Milch. Nicht lange, und Reni wird wieder so schlank sein wie zuvor.«

»Das ist ein schwerwiegender Verdacht, den Sie da andeuten«, gab der Polizist zu bedenken. »Sie drücken damit nicht mehr und nicht weniger aus, als daß Reni mehrere Kinder heimlich geboren hat und sie dann –«

»Getötet hat. Ich fürchte, es ist so.«

»Und von welchem Mann oder von welchen Männern ist sie schwanger?«

»Von ihrem eigenen Vater. Sie ist nie mit einem anderen Mann gesehen worden.«

Die Polizeistation gab die Anzeige ans Bezirksamt und dieses an die Staatsanwaltschaft in Aargau weiter: Guggenbichler und seine Tochter Reni seien verdächtig der Blutschande, der Abtreibung und Kindestötung.

Die Ermittlungen liefen an. Gleich anfangs stellte sich heraus, daß bereits vor sechs Jahren zum ersten Mal die Vermutung aufgetaucht war, Reni – damals siebzehnjährig – sei schwanger gewesen. Später hatte sich die unerklärliche Verhaltensweise des Mädchens wiederholt. Deshalb hatte ein Mitglied des Gemeinderates die Familie unangemeldet aufgesucht, aber nichts Auffälliges entdeckt. Er fand Reni ›wohlauf und in offensichtlich normalem Zustand. So verwies man die umlaufenden Gerüchte ins Reich der Fantasie und der böswilligen Verdächtigungen.‹

Auch der Leumund der Familie wirkte den Verdächtigungen entgegen. Die Familie besaß einen guten Ruf. Guggenbichler hatte bei der Geburt des achten Kindes die Frau und das Kind selbst verloren, ein weiteres Kind war tödlich verunglückt. Er hatte nicht wieder geheiratet. Die Kinder waren alle bei ihm geblieben. Man rechnete es ihm hoch an, daß er allein seine sechs Kinder aufzog. Reni, die älteste, war dreizehn, als die Mutter starb. Anfangs hatte die Gemeinde Guggenbichler noch eine Haushaltshilfe gestellt. Als Reni fünfzehn war, kümmerte sie sich allein um den Haushalt und die jüngeren Geschwister.

Da sich also die Gerüchte über Renis Schwangerschaften anscheinend nicht bewahrheitet hatten, lebte die Familie Guggenbichler ihr zurückgezogenes Leben unbehelligt weiter. Doch diesmal, nach der Anzeige des Försters, war es anders. Der Förster galt als besonnener und verläßlicher Zeuge. Seine durch Aufzeichnungen belegten konkreten Zeitangaben veranlaßten Staatsanwalt und Polizei, nun doch einzugreifen. »Es wurde beschlossen«, so berichtete Staatsanwalt Dr. Müller, »die sämtlichen Angehörigen der Familie gleichzeitig an verschiedenen Orten festzunehmen, eine Hausdurchsuchung durchzuführen und die Tochter Reni gerichtsärztlich untersuchen zu lassen.« Da die Söhne und der Vater alle verschiedene Arbeitsstellen hatten und das jüngste Kind in der Schule war, konnten die Festnahmen planmäßig erfolgen. Die Vernehmungen der Geschwister ergaben nichts Belastendes gegen Reni: »Keines der Geschwister wollte jemals etwas von einer Schwangerschaft der R. bemerkt haben. Es sei ihnen wohl zeitweilig aufgefallen, daß sie fester geworden sei. Man habe ihnen das mit gesundheitlichen Störungen erklärt. Vater G. wollte natürlich von nichts wissen.«

Reni befand sich allein zu Hause, als die Polizei bei ihr erschien. Es wurde ihr mitgeteilt, wessen sie verdächtigt wurde. Reni wehrte sich heftig gegen den erneut geäußerten Verdacht. Sie erklärte sich bereit, sich von einem Frauenarzt untersuchen zu lassen.

Die Hausdurchsuchung ergab nichts Belastendes.

Staatsanwalt Dr. Müller war beeindruckt: »Das Auftreten der Tochter war derart sicher, ihre Entrüstung scheinbar derart echt, und der Verdacht einer fortgeschrittenen Schwangerschaft offensichtlich so unbegründet, daß (ich) die gesamte Aktion als gescheitert ansehen mußte.«

Die amtsärztliche Untersuchung jedoch brachte die Wende für die scheinbar gescheiterte Ermittlung. Sie ergab:

1. Reni hatte den typischen Status nach der Geburt eines ganz oder fast ausgewachsenen Kindes.

2. Die Geburt hatte erst kürzlich stattgefunden, nämlich Ende April oder Anfang Mai.

3. Alte weißliche Schwangerschaftsstreifen bewiesen, daß die Untersuchte schon früher geboren haben mußte.

Mit diesem Gutachten konfrontiert, behauptete Reni nun, sie habe Ende April eine Fehlgeburt gehabt. Das Kind sei von einem italienischen Gastarbeiter. Sie kenne nur seinen Vornamen, er sei wieder nach Italien zurückgekehrt.

»Was ist mit der Leiche geschehen?«

»Ich habe sie in einen Papiersack gelegt und im Wald in ein Fuchsloch geschoben.«

»Wie oft waren Sie schon schwanger?«

»Nun ja, ich hatte vorher noch eine Schwangerschaft. Oder zwei? Manchmal ist meine Periode monatelang ausgeblieben. Ich weiß nicht, ist man da schwanger?«

»Wir möchten wissen, wieviele Kinder Sie geboren haben.«

»Ich weiß nicht. Ich hatte Verkehr mit mehreren Männern.«

»Mit wem? Namen, Adresse!«

»Die kann ich nicht nennen. Das will ich nicht. Ich will sie nicht in Schwierigkeiten bringen. Der letzte, der Italiener – wir haben uns immer heimlich getroffen, wenn ich allein zu Hause war. Manchmal auch im Wald. Er war sehr nett. Ich mochte ihn. Aber nun ist er fort, ohne Abschied. Ließ mich mit dem Kind im Bauch zurück. Ich hasse ihn.«

»Zurück zur letzten Geburt, dieser Fehlgeburt. Wie kam es dazu?«

»Ich bin gestürzt.«

»Ihre Geschwister haben ausgesagt, sie hätten nichts

von Ihren Schwangerschaften und den Geburten gemerkt.«

»Sie waren nicht zu Hause, wenn eine Geburt statt-
fand.«

»Und Ihr Vater?«

»Der war zu Hause geblieben. Er hat mir bei der Geburt
geholfen.«

»Zuhause geblieben? Dann hätte er vorher wissen müssen, daß Sie stürzen und eine Fehlgeburt haben werden.«

Reni wußte in diesem Augenblick, daß sie einen Fehler
gemacht hatte. Sie wurde unsicher. Sie verfing sich in Widersprüche. Schließlich gab sie zu, daß eine normale Geburt stattgefunden hatte, im Bett des Vaters. Der Vater habe ihr dabei geholfen. Aber das Kind sei tot gewesen. Sie
habe das Kind in einen Hafersack gelegt und der Vater habe es abends in den Wald gebracht.

Eine neue Version also, ein halbes Geständnis schon.
Am nächsten Tag brach Reni zusammen und legte ein volles Geständnis ab, das ihr Vater schließlich bestätigte.

Nun ergab sich die ganze Kindesmordserie mit all ihren abstoßenden, sich teilweise wiederholenden Details
im Zusammenhang.

Kurz nach Renis 16. Geburtstag forderte der Vater sie zum
ersten Mal auf, mit ihm zu schlafen. Reni beugte sich seinem Wunsch. Zwischen Vater und Tochter entwickelte
sich eine dauerhafte sexuelle Beziehung. Renis Geschwister bemerkten es nicht. Als Reni im Herbst 1947 zum ersten Mal schwanger wurde und ein Abtreibungsversuch
mit Schafgarbentee nichts bewirkte, kam es an einem Mittag zur Geburt. Die Geschwister waren in der Schule. Der
Vater half bei der Geburt. Dann wickelte er das Neugeborene in Tücher und ließ es ersticken. Nachts vergrub er die
Leiche auf der Wiese neben dem Haus.

1949 wurde Reni erneut schwanger. Ein Abtreibungsversuch mit Mutterkorn schlug fehl. Im Frühherbst wurde

das Kind geboren. Die Geschwister waren zu Hause. Der Vater sagte, Reni sei krank. Wiederum erstickte er das Kind. Er packte die Leiche in einen Sack und brachte ihn in den Kaninchenstall. Dort verblieb die Leiche, bis sich Verwesungsgeruch bemerkbar machte. Der Vater schaffte die Leiche in den Wald und steckte sie in einen bewohnten Fuchsbau. Der Verwesungsgeruch sollte die aasliebenden Füchse animieren, die Leiche zu fressen. Mit mehreren Kontrollen überzeugte sich Guggenbichler, daß die Leiche verschwunden war.

Im November 1951 kam es frühmorgens zur dritten Geburt. Da das Neugeborene schrie und die Geschwister noch im Hause waren, erwürgte Guggenbichler es sofort. Auch diese Leiche überließ er einige Tage später den Füchsen zum Fraß.

Das vierte Kind wurde im Februar 1953 frühmorgens geboren. Während der Vater das Frühstück zubereitete, erstickte Reni das Kind unter der Bettdecke. Der Vater brachte die Leiche in den Fuchsbau.

Auch das im April 1954 geborene und vom Vater erdrosselte fünfte Kind bereicherte den Speisetisch der Füchse.

In ihren Aussagen bestätigten Vater und Tochter, daß für sie bereits vor der Geburt feststand, die Kinder zu töten und ihre Leichen unauffindbar zu beseitigen.

Das war vorsätzliche Tötung. Es war Mord.

Die Mordanklage wurde erweitert durch die Anklage fortgesetzter Blutschande. Auf die damit zusammenhängenden juristischen Fragen soll hier nicht näher eingegangen werden. Das Kriminalgericht verurteilte Reni zu vier Jahren Zuchthaus. Diese milde Strafe berücksichtigte, daß Reni nicht in der Lage gewesen war, sich ihrem Vater zu widersetzen, und daß sie ein volles Geständnis abgelegt hatte.

Der Vater erhielt eine lebenslängliche Zuchthausstrafe.

Abschließend fragte Staatsanwalt Dr. Müller, weshalb diese Mordserie so lange unentdeckt bleiben konnte. Er sah die Ursachen in der isolierten Lebensweise der Täter, ihrem guten Leumund, dem sicheren Auftreten der Tochter und der Fähigkeit beider Täter, die Schwangerschaft einigermaßen glaubhaft mit einer Krankheit zu kaschieren und die Leichen mit Hilfe der Füchse versehwinden zu lassen.

Und die Basler Nationalzeitung schrieb: »Der Hauptgrund dafür, daß die beiden ihr Treiben sieben Jahre lang fortführen konnten, dürfte darin liegen, daß ihre Verbrechen so ungeheuerlich waren, daß man an ihre Möglichkeit kaum glauben konnte.«

Ein Handel mit Todesfolge

Lucie Hofstettner hielt ihre Ehe für glücklich. Sie hatte vor sieben Jahren Konrad Hofstettner geheiratet, der als kaufmännischer Angestellter im väterlichen Betrieb, einer Züricher Druckerei, arbeitete. Lucie hatte zwei Kinder mit in die Ehe gebracht. Otmar war jetzt sechzehn, Julia vierzehn, der gemeinsame Sohn vier Jahre alt. Lucie und Konrad, beide siebenunddreißig, verstanden einander gut. Lucie war vor allem darüber froh, daß ihr Mann auch seine beiden Stiefkinder von Anfang an gern hatte, so daß die Familie harmonisch zusammenhielt.

Montag, der 17. Dezember, begann für Lucie wie jeder Wochentag. Eltern und Kinder frühstückten gemeinsam. Konrad ging zur Arbeit in den väterlichen Betrieb, Otmar zu seiner Lehrstelle und Julia in die Schule. Lucie, die öfter im Betrieb ihres Schwiegervaters aushalf, blieb heute mit dem Jüngsten daheim und erledigte häusliche Arbeiten. Zwei Stunden später kehrte Julia unerwartet aus der

Schule zurück. Sie fühlte sich seit Tagen unwohl. Man vermutete den Beginn einer Grippe. Gegen Abend verließ sie das Bett und nahm am Abendessen teil. Gegen halb Acht brachte Lucie den Kleinen zu Bett. Dann brach sie zu ihrem Nähkursus auf. Sie nahm ihren Sohn Otmar zur Anprobe mit. Als die beiden die Wohnung verließen, saß der Vater mit Julia vor dem Fernsehgerät.

Kurz nach 22 Uhr kehrten Mutter und Sohn vom Nähkursus zurück. Der Fernsehapparat war noch immer eingeschaltet. Aber niemand war im Zimmer. Lucie rief nach ihrem Mann, erhielt aber keine Antwort. Sie ging die Treppe empor zu Julias Zimmer. Julia war schon im Bett. Die Mutter trat näher. Das Mädchen lag auf der linken Seite. Lucie entdeckte auf dem Kopfkissen, dicht neben Julias Gesicht, eine bräunliche Masse. Julia mußte erbrochen haben. Vielleicht war sie doch ernstlich erkrankt. Die Mutter wollte das Kopfkissen säubern. Als sie das Kopfkissen an sich nehmen wollte, stellte Lucie fest, daß Julia nicht reagierte.

Julia war tot.

Und Konrad nicht im Haus.

Lucie stürzte zum Telefon und wählte die Notrufzentrale der Züricher Stadtpolizei. Ihre Tochter sei plötzlich verstorben.

»Wie alt ist Ihre Tochter?«

»Vierzehn.«

Eine Vierzehnjährige stirbt plötzlich im Bett. Das ist ungewöhnlich, das ist ein Alarmzeichen. Wenig später erschienen der diensthabende Polizeioffizier, zwei Kriminalbeamte und ein Gerichtsmediziner.

Die Kommission fand die Tote in ihrem Bett liegen. Sie war ordentlich zugedeckt. Auf dem Kopfkissen sah man Erbrochenes. Die Bettdecke wurde zurückgeschlagen. Die Tote war nackt. Die Mutter sagte jedoch, daß Julia stets nackt geschlafen habe. Deshalb konnte, wie der Kriminalbeamte F. Bernet in seinem Bericht sagte, die von den Beamten angetroffene Situation nicht als unnormal angesehen werden.

Der Gerichtsmediziner schätzte, daß bei Julia der Tod abends zwischen halb Neun und halb Zehn eingetreten sei. Äußere Verletzungen waren nicht festzustellen, ein gewaltsamer Tod schien unwahrscheinlich. Das Mädchen hatte Erbrochenes eingeatmet und war daran erstickt. Ungeklärt blieb allerdings, warum sie erbrochen hatte und wie es zur Erstickung am Erbrochenen gekommen war. Dieser sogenannte Aspirationstod tritt meistens nur bei starker Trunkenheit, epileptischen Anfällen und in der Narkose, überhaupt in bewußtlosem Zustand ein. Die dabei herabgesetzten Kehlkopfreflexe begünstigen bei Erwachsenen den Aspirationstod. Aber für all das gab es ebensowenig Anzeichen wie für ein Verbrechen. Diese ungeklärte Situation veranlaßte den Untersuchungsrichter, eine Obduktion im Gerichtlich-Medizinischen Institut der Universität Zürich zu veranlassen.

Lucie wurde über die familiären Verhältnisse befragt, die sie als harmonisch schilderte. Je länger die Befragung dauerte, desto unruhiger wurde Lucie. Es war schon nach Mitternacht, und ihr Mann war noch immer nicht heimgekehrt. Das war sehr ungewöhnlich, da er stets hinterließ, wo er sich aufhielt. Die Kriminalisten brauchten ihn dringend für eine Befragung, denn er war wahrscheinlich der letzte, der Julia lebend gesehen hatte. Die Polizei ließ nach seinem Wagen fahnden, denn auch dieser war verschwunden.

Gegen ein Uhr früh entdeckte ein Streifenwagen Konrad Hofstettners hellblauen VW auf einem Parkplatz am Stadtrand. Hofstettner saß hinter dem Lenkrad. Als die Polizisten die Wagentür öffneten, sank ihnen der Mann entgegen. Er konnte ihnen auf ihre Fragen keine klare Antwort geben. Er redete wirr von Selbstmord. Ein geöffneter Benzinkanister stand neben ihm. Offenbar hatte Hofstettner Benzin getrunken. Ein blutiges Taschenmesser und Verletzungen am linken Handgelenk deuteten auf den Versuch hin, sich die Pulsader aufzuschneiden. Auch eine Injektionsspritze lag vor ihm. Später stellte sich heraus, daß er damit versucht hatte, sich Luft in die Vene zu pumpen, um eine tödliche Luftembolie herbeizuführen.

Hofstettner konnte in diesem Zustand nicht vernommen werden. Er wurde ins Krankenhaus verbracht, um dort versorgt zu werden.

Als ein Polizist Hofstettners Wagen nach Hause brachte, fand er im Handschuhfach einen Abschiedsbrief Hofstettners an seine Frau. Lucie las, daß sich ihr Mann schuldig an Julias Tod fühle. Er habe nicht auf sie aufgepaßt, obwohl er wußte, daß es ihr sehr schlecht ging. Er habe dann doch noch einmal nach ihr gesehen, da habe sie aber nicht mehr geatmet. Sie habe wahrscheinlich erbrochen und sei daran erstickt. Diese Schuld ertrage er nicht und wolle sich umbringen.

Am nächsten Tag übernahm die Fachgruppe für Delikte gegen Leib und Leben den Fall.

Hofstettner befand sich noch immer auf der Intensivstation. Er wurde dort vernommen. Er wiederholte, was er schon im Brief geschrieben hatte. Julia sei gestorben, weil er sich nicht um sie gekümmert habe. Das habe ihn besonders erschüttert, weil er ein gutes Verhältnis zu Julia gehabt hatte. Die Kriminalisten bohrten: was er unter einem guten Verhältnis verstehe. Nach ausweichenden Antworten näherte sich Hofstettner schließlich dem Eingeständnis, daß Julia ihn auch sexuell interessiert habe. Nach langem Hin und Her rang sich Hofstettner das Geständnis ab, er habe Julia doch noch in ihrem Zimmer aufgesucht, die Bettdecke heruntergezogen und das Mädchen am Geschlechtsteil berührt. Erst da habe er gemerkt, daß sie tot war.

Daraufhin sei er geflüchtet, um sich umzubringen. Mehr war von Hofstettner im Augenblick nicht zu erfahren. Da die Todesursache immer noch unklar war, wurde die Vernehmung vorerst abgebrochen.

Die gerichtsmedizinische Obduktion bestätigte das Ergebnis der Leichenschau, nämlich den Aspirationstod. Für den Untersuchungsrichter aber blieb es nach wie vor ungeklärt, was den Erstickungstod hervorgerufen hatte. War das Mädchen durch irgendeine Vergiftung bewußtlos geworden, so daß die Kehlkopfreflexe herabgesetzt wurden und es am Erbrochenen erstickte? Er veranlaßte deshalb eine toxikologische Untersuchung.

Währenddem ermittelte die Kriminalpolizei weiter. Hofstettners Image als rechtschaffener Familienvater war doch nicht so ungetrübt. Kurz vor seiner Heirat war er wegen eines Sexualdelikts bestraft worden.

Die toxikologische Untersuchung erbrachte eine Überraschung. Im Körper der Toten waren Rückstände von Chloräthyl gefunden worden. Chloräthyl ist eine Flüssigkeit mit ätherähnlichem Geruch. Sein Siedepunkt liegt bereits bei 12,8 Grad. Es verdampft schon bei normaler Zimmertemperatur. Wird es auf die Haut gesprüht, erzeugt die Verdunstung eine kurzzeitige Kälte. Man nennt das auch ›Vereisung‹. Da sie Schmerzlosigkeit bewirkt, wird sie bei kleinen chirurgischen Eingriffen angewendet. Beim Einatmen wirkt Chloräthyl narkotisch. Als Narkosemittel ist Chloräthyl problematisch, da die Grenze von beabsichtigter positiver Wirkung (Betäubung) zu negativen Folgen schmal ist. Zu diesen Gefahren gehört neben Verengung der Herzkranzadern und Herzrhythmusstörung auch eine Verkrampfung im Kehlkopfbereich.

Das toxikologische Gutachten schlußfolgerte: Da der Aspirationstod bei einer gesunden Vierzehnjährigen unter normalen Umständen auszuschließen ist, müßte sie durch Chloräthyl narkotisiert worden sein.

Das Gutachten wies ferner darauf hin, daß das Mädchen defloriert war und eine nicht mehr frische Narbe am

Hymen besaß. Spermienrückstände in der Vagina wiesen darauf hin, daß ein bis zwei Tage vor Julias Tod ein Geschlechtsverkehr stattgefunden hatte.

Die Kriminalpolizei stand damit vor der Frage: Wo, wann und mit wem hatte die Verstorbene Geschlechtsverkehr gehabt?

Ein minutiös erstellter Zeitablaufplan von Julias letzten Lebenstagen ergab, daß das nur zu Hause geschehen sein konnte. Damit hatte sich der Verdacht gegen Julias Stiefvater, daß er an Julias Tod mitschuldig sei, fast zur Gewißheit verstärkt.

Hofstettner wurde erneut vernommen. Er leugnete sexuelle Beziehungen zu seiner Stieftochter. Das Tonbandprotokoll, er habe die Geschlechtsteile des Mädchens berührt, wurde ihm vorgehalten. Schließlich bestätigte er diese Aussage. Er wurde verhaftet.

Eine Hausdurchsuchung sollte den Besitz von Chloräthyl nachweisen. Ein Chemiker des Wissenschaftlichen Dienstes der Züricher Stadtpolizei nahm daran teil. Man fand in Hofstettners Werkstatt verschiedene Chemikalien. Chloräthyl war nicht dabei. Der letzte Beweis für die Täterschaft Hofstettners fehlte.

Schließlich gelang es den vereinten Recherchen von Kriminalisten und Chemikern nachzuweisen, daß Hofstettner nicht als Privatperson, sondern über die pauschale Giftbezugskarte seines väterlichen Betriebes mehrmals Chloräthyl bezogen hatte.

In einer Reihe weiterer Vernehmungen mußte Hofstettner ein Teilgeständnis nach dem andern entrungen werden. Er beugte sich nur unwiderlegbaren Beweisen, obwohl er auch da noch versuchte, harmlose Erklärungen zu finden. Erst nach und nach enthüllte sich die Vorgeschichte seiner sexuellen Verirrung.

Hofstettner kannte die narkotisierende Wirkung von Chloräthyl. Er hatte seine Stieftochter damit vertraut gemacht. Sie fand Gefallen an der kurzzeitigen Berauschung und wurde süchtig.

Hofstettner sagte: »Ich wußte, daß Julia an diesem Stoff hängenbleiben würde. Diese Abhängigkeit kam mir sehr gelegen. Das Mädchen kam nur über mich an diesen Stoff heran, und dadurch bekam ich ein Druckmittel in die Hand, um sie mir sexuell gefügig zu machen. Ich hatte dies dann mit dem Mädchen auch klar und eindeutig besprochen. Ich versprach, ihr geeigneten Stoff zu verschaffen, wenn sie mir sexuell entgegenkommen würde.«

Obwohl Hofstettner die Gefahren des Chloräthyls kannte, übergab er Julia davon kleine Portionen zum ›Schnüffeln‹. Mehrmals in der Woche erlaubte ihm Julia dann Petting, wobei sie zum Orgasmus kam. Schließlich genügte Hofstettner das Petting nicht mehr, er forderte Geschlechtsverkehr. Julia, so behauptete er, sei dazu bereit gewesen, wenn er sie zuvor narkotisiere. Er habe dann Chloräthyl auf ein Papiertaschentuch geträufelt und das Tuch Julia auf Mund und Nase gedrückt, bis sie in Narkose fiel. Damit sie nicht gleich wieder erwachte, habe er das Taschentuch noch etwas länger an ihre Nase gehalten. Als sich das Mädchen nicht mehr bewegte, habe er dann den Geschlechtsverkehr vollzogen und danach entsetzt festgestellt, daß sie tot war.

Die Polizei hielt das so beschriebene Tatgeschehen für glaubhaft. Nicht glaubhaft jedoch blieb, daß dieser Geschlechtsverkehr der erste und einzige gewesen sein sollte. Diese Behauptung widersprach dem medizinischen Gutachten.

Hofstettner wurde wegen Unzucht mit einem Kinde mit voraussehbarer Todesfolge zu viereinhalb Jahren Zuchthaus verurteilt.

Bei den Sexualdelikten gegen das Kind spielt der Inzest eine besondere Rolle. Täter sind Vater, Stiefvater oder Bruder, die Opfer meist Mädchen. Professor Dr. Trube-Becker schätzt, daß dreiviertel aller Inzestfälle zwischen Vater und Tochter stattfinden. Die Dunkelziffer ist beträchtlich, da die strafbare Beziehung von den Opfern wie auch meist von mitwissenden Familienmitgliedern verschwiegen wird.

Der Inzest hat für kindliche Opfer verheerende seelische und soziale Folgeschäden. Inzestopfer, so Trube-Becker, fühlen sich selbst als wertlos, schuldig, von allen Seiten bedroht, vor allem von Vater und Mutter, die ihre Beschützer sein sollten. Frigidität, Hysterie, Promiskuität, Phobien, psychotische Zustände und Selbstmord sind die Folgen.

Die Inzestfälle nehmen gegenwärtig rapide zu.

Ein Lustmörder

Familie Hollitscher wohnte in Linz in einem fünfstöckigen Haus, das außer Wohnungen auch eine Anzahl Geschäftsräume enthält. Hartmut Hollitscher war Hausmeister in diesem Gebäude.

Eines Vormittags bereitete Frau Hollitscher das Mittagessen vor. Sie beauftragte ihre siebenjährige Tochter Ännchen, Zwiebeln aus dem Keller zu holen. Nach einer Viertelstunde war das Mädchen noch nicht zurück. Die Mutter fragte sich, warum das Kind so ungewöhnlich lange im Keller sei. Sie ging hinunter, betrat den Kellergang und rief Ännchen. Es kam keine Antwort. Beunruhigt ging die Mutter den Kellergang entlang. Die Tür ihres Kellers stand offen. Aber Ännchen war nicht im Raum. Die Mutter rief erneut, ging weiter. Schließlich entdeckte sie in einer dunklen Ecke das Kind. Ännchen lag reglos auf dem Boden. Die Mutter trat näher und beugte sich hinab. Der Körper des Mädchens lag in einer Blutlache. Der Hals war durch eine klaffende Wunde durchtrennt. Der Unterleib des Kindes war nackt …

Die Kriminalpolizei fand im Keller zahlreiche Blutspuren – an einer Tür, einer Steigeleiter und einem Lappen, der auf der Leiter lag. Damit hatte sich der Täter die blutigen Hände gesäubert. Brauchbare Hinweise auf den Mörder fanden sich vorerst nicht. Da es in dem Gebäude zahlreiche Firmenbüros gab, gingen hier während der Tatzeit viele Menschen ein und aus. Hatte der Täter aus irgendeinem Grunde im Hause zu tun und war nur zufällig seinem Opfer begegnet? Die Kriminalpolizei ging davon aus, daß der Täter nicht mit der Absicht das Haus betreten hatte, ein Kind zu ermorden. Er hatte das Kind in dem Augenblick, als es in der Keller ging, gesehen und war ihm gefolgt.

Wenn diese Vermutung stimmte, könnte sich vielleicht außerhalb des Kellers eine Spur finden. Vor dem Kellereingang befand sich ein Müllcontainer, der eine Menge abgelegte Akten, Werbeprospekte und andere Papiere enthielt. Vielleicht fand sich hier ein Hinweis auf den Täter.

Gleichlaufend mit der Sichtung dieses Materials wurden Hunderte wegen Sexualdelikten Vorbestrafte und andere Verdächtige überprüft. Aus der Bevölkerung gingen viele Hinweise ein, denen nachgegangen werden mußte.

Die gerichtsmedizinische Obduktion ergab folgende tödliche Verletzungen: Der Hals war vom linken bis zum rechten Ohr durch einen vier Zentimeter breiten Schnitt durchtrennt. Drosselvene, Luftröhre und der rechte Arterienast waren durchschnitten, die gesamte Halsmuskulatur angeschnitten.

Dagegen gab es im Genitalbereich weder äußere noch innere Verletzungen, auch keine Spermaspuren.

Als Todesursache nannten die Obduzenten Verblutung durch innere Erstickung und Luftembolie.

Die tiefe klaffende Halsschnittwunde ließ vermuten, daß der Täter ein feststehendes großes scharfes Messer zur Tat benutzt hatte. Das wiederum stellte die Theorie von der Zufälligkeit der Begegnung zwischen Täter und Opfer etwas in Frage. Wer trägt denn schon ständig ein solches Messer bei sich? War der Täter doch auf der Suche nach einem Mordopfer gewesen?

Jedenfalls nahm die Polizei an – so berichtete Oberpolizeirat Dr. Eipeldauer – »daß es sich um einen Lust- bzw. Sexualmord handelte und der Täter das Mädchen bei der Waschküchentüre überfallen, ihm dort die tödlichen Verletzungen zugefügt und es anschließend in der Kellerecke zu Boden gelegt hatte. Durch die Zwischenkunft der Mutter dürfte er vor Begehung von Unzuchtshandlungen verscheucht worden sein.«

Die umfänglichen Ermittlungen liefen ins Leere. Die Hinweise aus der Bevölkerung erwiesen sich als unbrauchbar, die Überprüfung einschlägig Vorbestrafter als ergebnislos.

Schließlich konnte dann aber doch in mühseliger Kleinarbeit ein nützlicher Hinweis aus der Bevölkerung verwendet und im Papiermaterial aus dem Container eine weitere Spur entdeckt werden. Beide Hinweise führten zum Täter.

Dr. Eipeldauer gab in seinem Bericht das umfassende Persönlichkeitsbild eines Sexualmörders.

Reichhart Charles Floyd war 22 Jahre alt, außereheliches Kind eines amerikanischen Besatzungssoldaten und einer deutschen Hilfsarbeiterin. Der Vater kehrte bald wieder in die USA zurück, ohne sich um den Sohn zu kümmern. Als Floyd sieben Jahre alt war, heiratete die Mutter. Konflikte zwischen dem Kind, der Mutter und dem Stiefvater gab es nicht, die Eltern behandelten den Jungen liebevoll, vielleicht sogar zu nachgiebig. Er galt als ein liebes Kind. In der Pubertät veränderte sich sein Charakter sichtlich. Die Schülerbeurteilung sprach von nachlassenden Leistungen, Jähzorn, nervösen Störungen, albernem Benehmen, insgesamt von einer ›ausgeprägten negativen Phase‹.

Das änderte sich auch nicht, als Reichhart nach der 7. Klasse die Schule verließ und eine Tischlerlehre begann. Er brach sie vor Abschluß der Ausbildung ab. Jähzorn und Zerstörungswut deuteten innere Spannungen an, die auch den Kontakt mit den Arbeitskollegen erschwerten. Er vereinsamte immer mehr. Zu Frauen fand er keinen Zugang. Zum ersten Mal wurde er festgenommen, als er in einem Hausflur eine Frau mit dem Messer bedrohte. Er wurde für mehrere Wochen in eine Nervenheilanstalt eingewiesen und blieb danach bei seinen Eltern wohnen. Er war als Hilfsarbeiter tätig, wechselte aber öfter die Arbeitsstellen. Er war einundzwanzig, als er jede geregelte Arbeit aufgab. ›Er trieb sich beschäftigungslos im Stadtgebiet umher.‹

Reichharts sexuelle Probleme spitzten sich zu. Zweimal scheiterten seine Versuche, Beziehungen zu einer Frau aufzunehmen. Beide Frauen empfanden Reichhart als infantil und zugleich unberechenbar aggressiv. Sexuell war er an ihnen scheinbar völlig uninteressiert. Aber diese äußere Zurückhaltung stand in schärfstem Widerspruch zu seinen wirklichen sexuellen Fantasien. Bereits nach seinem ersten Messerattentat hatte er den Ärzten erklärt, wenn er Alkohol zu sich genommen und sexuell erregt sei, spüre er einen Drang zum Töten.

Floyd gestand den Mord.

Am Vormittag des Tattages hatte er in einer Gaststätte mehrere Glas Bier getrunken. Dabei war wieder sein Aggressionstrieb erwacht, der ihn zwang, nach einem weiblichen Opfer zu suchen. Er ging in ein Café, um sich bei einer Tasse Kaffee zu beruhigen. Das gelang ihm nicht. Er ging in das Gebäude, wo die Familie Hollitscher wohnte. Dort begegnete er dem Mädchen auf dem Weg in den Keller. Er nahm den Dolch, den er ständig bei sich führte, in die Hand. Er trat hinter das Mädchen, hielt ihr mit der

Linken den Mund zu und durchschnitt ihr den Hals. Er schleppte das sterbende Kind in eine dunkle Ecke des Kellers, zog ihm das Kleid empor und das Höschen herunter. Dabei, so sagte er weiter, sei er plötzlich aus seinem Blutrausch erwacht. Er habe sich die Hände an einem Lappen gesäubert und sei aus dem Keller geflohen.

Dieser Kindesmord ist typisch für einen Lustmord.

Der Lustmord wird zwar meist mit einem Sexualmord gleichgesetzt, weil er sexuell bedingt ist. Aber trotz dieser Gemeinsamkeit gibt es zwischen beiden noch einen Unterschied.

Wird im Verlauf eines Sexualverbrechens, beispielsweise bei einer Vergewaltigung, ein Kind vom Täter getötet, so tut er das entweder, um den Widerstand des Opfers zu brechen und den Geschlechtsakt an einer Wehrlosen bzw. an einer Toten zu vollziehen. Oder die Gewalttat endet, vom Täter ungewollt, tödlich. Ganz anders sind die sozialen und psychologischen Umstände eines Lustmordes. Hierbei findet der Täter seine sexuelle Befriedigung nicht dadurch, daß er gewaltsam den Geschlechtsakt vollzieht. Er muß töten. Denn die Tötung seines Opfers allein ist es, die ihm sexuelle Entspannung bringt. Der Mord ist Ersatz für den Geschlechtsverkehr, nur die Tötung seines Opfers verschafft dem Mörder den ersehnten Orgasmus. Es ist ein weitverbreiteter Irrtum, ein übermäßig starker Geschlechtstrieb zwinge den Lustmörder zu seiner Tat. Im Gegenteil – Lustmörder sind oft impotent oder zumindest sexuell gestört oder verklemmt.

Das zeigte sich auch am Fall Ännchen Hollitscher. Floyd hatte keine sexuellen Handlungen an dem Kind vorgenommen. Bezeichnend für Floyd war auch, daß er ständig einen Dolch bei sich trug, nicht zur Selbstverteidigung, sondern als Angriffswaffe. Das feststehende funktionierende Messer ist wie ein Ersatz für seine nicht funktionierende Männlichkeit. Das Messer gaukelt dem Impotenten Omnipotenz vor, eine mörderische Allmacht.

In diesem Kapitel wurde von tödlicher Gewalt gegen Kinder berichtet.

Gewalt gegen das Kind, so schreibt Professor Trube-Becker, ist ein weltweites Problem. Sie findet statt als Mißhandlung mit zuweilen tödlichen Folgen, als sexueller Mißbrauch, als körperliche Vernachlässigung.

Eltern und andere, die Kinder mißhandeln, begründen dies oft als notwendig strenge Erziehung. Bereits auf dem Berliner Kinderärzte-Kongreß 1966 wurde jedoch Gewalt als Erziehungsmittel abgelehnt: ›Mißhandlung ist jede in erzieherischer Absicht erfolgte Einwirkung auf das Kind, die nach ihrem Grund, ihrer Stärke und ihrer Häufigkeit eine bedeutende Schädigung hervorruft.‹ Sie ist ein untaugliches und menschenunwürdiges Erziehungsmittel.

Somit ist die Ansicht, körperliche Züchtigungen gehörten zu einer normalen Erziehung, bereits das Alibi für jegliche Mißhandlung. Diese Ansicht, die dann auch ihre praktische Umsetzung rechtfertigt, findet sich in allen sozialen Schichten. ›Sogar die Überschreitung der Züchtigung bis zur körperlichen Mißhandlung wird, schon weil der Übergang fließend und nicht scharf abgrenzbar ist und sich nach dem jeweiligen Rechtsempfinden richtet, allseitig toleriert‹, schreibt Trube-Becker. Ein Kind jedoch, das mit Prügel und Mißhandlungen in Furcht und Angst aufwächst, wird selbst – wie die Eltern – ein sozial gestörtes Kind werden.

Denn die Folgen der Gewalt gegen das Kind sind mannigfaltig und nie mehr zu beheben. Trube-Becker sagt dazu: Gewalt hinterläßt nicht nur körperliche Spuren wie Narben, Mißgestaltungen, durch Hirnschäden bedingte Ausfallserscheinungen, Schwachsinn, Lähmungen, epilepsieähnliche Anfälle, Wachstums- und Entwicklungsstörungen oder sogar den Tod. Sie führen auch zu tiefgreifenden bleibenden seelischen und charakterlichen Veränderungen wie Kontaktstörungen, Scheu und Gehemmtheit, Verunsicherung, motorischer

Unruhe, Einnässen, Einkoten, Eßstörungen, zu erhöhtem Geltungsstreben und Lügenhaftigkeit, zu umfassenden Verhaltensstörungen und Erziehungsschwierigkeiten ›mit all ihren negativen Folgen für die spätere Daseinsgestaltung und soziologische Einordnung des Opfers in menschliche Gemeinschaft jeglicher Form.‹

Die Kindesmißhandlung, so wurde gesagt, ist wie ein Eisberg. Nur seine Spitze ist sichtbar. Der Eisberg schmilzt nicht, er wächst.

NACHBEMERKUNG

Dieses Buch ist ein Bericht über Kriminalfälle aus gerichtsmedizinischer Sicht, aber keine wissenschaftliche Abhandlung. Deshalb habe ich auf ein Quellenverzeichnis verzichtet. Da ich hinsichtlich des Materials Rechtsmedizinern, Kriminalisten und Wissenschaftlern zu Dank verpflichtet bin, verweise ich, zugleich für den weiter interessierten Leser, auf die wesentlichen Quellen dieses Berichts. Es sind dies die Zeitschriften ARCHIV FÜR KRIMINOLOGIE, KRIMINALISTIK UND FORENSISCHE WISSENSCHAFTEN, die DEUTSCHE ZEITSCHRIFT FÜR DIE GESAMTE GERICHTLICHE MEDIZIN, die KRIMINALISTISCHEN MONATSHEFTE, die ZEITSCHRIFT FÜR RECHTSMEDIZIN. Der Autobiographie von Sidney Smith entnahm ich die Fälle über Sidney Fox und Higgins, den ›Zigarettenstummel-Fall‹ und den ›Dackelblut-Fall‹ J. Thorwalds DIE STUNDE DER DETEKTIVE. Anregungen für das 3. Kapitel gab E. Trube-Beckers GEWALT GEGEN DAS KIND. Die Fälle, in denen Dr. Walthari auftritt, verdanke ich mündlichen Berichten von Kurt Herold und Dieter Krause.

HEYNE BÜCHER

David Morrell

Einer der meistgelesenen
amerikanischen Thriller-
Autoren.

»Aufregend, provozierend,
spannend.«
STEPHEN KING

Schwur des Feuers
01/9569

**Der Mann mit den
hundert Namen**
01/10112

Der Nachruf
01/10614

Der Blick des Adlers
01/13058

01/13058

HEYNE-TASCHENBÜCHER

HEYNE BÜCHER

Michael Connelly

»Michael Connellys
spannende Thriller spielen
geschickt mit den Ängsten
seiner Leser.« *DER SPIEGEL*

»Packend, brillant,
bewegend und intelligent!«
LOS ANGELES TIMES

01/10765

HEYNE-TASCHENBÜCHER

HEYNE BÜCHER

Colin Forbes

Harte Action und halsbrecherisches Tempo sind seine Markenzeichen.

Thriller der Extraklasse aus der Welt von heute - »bedrohlich plausibel, mörderisch spannend.«
DIE WELT

01/10830

HEYNE-TASCHENBÜCHER